O mundo da
criança

Coordenação editorial
Cristina Martinez

O mundo da
criança

© LITERARE BOOKS INTERNATIONAL LTDA, 2022.
Todos os direitos desta edição são reservados à Literare Books International Ltda.

PRESIDENTE
Mauricio Sita

VICE-PRESIDENTE
Alessandra Ksenhuck

DIRETORA EXECUTIVA
Julyana Rosa

DIRETORA DE PROJETOS
Gleide Santos

RELACIONAMENTO COM O CLIENTE
Claudia Pires

EDITOR
Enrico Giglio de Oliveira

ASSISTENTE EDITORIAL
Luis Gustavo da Silva Barboza

REVISORES
Ivani Rezende

CAPA
Victor Prado

DESIGNER EDITORIAL
Lucas Yamauchi

IMPRESSÃO
PlenaPrint

Dados Internacionais de Catalogação na Publicação (CIP)
(eDOC BRASIL, Belo Horizonte/MG)

M965 O mundo da criança: como ajudá-las a solucionarem seus próprios problemas e entenderem suas emoções / Coordenadora Cristina Martinez. — São Paulo, SP: Literare Books International, 2022.
280 p. : il.

Inclui bibliografia
ISBN 978-65-5922-404-3

1. Parentalidade. 2. Educação de crianças. 3. Psicologia infantil. I. Martinez, Cristina.

CDD 305.231

Elaborado por Maurício Amormino Júnior – CRB6/2422

LITERARE BOOKS INTERNATIONAL LTDA.
Rua Antônio Augusto Covello, 472
Vila Mariana — São Paulo, SP. CEP 01550-060
+55 11 2659-0968 | www.literarebooks.com.br
contato@literarebooks.com.br

SUMÁRIO

9   PREFÁCIO
Cristina Martinez

11   A CRIANÇA PEDE SOCORRO
Adriana Assis

19   O MEDO INFANTIL
Adriana Tonelli

27   A IMPORTÂNCIA DA MÚSICA NA EDUCAÇÃO INFANTIL
Ana Claudia Rocha

37   A FORMAÇÃO DA CRIANÇA NUMA VISÃO AYURVÉDICA
Ana Kitayama

47   A CONFIANÇA PELO OLHAR DA CRIANÇA
Bárbara Silva Oliveira

55   A BUSCA PELA COERÊNCIA NO PROCESSO EDUCACIONAL
Caio Bianchetti

63   AS VIVÊNCIAS DA INFÂNCIA COMO MOLDE PARA A VIDA ADULTA
Cássia Cunha

71   UMA INFÂNCIA SAUDÁVEL PODE MUDAR O MUNDO?
Celina Riguetti

81   OS BENEFÍCIOS DA MEDIAÇÃO DE CONFLITOS NO AMBIENTE ESCOLAR
Celeida Laporta e Ivone Saraiva

95   O CÉREBRO PRECISA SE EMOCIONAR PARA APRENDER
Erika Mazzoni

103   A CRIANÇA, SUAS EMOÇÕES E APRENDIZAGEM
Fernanda Marinho Pinto

111	ESCOLA OU BABÁ? E AGORA, O QUE ESCOLHER? **Flavia Nascimento Caetano**
121	ANSIEDADE INFANTIL: COMO TEM AFETADO AS CRIANÇAS NA PANDEMIA **Gláucia Conde e Sandra Reis**
131	O QUE SÃO AS "BIRRAS" E COMO LIDAR COM ELAS **Isis Pacheco**
139	OS PRIMEIROS 1000 DIAS DE VIDA **Izabella Carolina Espina**
145	O BEBÊ NÃO NASCE SOZINHO **Júlia Zenni de C. Cavalheiro**
155	PENSANDO A ESCOLA COMO ESPAÇO DE DESENVOLVIMENTO HUMANO PARA CRIANÇAS E ADOLESCENTES **Juliana Aparecida Fontes**
165	O ENSINO DE LIBRAS: UM AUXÍLIO NEUROAFETIVO NO PROCESSO DE LETRAMENTO **Jullye Nunes**
171	AJUDANDO AS CRIANÇAS A ENTENDEREM SUAS EMOÇÕES **Lucedile Antunes**
181	CRIANÇAS SÃO HIPNOTIZÁVEIS! **Lúcia Desideri**
191	COMO SE TORNAR PARTE INTEGRANTE DO NOSSO UNIVERSO PARALELO **Márcia Martins Boulhosa**
199	A IMPORTÂNCIA DO AFETO NO PROCESSO EDUCATIVO DA CRIANÇA **Maria Anete Marçal Reis**
205	FUTURANDO VENCEDORES **Maria de Lourdes Neres Costa**
215	PRIMEIRA INFÂNCIA: CONEXÃO FAMÍLIA E ESCOLA **Marlene Silva**
223	O ENTORNO IMPORTA PARA CRIANÇA **Muriel Marinho**

231   COMO AJUDAR AS CRIANÇAS A SOLUCIONAREM SEUS PRÓPRIOS PROBLEMAS E ENTENDEREM SUAS EMOÇÕES
Roberto Debski

241   PARENTALIDADE ENCORAJADORA: A IMPORTÂNCIA DE SER GENTIL E FIRME NO PROCESSO DE EDUCAÇÃO DOS FILHOS
Ruth Gisele Menezes

249   FAMÍLIA X SUPERPROTEÇÃO: DO CUIDADO À SUPERPROTEÇÃO – DISTINÇÃO DE CONCEITOS E ATITUDES PARENTAIS
Socorro Ribeiro e Yloma Rocha

257   NEUROPLASTICIDADE: COMO CONSTRUIR CAMINHOS NEURAIS COM TECNOLOGIA E DESIGN DE VIDA
Sophia Gomes Figueiró

267   O MAU COMPORTAMENTO: DE QUEM É A CULPA?
Tarciany Farias Pires

275   SER CRIANÇA: MÚLTIPLOS OLHARES
Virgiane Oliveira

PREFÁCIO

O mundo da criança é um convite para entender e compreender as potencialidades e sutilezas da infância e todo o seu desenvolvimento cognitivo-emocional. Olhar para a criança, suas emoções e, assim, ajudá-las a entender seus próprios sentimentos.

Aqui, você encontrará subsídios de como construir pontes saudáveis de conexão e amor à criança, tendo um olhar afetuoso e respeitoso. Para que essa transformação ocorra, temos que nos despir de nossas crenças limitantes e nos revestir de autoconhecimento, ou seja, nos educarmos para educar. Quando nos conhecemos melhor, conseguimos respeitar as diferenças que existem, inclusive nos colocamos no lugar da criança e geramos empatia e uma conexão respeitosa e, dessa forma, percebemos as necessidades e peculiaridades de cada uma, validando e reconhecendo a sua personalidade.

As influências culturais afetam de forma significativa a concepção da infância e as relações entre comportamentos infantis e o ambiente. E que ambiente é esse? Sobre qual mundo da criança estamos falando?

As evidências de mudanças que observamos devem ser um ponto fundamental para refletirmos suas consequências éticas para as crianças e a sociedade como um todo. A interação da criança com seu ambiente é tão particular que, enquanto houver práticas culturais de investigação científica, dificilmente a infância deixará de ser objeto de estudo.

E vocês, o que acham? Devemos conceituar a infância? Para uma melhor reflexão sobre o livro, deixo aqui a letra transcrita de uma canção de Toquinho, intitulada *O mundo da criança*.

> É sempre colorido, muitas vezes de papel
> Com arcos, flechas, índios e soldados
> Cheinho de presentes feitos por papai noel
> O mundo da criança e iluminado

Baleias gigantescas, violentos tubarões
Mistérios de um espaço submerso
Espaçonaves passam por dez mil constelações
O mundo da criança é um universo
O mundo da criança é um universo

Pipas, peões, bolas, balões, skates e patins
Vovó, vovô, mamãe, papai, família
É fácil imaginar uma aventura
Dentro de uma selva escura
Com perigos e armadilhas
Viagens para encontrar minas de ouro
Piratas e um tesouro enterrado numa ilha

Imagens, games, bate-papos no computador
O tempo é cada vez mais apressado
E mesmo com todo esse imenso interativo amor
O mundo da criança é abençoado
O mundo da criança é abençoado

E combinando a busca por novas experiências e descobertas, a ampliação dos significados e o cuidado dos adultos, a criança irá se fazendo criança, irá descortinando oportunidades de crescimento e vivências significativas.

Vamos juntos mergulhar em cada capítulo e adquirir autoconhecimento para encorajar a educação das crianças, visando à melhoria contínua, para que possamos nos tornar a melhor versão de nós mesmos. Com isso, incentivaremos esses adultos para que eles possam se conectar com as crianças por meio de uma educação mais positiva e mais encorajadora e, assim, desenvolvam novas habilidades de vida.

Mentes e corações conectados para uma educação afetiva consciente.

Que sejamos a mudança que gostaríamos de ver na criança!

Cristina Martinez

1

A CRIANÇA PEDE SOCORRO

Neste capítulo, conversaremos sobre o equilíbrio emocional das crianças em casa e na escola, o envolvimento dos pais e da professora nessa etapa do desenvolvimento infantil, assim como a difícil tarefa de aprender a resolver os problemas por si só.

ADRIANA ASSIS

Adriana Assis

Contatos
psicoadrianaassis@gmail.com
www.adrianaassis.com.br
Instagram: psicoadrianaassis
Facebook: facebook.com/psicoadrianaassis

Pedagoga graduada pela UNISUL (2013), graduanda em Psicologia pela UNISOCIESC (previsão de término em 2022), com especialização em Psicopedagogia Clínica e Institucional (IPEGEX – Instituto de Pós-graduação e Formação Continuada - 2011) e Neuropsicopedagogia e Desenvolvimento Humano (UNIASSELVI – Centro Universitário Leonardo da Vinci - 2016), dentre outros cursos extra curriculares.

> *Quando eu digo controlar emoções, me refiro às emoções realmente estressantes e incapacitantes. Sentir as emoções é o que torna a nossa vida rica. O cérebro emocional responde a um evento mais rapidamente que o cérebro pensante. No mundo atual, não basta ser inteligente, esperto e preparado para competir. É preciso ter calma e empatia e persistir diante das frustrações para conseguir viver bem no amor, ser feliz com a família e vencer no mercado de trabalho.*
> DANIEL GOLEMAN

Iniciando o texto com uma reflexão: será que as crianças de hoje conseguem solucionar problemas e entender as suas emoções? Em um mundo cheio de ansiedade, angústia, depressão e tantas outras particularidades, as crianças conseguem ter uma estabilidade emocional? Como estão os seus pais, emocionalmente?

São tantas perguntas que é possível se questionar o tempo todo, porém, inicialmente, é necessário compreender e analisar o que é emoção, o que é sentimento e o que é equilíbrio emocional.

A emoção é a reação a qualquer estímulo recebido por qualquer um dos cinco sentidos e não envolve o pensamento. É a primeira reação emitida, ou seja, aquela euforia ou espanto imediato ao acontecido. O sentimento já envolve a parte cognitiva do sujeito e também é construído através da emoção. Conforme Ribeiro (2006), o termo "sentimento" é muito usado para designar uma disposição mental ou algum propósito de uma pessoa para outra. Desta maneira, os sentimentos são ações decorrentes de uma decisão, além das sensações físicas que são sentidas como consequência de amar, por exemplo. Possuir o equilíbrio emocional é ter a habilidade de controlar o pensamento e as ações para que possa resolver os problemas e tomar decisões de modo mais coerente.

As crianças podem ter o equilíbrio emocional? Sim, e este começa a ser formado na infância. A participação dos pais é fundamental nesse processo por estarem mais próximos e por um tempo maior com a criança. Vão orientá-las, fazendo com que conheçam seus próprios sentimentos e os de outras pessoas. Por isso, o diálogo e o vínculo são muito importantes e irão facilitar esse conhecimento.

As crianças menores, com 2 anos e meio, já conseguem entender algumas emoções básicas como alegria, medo, tristeza e a raiva. Essas emoções já são vivenciadas por elas em algumas situações, por exemplo, no dia do brinquedo na escola de educação infantil. Nesse momento, é possível acontecer diversas situações relacionadas às emoções em que uma criança pode ficar feliz quando brinca com o brinquedo do colega ou ficar triste pelo fato de emprestar ou ceder. É uma dinâmica de ensinamento e aprendizado, pois o egocentrismo ainda se faz muito presente nessa faixa etária.

Com o avanço da idade, a criança vai aprendendo que o ato de emprestar não significa perder o objeto, mas ganhar um amigo e, ao mesmo tempo, começa a vivência de resolução dos seus problemas com o empréstimo.

Desta forma, elas vão aprendendo a conhecer outras emoções e amadurecendo o seu controle, bem como situações, problemas e tomada de decisões.

Equilíbrio emocional em casa

É sabido que criar filhos não é fácil, necessita de tempo, criatividade, determinação, disponibilidade, dentre outras características.

Sendo os pais as primeiras referências da criança, são as pessoas que mais influenciam no seu desenvolvimento e que, muitas vezes, podem atrapalhar. Os pais, na intenção de cuidar dos filhos, em alguns casos, acabam superprotegendo-os e não permitindo que as crianças sintam tristeza, fiquem frustradas ou passem pela decepção. Porém, essas situações devem ser vivenciadas pelas crianças, e é nesse momento que elas vão aprender algumas caraterísticas como serem determinadas, persistentes e ativas. Não é recomendado que as crianças sejam tolhidas disso, pois irá afetar a sua vida adulta e pode acarretar na dificuldade com a vida profissional, por exemplo.

Os pais, quando escolhem ter filhos, precisam colocar no seu cronograma mais um ser que está vindo para alegrar a casa. Contudo, é importante perceber que ele tem personalidade, individualidade e características diferentes e isso deve ser compreendido e respeitado. Enquanto ainda é pequeno, não possuindo capacidade para grandes escolhas, os pais devem fazer esse papel, mas, a partir do momento em que a criança possuir entendimento para tomar esse lugar e poder decidir a situação, ela deve exercer esse papel e ainda responder pelas consequências. Assim, começa a construção do equilíbrio emocional. São nas pequenas situações que acontecem os grandes eventos! Por isso, a cada idade a criança deve ter uma responsabilidade. As crianças menores, a partir dos 2 anos, já conseguem guardar seus brinquedos na caixa, puxar sua mochila sozinha, colocar roupa suja no cesto, por exemplo. Essas são situações que vão ajudando na organização da casa e na organização do próprio pensamento da criança. Você sabia que a organização do brinquedo na caixa favorece a escrita da produção textual no futuro? Pois é, quando a criança organiza qualquer coisa em um determinado lugar, ela passará a fazer um planejamento para que caiba tudo dentro dali e quando não couber ela pensará em outra maneira de organização. Essa situação beneficia a criatividade, raciocínio lógico, planejamento, organização e a frustração. Isso é demasiado importante para a fase adulta e, por isso, existem adolescentes e adultos com dificuldade na ordenação da rotina escolar e profissional.

São exemplos bem simples que podem acarretar frustrações futuras. Então deixo uma pergunta. Por que não deixar as crianças aprenderem a se frustrar enquanto os pais estão por perto para orientá-las? Desta forma, quando estiverem na vida adulta, essas crianças saberão lidar melhor quando uma situação não ocorrer da forma como ela gostaria, polindo suas tomadas de decisão.

Outra situação que pode ser destacada na construção do equilíbrio emocional das crianças é a independência, seja ela emocional ou física.

A dependência física se baseia no sentido de os outros fazerem pela criança. Isso se dá em qualquer situação em que ela consegue fazer e não "precisa fazer" porque tem alguém que faz por ela. Já a dependência emocional prejudica a saúde mental e é muito vivenciada na nossa sociedade. É quando o sujeito "precisa" de alguém para viver, não consegue conduzir-se sozinho. São vulnerabilidades criadas na infância por excesso de regras e proteção, falta de correções necessárias, acarretando uma pessoa que não consegue decidir e nem realizar uma escolha sozinha, que sempre precisa da aprovação de alguém.

A dependência emocional não acontece só na família, pode acontecer também entre amigos e nos relacionamentos. A receita de bolo para educar um filho não existe. O que existe é a dedicação, o amor e a vontade que a criança seja independente, possua autonomia e seja ativa para conseguir ser um adulto eficiente.

Equilíbrio emocional na escola

Sendo praticamente a segunda "casa" da criança, a escola é outro lugar onde ela expressa suas emoções e precisa do equilíbrio emocional para ter um bom rendimento.

Para os pequeninos que estão descobrindo e conhecendo as emoções, a participação da professora é de extrema importância, principalmente na mediação dos conflitos. É ela que irá acompanhar e intermediar as situações boas e as coisas ruins que acontecem. Inicialmente, foi citado o exemplo do empréstimo do brinquedo na educação infantil e outro exemplo pode-se dizer de dividir os lápis para colorir. Algumas crianças têm dificuldade em dividir e, nesse momento, experimentam a tristeza, a raiva e, às vezes, até o choro. É um processo natural de aprendizado até que a criança consiga entender por si só que não se pode ter tudo, é preciso aprender a dividir. Ainda pode-se citar a separação das crianças dos pais na chegada à escola. Algumas crianças de mais ou menos 2 anos ainda não conseguem controlar a emoção e acabam chorando. A professora, com o vínculo através do amor, consegue levar segurança para que a criança se sinta confortável e pare de chorar.

Já as crianças maiores, acima de 4 ou 5 anos, possuem um controle maior de suas emoções e sentimentos. O equilíbrio já é encontrado nessa idade e a criança não chora mais para ir à escola, as desavenças com os colegas começam a diminuir, a resolução dos próprios problemas e as tomadas de decisão são perceptíveis. Pode-se perceber pelos trabalhos em grupo em que precisam tomar a decisão de quem vai colorir ou quem vai recortar, por exemplo. As crianças decidem a divisão das tarefas e, com isso, conseguem solucionar o problema do trabalho.

O equilíbrio emocional é parte do sucesso escolar. É quando a criança realiza os estudos e as atividades de maneira tranquila sem que nenhuma emoção interfira. Esse processo pode ocorrer por toda a vida acadêmica, porém, é sabido que, em uma sociedade ansiosa como a atual, é quase impossível não haver interferência. Infelizmente, os reflexos dos pais, dos amigos e até mesmo dos professores podem influenciar as crianças em maior ou menor grau.

A criança em seu mundo precisa ser amparada por todos ao seu redor: colegas de sala, professor, pais, familiares e demais participantes da escola. Ela precisa se sentir bem com todos à sua volta. A segurança no olhar do outro proporciona a calma que ela precisa para continuar seu aprendizado.

A escola não é só um lugar em que se aprende as instruções das disciplinas. Ali, as crianças também aprendem a se comunicar, a socializar, a respeitar o próximo, a conhecer algumas emoções, além de praticar todo esse conhecimento.

Engana-se quem pensa que a escola tem por objetivo só ensinar as disciplinas. Ela vai muito além disso, agregando e fortalecendo valores e princípios. A importância do ambiente escolar é algo que as pessoas ainda encontram dificuldade para entender, embora este seja muito valioso na educação das crianças.

O equilíbrio emocional das crianças dentro da escola requer bastante cuidado. Ainda percebe-se que os pais tomam as dores dos filhos na escola, como questionar nota baixa ou divergência com colegas. As crianças precisam ser preparadas para tomarem suas próprias decisões e a resolverem seus próprios problemas. Somente os problemas de grau maior do que sua maturidade devem ser resolvidos pelos responsáveis. Assim, as crianças estarão praticando seu aprendizado e não ficarão dependentes emocionalmente. Esse é o ponto em que a escola se prova na sua parte de promover um bom desenvolvimento.

As crianças de hoje

Será que as crianças da atualidade estão sendo preparadas emocionalmente? Infelizmente, estão tendo grande dificuldade em lidar com a emoção e a cada dia cresce o número de pacientes infantis nos consultórios de psicologia. A demanda é grande, e o que tem causado esse fato? São inúmeras as causas e, como exemplo, pode-se citar a ansiedade, separação dos pais, dificuldade na escola, carência afetiva, dentre outras.

São situações em que a criança não consegue lidar sozinha porque não foi preparada para isso. A vida nos ensina que devemos seguir enfrentando os problemas de maneira mais tranquila possível, então, por que aumentar o tamanho de uma determinada situação? Por que fazer dela um tamanho monstruoso?

O equilíbrio emocional é justamente quando a criança consegue lidar com um problema de maneira tranquila e segura e alguns pais não prezam por esse entendimento. A criança deve frustrar-se, ficar triste, ficar alegre, chorar, pois, assim, ela vai amadurecendo seus sentimentos e se tornando cada vez mais forte. É assim que ela vai se conhecendo e se fortalecendo emocionalmente e irá resolver seus problemas de modo mais equilibrado.

Alguns pais mencionam a frase "não quero que meus filhos passem o que eu passei", mas eles esquecem que foi graças ao que eles passaram que conseguiram chegar aonde estão hoje. É esse exemplo que devem dar aos filhos e não o suprimir. Quando é suprimida, a criança passa a ser passiva no processo e, consequentemente, isso será um prejuízo na sua vida. Ela precisa vivenciar a situação, precisa sentir para entender. Esse é o processo de aprendizagem das emoções, a vivência.

Portanto segue um recado aos pais: deixe que a criança viva, experimente, quebre, caia e recomece. Não foi desta maneira que você passou? É triste, é doloroso, mas o processo precisa ser vivenciado por ela e esse aprendizado deve acontecer enquanto é uma criança e moram todos no mesmo ambiente, porque depois, quando se tornar adulto e tiver sua própria vida, ficará mais difícil.

Referências

GOLEMAN, D. *Inteligência emocional.* Rio de Janeiro: Objetiva, 2011.

RIBEIRO, T. *Sentimentos.* 2006. Disponível em: <https://brasilescola.uol.com.br/psicologia/sentimentos.htm>. Acesso em: 18 nov. de 2021.

2

O MEDO INFANTIL

O medo é uma emoção que existe em todas as fases do desenvolvimento humano e começa nos primeiros meses de vida. Este capítulo relata os tipos de medo nas diferentes faixas etárias, a importância dos pais no acolhimento da criança e propõe formas práticas de ajudar as crianças a superá-lo.

ADRIANA TONELLI

Adriana Tonelli

Contatos
www.draadrianatonelli.com.br
contato@draadrianatonelli.com.br
LinkedIn: www.linkedin.com/in/draadrianatonelli

Médica graduada pela Faculdade Evangélica do Paraná (2001), pós-graduada em Genética Humana pela Pontifícia Universidade Católica do Paraná (2002), especializada em Pediatria pelo Hospital Infantil Darcy Vargas (2006) e subespecializada em Pneumologia Pediátrica pelo Instituto da Criança da Faculdade de Medicina da Universidade de São Paulo (2010). Coautora dos Volumes 1 e 2 do livro *Primeira Infância* (Editora Literare Books International). Atuante em consultório particular e no SUS. Mãe da Rafaella, de 8 anos; razão do meu viver e minha inspiração diária nas tarefas de mãe e pediatra.

A criança com medo

"Mamãe, estou com medo". Que mãe nunca ouviu essa frase? Demonstrado através da fala da criança, do choro dos bebês ou da presença da criança na cama dos pais durante a madrugada, o medo está presente. É uma emoção normal que faz parte do desenvolvimento infantil, cuja função é nos manter vivos, afastados de um perigo iminente. Está presente na vida adulta também, entretanto, lidamos com o medo de forma natural e, muitas vezes, inconsciente. Gosto sempre de dar o exemplo de um adulto ao atravessar a rua. Temos medo de morrer, por isso, olhamos para os dois lados ao atravessá-la. Não pensamos em cada etapa, fazemos a ação de atravessar de forma inconsciente e contínua. Entretanto, se uma pessoa entra em pânico cada vez que vai atravessar a rua, é necessário ser avaliada.

Cada etapa do desenvolvimento infantil mostra medos específicos que serão superados naturalmente conforme a criança vai adquirindo maturação cognitiva e emocional. Claro que são emoções imensuráveis. Cada criança demonstra graus diferentes de medo em relação a um fato, coisa, pessoa ou animal, dependendo da sua personalidade, dos seus pais ou cuidadores e de suas inter-relações (amigos e escola). Muitas vezes, a criança demonstra muito medo, por exemplo, de cachorro, porque um de seus pais tem um trauma em relação àquilo e infundiu esse medo em seu filho. Naturalmente, a maioria dos medos vai se esvaindo com o tempo, não havendo necessidade de intervenção.

Todos nós nos transformamos a todo momento. As crianças também atravessam fases de duplo aspecto. De um lado, modificações físicas correspondentes ao crescimento e, de outro, modificações psicológicas acompanhadas de alterações do caráter. Esses períodos conturbados se situam entre os 6 meses (idade dos primeiros dentes), 6 e 10 meses (idade da introdução alimentar), 12 a 18 meses (idade da locomoção), 3 a 4 anos (idade dos contatos sociais), 7 a 8 anos (idade da razão e da discriminação entre sonho e realidade) e 12 a 13 anos (idade da formação púbere). Podemos formatar alguns tipos de medos específicos nessas faixas etárias.

Crianças a partir de 6 meses de idade enxergam melhor e conseguem se identificar como um ser separado de sua mãe. Começam a ser alimentadas além do seio materno e se apegam mais com sua cuidadora que, na maioria das vezes, é sua mãe. Logo, a partir dessa idade identifica-se o medo em relação às pessoas e lugares estranhos e o medo de se distanciar de sua mãe. É quando ocorre aquele chororô às segundas-feiras ao deixar nosso bebê na creche...

Crianças a partir dos 2 anos estão aprendendo a lidar com suas emoções e a se relacionar com o mundo externo. Elas veem em seus pais o porto seguro de suas emoções. Observa-se entre 2 e 3 anos o medo do abandono, o medo de ser esquecida na escola, o medo de ser trocado. Já entre 3 e 4 anos, surge o medo do escuro, de barulhos e de pessoas fantasiadas. Nessa idade, barulhos, fogos de artifício os deixam muito amedrontados. E surge a queixa de que seu filho dormia sozinho a noite toda e agora chora desesperadamente todas as noites pedindo sua presença em sua cama. Ou, na maioria das vezes, você acorda com seu filho entre você e seu companheiro. E quem não tem uma foto de seu filho chorando no colo do Papai Noel?

A fase da fantasia, entre 4 e 6 anos, é rodeada pelo medo do sobrenatural: monstros, bruxas, vampiros, e parece que todos eles moram embaixo da cama de nossos filhos! Esse medo pode piorar a depender do acesso aos materiais televisivos ou de outras mídias assistidas. Portanto, aqui somam-se os dois medos, tanto do sobrenatural quanto o de dormir sozinho. Aqui, mesmo crianças que dormem com seus irmãos apresentam muita dificuldade em manter seu sono contínuo e invariavelmente necessitam da presença dos pais para adormecer.

Aos 5 a 6 anos, as crianças estão mais voltadas aos medos da realidade, e entre 8 e 11 anos têm medo de perder os pais ou a própria vida.

A partir dos 12 anos elas têm medo de não serem aceitas em seus grupos sociais.

O que é o medo infantil e como superá-lo

Como podemos observar, o medo existe desde os primeiros meses de vida. É um sentimento individual, que representa insegurança frente a uma pessoa, animal, objeto ou situação.

Entretanto, o medo é útil para as crianças. É o que as faz decidir se devem ou não tomar uma decisão, enfrentar uma situação ou fugir de uma ameaça. É o que as fazem fortalecer sua autoconfiança e sua tomada de decisões.

O medo dos adultos e das crianças é diferente. Enquanto os adultos apresentam medos reais, as crianças apresentam medos fantasiosos, improváveis, mas também medos reais.

Na maioria das vezes, a presença dos pais, o hábito da conversa e algum elemento lúdico ajudam, em muito, a criança a superar gradualmente certos medos.

Crianças pequenas têm medo de barulhos, sons altos, pessoas fantasiadas. O ideal é evitar este tipo de ambiente mas, na impossibilidade, faça a introdução ao ambiente de modo gradual, observando a reação da criança. Algumas crianças não toleram barulhos e ambientes muito movimentados, causando estresse desnecessário. Os pais devem sempre manter-se ao lado de seus filhos, passando calma e tranquilidade para a eles.

A escola também ajuda nesse processo, nas rodas de leitura desenvolvidas no jardim da infância, quando é trabalhado a figura do lobo nas fábulas "Chapeuzinho Vermelho" e " Os Três Porquinhos". Inclusive existem desfechos diferentes da fábula dos "Três Porquinhos", nos quais o Lobo é vegetariano, e histórias alternativas à "Chapeuzinho Vermelho", como a fantástica história da "Chapeuzinho Amarelo", obra de Chico Buarque. Um clássico da literatura infantil brasileira, foi publicado em 1970, e relançada em 1979 com as ilustrações do grande chargista Ziraldo (Editora Autêntica). "Chapeuzinho Amarelo" conta a história de uma garotinha amarela de medo. Tinha medo de tudo, até do medo de ter medo. Era tão medrosa que já não se divertia, não brincava, não dormia, não comia. Seu maior receio era encontrar o Lobo, que era capaz de comer "duas avós, um caçador, rei, princesa, sete panelas de arroz e um chapéu de sobremesa". Ao enfrentar o Lobo e passar a curtir a vida como toda criança, Chapeuzinho nos ensina uma valiosa lição sobre coragem e superação do medo. Já em sua 40º edição, este clássico de nossa literatura infantil vem encantando gerações e gerações de leitores. O livro recebeu, em 1979, o selo de "Altamente Recomendável", da Fundação Nacional do Livro Infantil e Juvenil (FNLIJ).

O medo da escuridão noturna é conhecido como um dos motivos que impedem as crianças de adormecerem. Para apaziguar este medo, deve-se ajudá-la a superar o medo da noite, habituando-se com a escuridão. Por exemplo, brincando de cabra-cega com a mãe durante o dia: vedando-se os olhos, vai-se a todos os cômodos da casa. Assim, a criança assimilará a noite à sua mãe, que lhe infunde segurança. Se ela necessita de luz para adormecer, pode-se deixar uma luzinha acesa e, com o passar do tempo, isso não será mais necessário. Afirmo que é necessário tempo e paciência. A presença de um bichinho de pelúcia ou boneca também pode ser útil, pois recria a situação mãe-filho, de proteção mútua. É um objeto de transferência que faz com que a criança não se sinta sozinha.

O medo de monstros e outros seres sobrenaturais pode ser aliviado com a manipulação doméstica do conhecido "spray antimonstros". Existem formulações prontas no mercado, mas é algo simples de ser feito em casa. Basta usar um frasco spray limpo destinado a este fim, e completar com água e a "poção mágica" que os pais podem criar: água, purpurina, corante, perfume, lantejoulas ou o que desejar. Antes de dormir, a família faz uma "caça aos monstros", pulverizando os cômodos da casa onde os "monstros se escondem". Jamais diga para a criança que o monstro não existe. Para ela, ele existe. O melhor é enfrentá-lo juntos.

A morte é um assunto delicado entre nós, latinos, que vemos a morte como o fim da vida. Devemos encará-la como uma fase da vida. Apesar de crianças pequenas não terem medo da morte, é importante nunca esconder da criança, por exemplo, quando um ente falecer ou quando um animalzinho da família se for. Falar para a criança o que diz respeito a ela, ser simples na fala, e deixar claro que o corpo não existirá mais, mas seu coração será eternizado no amor daquela família. Crianças que lidam bem com a morte e vivem o luto têm menos medo da morte.

Muitas crianças sentem medo de serem castigadas pelos pais ou de não serem aceitas pelos seus amiguinhos. A melhor maneira de diminuir esse medo é manter uma conversa franca e deixar as regras da família bem claras. Muitas vezes, é necessário também cuidar da saúde mental dos pré-adolescentes.

Como trabalhar o medo

As crianças nem sempre sabem expressar o medo que sentem. Elas podem chorar e dizer exatamente o que sentem, ou não, ou expressar em um desenho, ou ter pesadelos, crises de birra, voltar a urinar na cama, implorar para que os pais não saiam de casa ou não querer mais ir à escola.

O medo é preocupante quando se torna fobia ou ansiedade, e deve-se estar atento quando esse padrão se repete na mesma família. O medo é natural, como já dito aqui, faz parte do desenvolvimento, mas não pode ser paralisante.

Essa criança precisa ser acolhida pelos pais, que devem demonstrar carinho e atenção, com cuidado para não aumentar ainda mais sua ansiedade. Os pais são essenciais para a fase de superação do medo. Jamais devem ser ditas as falas "não seja bobo", "isso não existe", "você já é grande demais para isso", pois o medo para aquela criança é real.

A linha que separa o medo da ansiedade e da fobia é diferente para cada criança e deve ser observada por mudanças no comportamento. Os pais devem conversar com seus filhos, expor o problema para seu pediatra e, quando necessário, levá-lo ao psicólogo.

A terapia ajuda muito a criança e a família como um todo; auxilia a criança a superar seu medo e ter uma infância mais segura e feliz.

Referências

DE HOLANDA, C. B. *Chapeuzinho amarelo.* 41. ed. São Paulo: Grupo Editora Autêntica, 2019.

DOLTO, F. *As etapas decisivas da infância.* 2. ed. São Paulo: Martins Fontes, 2007.

SANTA CATARINA, C. *et al. A importância de estudar o medo no desenvolvimento infantil.* Disponível em: <https://portalperiodicos.unoesc.edu.br/apeusmo/article/view/23922/14170>. Acesso em: 17 abr. de 2022.

3

A IMPORTÂNCIA DA MÚSICA NA EDUCAÇÃO INFANTIL

Neste capítulo, falarei sobre a extraordinária importância da música no desenvolvimento cognitivo e cultural das crianças, ressaltando que a música na escola não tem como finalidade formar músicos instrumentistas, mas contribuir para a formação total do educando.

ANA CLAUDIA ROCHA

Ana Claudia Rocha

Contatos
acrpcv@gamil.com
anaclaudia@clme.com.br
Instagram: @escolaclme
Facebook: Ana Claudia Rocha
66 99984 9696 / 66 99984 4449

Proprietária de uma escola de música e educação, na qual atua também como professora, psicopedagoga e musicoterapeuta. Graduada em Ciências com Habilitação plena em Matemática pela Faculdade de Ciências e Letras Plinio Augusto do Amaral, com pós-graduação *lato sensu* em Psicopedagogia pela Universidade do Estado de Minas Gerais – Fundação Educacional de Ituiutaba – Instituto Superior de Ensino e Pesquisa. Pós-graduação *lato sensu* em Psicopedagogia Clínica e Institucional pela Sociedade Nacional de Educação, Ciência e Tecnologia (SOET). Habilitação Plena em Música – habilitação afim em Instrumento. Técnico em Piano pelo Conservatório Musical Campinas. Técnico em Teclado e Órgão Eletrônico. Graduanda em Música pela Unis. Concluindo pós-graduação em Neuropsicopedagogia pela Uniasselvi. Concluindo pós-graduação em Musicoterapia pelo IPB.

A música é a linguagem que se traduz em formas sonoras capazes de expressar e comunicar sensações, sentimentos e pensamentos por meio da organização e relacionamento expressivo entre o som e o silêncio. Ela está presente em todas as culturas, nas mais diversas situações: festas e comemorações, rituais religiosos, manifestações cívicas, políticas etc. Faz parte da educação desde muito tempo, sendo que, já na Grécia Antiga, era considerada fundamental para a formação dos futuros cidadãos, ao lado da matemática e da filosofia.

Para o pedagogo suíço Edgar Willems (1968, p. 1), [...] a educação musical é, ao mesmo tempo, um meio próprio de desenvolvimento artístico e um elemento de cultura geral. Uma vez que, exigindo a coparticipação total do ser humano – dinâmico, sensorial, afetivo, mental e espiritual, colabora no desenvolvimento de todas as faculdades e, harmonizando-as entre si, contribui para o desenvolvimento da personalidade humana. A integração entre os aspectos sensíveis, afetivos, estéticos e cognitivos, assim como a promoção de interação e comunicação social, conferem caráter significativo à linguagem musical. É uma das formas mais importantes de expressão humana, o que por si só justifica sua presença no contexto da educação, de modo geral, e na educação infantil, particularmente.

A música não é um fator externo em relação ao homem, provém do seu interior, é inerente à sua natureza. Ela está presente em todo o universo, inspirando a expressão musical humana. Toda criança tem direito a uma educação musical que lhe possibilite desenvolver o potencial de comunicação e expressão embutido nessa linguagem.

"A música pertence a todos e uma correta educação musical oferece os meios para apreciá-la e dela desfrutar" (ZOLTAN; KODALY *apud* SZONYI, 1996, p. 17).

A música no contexto da educação infantil vem, ao longo de sua história, atendendo a vários objetivos, alguns dos quais alheios às questões próprias dessa linguagem. Tem sido, em muitos casos, suporte para atender a vários propósitos, como a formação de hábitos, atitudes e comportamentos: lavar as mãos antes do lanche, escovar os dentes, respeitar o farol; a realização de comemorações relativas ao calendário de eventos do ano letivo, simbolizados no dia da árvore, dia do soldado, dia das mães; a memorização de conteúdos relativos a números, letras do alfabeto, cores etc., traduzidos em canções. Essas canções costumam ser acompanhadas por gestos corporais, imitados pelas crianças de maneira mecânica. Outra prática corrente tem sido o uso das bandinhas rítmicas para o desenvolvimento motor, da audição e do domínio rítmico. Essas bandinhas utilizam instrumentos – pandeirinhos, tamborzinhos, pauzinhos etc. – muitas vezes confeccionados com material inadequado e, consequentemente, com qualidade sonora deficiente. Isso reforça o aspecto mecânico e a imitação, deixando pouco ou nenhum espaço às atividades de criação ou às questões ligadas à percepção e ao conhecimento das possibilidades e qualidades expressivas dos sons.

Ainda que esses procedimentos venham sendo repensados, muitas instituições encontram dificuldades para integrar a linguagem musical ao contexto educacional. Constata-se uma defasagem entre o trabalho realizado na área de Música e nas demais áreas do conhecimento, evidenciada pela realização de atividades de reprodução e imitação em detrimento de atividades voltadas à criação e à elaboração musical. Nesses contextos, a música é tratada como se fosse um produto pronto, que se aprende a reproduzir, e não uma linguagem cujo conhecimento se constrói.

As crianças entram em contato com a cultura musical desde muito cedo e, assim, começam a aprender suas tradições musicais. Mesmo que as formas de organização social e o papel da música nas sociedades modernas tenham se transformado, algo de seu caráter ritual é preservado, assim como certa tradição do fazer e ensinar por imitação e "por ouvido", em que se misturam intuição, conhecimento prático e transmissão oral. Essas questões devem ser consideradas ao se pensar na aprendizagem, pois o contato intuitivo e espontâneo com a expressão musical desde os primeiros anos de vida é um importante ponto de partida para o processo de musicalização. Ouvir música, aprender uma canção, brincar de roda, realizar brinquedos rítmicos, jogos de mãos etc. são atividades que despertam, estimulam e desenvolvem o gosto pela atividade musical, além de atenderem às necessidades de expressão que passam pelas esferas afetiva, estética e cognitiva. Aprender música significa integrar experiências que envolvem a vivência, a percepção e a reflexão, encaminhando-as para níveis cada vez mais elaborados.

Pesquisadores e estudiosos vêm traçando paralelos entre o desenvolvimento infantil e o exercício da expressão musical, resultando em propostas que respeitam o modo de perceber, sentir e pensar em cada fase, e contribuindo para que a construção do conhecimento dessa linguagem ocorra de modo significativo.

Compreende-se a música como linguagem e forma de conhecimento. A linguagem musical tem estrutura e características próprias, devendo ser considerada:

Produção – centrada na experimentação e na imitação, tendo como produtos musicais a interpretação, a improvisação e a composição.

Apreciação – percepção tanto dos sons e silêncios quanto das estruturas e organizações musicais, buscando desenvolver, por meio do prazer da escuta, a capacidade de observação, análise e reconhecimento.

Reflexão – sobre questões referentes a organização, criação, produtos e produtores musicais.

O trabalho com música deve considerar, portanto, que ela é um meio de expressão e forma de conhecimento acessível aos bebês e crianças, inclusive àqueles que apresentam necessidades especiais. A linguagem musical é um excelente meio para o desenvolvimento da expressão, do equilíbrio, da autoestima e do autoconhecimento, além de poderoso meio de integração social.

Os critérios acerca de quais são as finalidades do ensino musical são numerosos e alguns completamente opostos entre si. Esta diversidade de critérios pode trazer como consequência uma constante busca e uma constante superação. Para estabelecer as finalidades da educação, vou tomar como base o seguinte conceito de educação:

"Educação é o processo que visa à formação cultural do homem". Assim, mediante aquisições, intelectuais e morais, se chegará à cultura, que se constituirá não só de conhecimentos (instrução), mas por todas aquelas manifestações do espírito moral mais alto.

Os sentimentos éticos e estéticos fundamentam o caráter e destes depende a atração, que não pode ser indiferente ante as normas da convivência humana. Se a arte musical exerce domínio decisivo sobre o sentimento, portanto, sobre os atos e o caráter do indivíduo, podemos deduzir daí sua importância e finalidade.

Estudar a criança, suas necessidades, tendências e problemas por meio do trabalho com a música ajudará a conhecê-la mais intimamente, contribuindo, deste modo, para que a criança se realize com mais proveito.

O professor de música, por meio de observações sobre o desenvolvimento de seus alunos, descobrirá muitos aspectos da personalidade destes. Por exemplo:

más formações bucais (ronqueiras, afonias); falhas na atenção; falhas rítmicas que evidenciam outras correspondentes nas coordenações cérebro-musculares.

Adolfo Fenière (1948) admite que, na maioria dos seres humanos, a música constitui uma necessidade, além de ser estimulante e calmante. A música é uma higiene da alma e pode constituir em terapêutica.

Enfim, a música contribui para a superação de valores éticos e estéticos e para o embelezamento da vida, permitindo, assim, que a atividade escolar da criança não se reduza a uma simples e prosaica acumulação de conhecimentos gerais com vistas a um tecnicismo futuro.

A Educação é um problema não só complexo como também muito amplo, na qual o estudo da Música ocupa um lugar de grande importância como fator cultural, como fonte de prazer estético e como capacidade de domínio de seus elementos constitutivos: o som, o ritmo, a melodia e a harmonia.

Como as demais artes, a Música, além de sua finalidade de arte pura, também é promotora de fraternidade e compreensão entre os homens, estimuladora de seus valores éticos e sociais. Mas se destaca como sendo o setor da educação que estimula, de maneira especial, o impulso vital e as mais importantes atividades psíquicas humanas: a inteligência, a vontade, a imaginação criadora e, principalmente, a sensibilidades e o amor. Nisto está sua peculiaridade, pois reúne, harmoniosamente, conhecimentos, sensibilidade e ação.

Na escola, a Música é um dos meios mais eficazes de se atingir as crianças e os jovens, influencia a vida moral, social e espiritual deles, estabelecendo neles uma atmosfera de alegria, ordem, disciplina e entusiasmo indispensáveis em todas as atividades escolares. Coopera principalmente em alta porcentagem na estrutura da personalidade do futuro adulto, pois, como arte que é, se desenvolve no terreno da emotividade.

Na busca do estudo de arte ou música, pode-se, muitas vezes, perceber a ansiedade das pessoas em "ver" algo acabado ou concluído. Acompanhe o raciocínio. O feto quando começa a se mexer, podemos dizer que ele está manifestando reações nervosas instintivas. Ao observar a criança quando nasce, não precisa ensiná-la a chorar porque o faz como expressão espontânea de uma necessidade física: dor, fome etc.

Segundo Friedenreich (1990), a formação do sentimento e da vontade, em vista do convívio e do procedimento social, representa um dos mais importantes problemas aliados ao desenvolvimento do intelecto.

Em todo processo profissional, observamos alguns fatores fundamentais como: "vocação", interesse ou satisfação em se ver produzindo alguma coisa que se tem como de grande importância para a construção da sociedade e porque não dizer do próprio "Eu". Algumas grandes personalidades que também se fizeram "tijolos importantes" na evolução educacional e musical já nos apresentaram a música como a expressão mais profunda de nossos sentimentos.

O homem se caracteriza como um animal que, por sua curiosidade, busca aumentar a compreensão de si mesmo e do mundo que o rodeia porque, desta maneira, espera melhorar sua forma de vida.

Portanto, o que se pode observar durante algum tempo de trabalho no campo da educação musical, é que não só aqui, mas em quase tudo o que se faça, quer admita, quer não, sentimos um breve impacto ou uma barreira quanto ao desconhecido; se chegar alguém aqui e disser que tem que desempenhar um papel representativo de algo que nunca fizemos, com certeza vamos nos abater, mas tão logo desempenhamos tal papel, já não teremos medo de refazê-lo. É assim também na arte e na música. As reações são claras e nítidas em cada turma nova, em cada rosto, a cada nova apresentação de um novo conteúdo.

Podemos apresentar a um aluno a mesma proposta: o mesmo pincel, mesmo palco, o mesmo instrumento, o mesmo movimento, o mesmo intervalo, a mesma fórmula de compasso ou outras situações já experimentadas e, para ele, "tudo é novo". Por quê?

Acredita-se encontrar aí certa resistência a coisas que também são iguais, mas em lugares diferentes. Existe certa "pressa" e, como já fomos acostumados a ouvir "A pressa é inimiga da perfeição...", além de "Ser perfeito em tudo..." Ou seja: a cobrança sobre o que se faz o deixa ansioso para realizar o trabalho e isso atrapalha o indivíduo em seu processo cognitivo, impedindo-o de identificar a percepção artístico-musical de modo geral.

Fridman e Papousek *(apud* CAUDURO, 1991, p. 65) apontam no choro as primeiras inflexões pré-verbais do bebê e o movimento corporal levemente ritmado como as primeiras manifestações rítmicas neste sentido. Tais manifestações dependem do meio em que vive a criança, se motivado ou não, influenciando, assim, seu desenvolvimento rítmico e melódico.

De forma análoga, Dalcroze *et al. (apud* CANDURO, 1991, p. 64) enfatizam a importância da percussão corporal, sincronizada ou não com a palavra declamada, assim como a contribuição dos movimentos ritmados e de locomoção para fornecer a criança pequena ou mesmo o adulto, uma consciência viva, concreta e prazerosa dos componentes do ritmo musical.

Dalcroze (*apud* CAUDURO, 1991, p. 64), lançou as bases da "eurritmia", isto é, a educação do ritmo através do movimento corporal. O autor acreditava que a percepção rítmica, para se completar, dependia de reações tanto musculares como nervosas de todo o corpo. Acreditava, ainda, que a consciência rítmica de jovens alunos surgia do treino especial para regular e coordenar as reações de músculos e nervos, bem como combinar a consciência tátil-motora com o sentido de espaço e de movimento, produzindo, assim, a harmonia da mente e o equilíbrio do corpo.

Teplov (*apud* CAUDURO, 1991, p. 65), de igual forma, afirma que o ritmo musical não pode ser percebido nem reproduzido na ausência das representações motoras do ritmo, pois as imagens ritmo-mentais não nascem sozinhas, mas dependem de uma percepção ativa.

No entender de Carl Orff (*apud* GRAETZER, 1961, p. 7), as crianças se expressam musicalmente dentro de uma conexão global perfeitamente integrada, ou seja, movimentam, falam, cantam e dançam. Ele centrou o seu trabalho didático na palavra, pois acreditava ser ela a fonte geradora de padrões e de estruturas rítmicas, as quais gerariam ou provocariam movimento. Enfocou o corpo como o primeiro instrumento, explorando os seus recursos percussivos como palmas, sapateados, batidas sobre pernas, estalo de dedos, estalos com a língua etc.

Mursell (*apud* CAUDURO 1971, p. 64), por outro lado, adverte que, embora muitos fatos da vida diária atestem uma estreita conexão entre as reações musculares e a percepção do ritmo ouvido, não se deve atribuir unicamente a sensação do movimento corporal à origem de toda a nossa consciência rítmica. O autor explica que um padrão rítmico é mais direto e prontamente assimilado através da reação motora porque tanto a percepção rítmica como a sensação do movimento corporal são captadas em função das mesmas qualidades, tais como: intensidade (força, energia), duração, sucessão no tempo e no espaço. Mursell enfatiza, ainda, que a verdadeira base da percepção rítmica se encontra na atividade mental.

Rainbow (*apud* CAUDURO, 1992, p. 65) questiona a validade dos exercícios de locomoção, tomando como exemplo a marcha sincronizada com palmas usada na educação rítmica de crianças de 3 e 4 anos. Em seus experimentos, sujeitos dessa faixa etária encontraram grande dificuldade de coordenação das ações motoras. Na sua opinião, as habilidades motoras não se mostraram úteis para estimular em crianças pequenas o senso rítmico, nem para ajudá-las na percepção temporal e quantitativa. Essas crianças de

3 e 5 anos revelaram maior segurança, precisão e facilidade na reprodução de padrões rítmicos por meio da via motora vocal, tanto declamando como cantando o ritmo executado.

Desta forma, sugiro o uso de percussão corporal e instrumental, do movimento de marcha sincronizada com palmas para crianças e/ou adultos que já alcançaram a maturidade motora.

Aportando-se nesses pressupostos teóricos, ou seja, na necessidade de utilização do corpo e da voz para sustentar a atividade mental e efetivar a consciência rítmica, proponho a avaliação da real importância da música na educação das crianças que se encontram em escolas regulares e se atividades como os motivos rítmicos, ou sedimentação da leitura musical, ou novas propostas de ritmo podem ser influenciadores do desenvolvimento global.

Como é do nosso conhecimento, a alfabetização é um dos grandes desafios a ser enfrentado e superado pela educação no Brasil. Com o ensino da música não é diferente.

A observação cotidiana revela que a criança se desenvolve na medida em que cresce e de acordo com as estimulações pessoais ou ambientais recebidas.

Seu desenvolvimento fundamenta-se na interação entre a sua herança genética e o ambiente – de casa, da escola, da sociedade – em que vive, e processa-se segundo pré-condições através das quais nós aprendemos a caminhar antes de correr, a imitar antes de criar. Tornarmo-nos capazes de reprodução quando alcançamos a adolescência. É claro que cada indivíduo impõe seu próprio estilo nesse processo de desenvolvimento, mas há no desenvolvimento padrões amplos que possibilitam torná-lo sistemático para um determinado grupo de indivíduos, ou cultura específica. Portanto parece importante, especialmente para professores e pais, compreender este processo (SWANWICK; TILLMAN, 1986, p. 305).

Conforme os estudos sobre composições musicais de crianças empreendidos por Swanwick e Tillman (1986), há uma sequência, um ordenamento do comportamento musical, segundo o qual as expressões musicais das crianças podem ser organizadas em estágios.

Burner (*apud* CAUDURO, 1991, pp. 35-36) afirma existir três níveis sucessivos de representação conforme o desenvolvimento cognitivo da criança:

- **Representação ativa (enactiva):** própria de crianças pequenas, em que, a partir de condutas sensório-motoras, as experiências vividas são reproduzidas (representadas) através de ações e gestos – respostas motoras. Este é um trabalho experimentado nas aulas de musicalização infantil.

- **Representação icônica:** experiências vividas, fatos, seres e objetos observados são reproduzidos através de imagens. Os acontecimentos experimentados são, melhor dizendo, reproduzidos através de representações figurativas que se assemelham visualmente ao ser ou objeto referenciado. Segundo Bossa (1992), até os 6 anos de idade, a criança necessita de objetos concretos para a assimilação de qualquer conhecimento; o adulto, não necessariamente, mas também vem a ser um grande aliado no seu aprendizado.
- **Representação simbólica:** manifesta-se quando a criança consegue sugerir ou expressar o fato, acontecimento, sensação ou ser, mediante um símbolo de elaboração pessoal e individual sem que necessite mostrá-lo ou demonstrá-lo. Além disso, por ser uma elaboração pessoal com características subjetivas, não precisa necessariamente ter uma relação ou uma semelhança direta com o evento ou entidade ou simbolizado (CAUDURO, 1991, p. 36).

De acordo com Piaget (*apud* CAUDURO, 1991, pp. 36-37), a representação pode ser sintetizada nestes termos: tal coisa "representa" tal outra que está "ausente", e envolve através das seguintes fases:

- Imitação interiorizada.
- Jogo simbólico.
- Representação cognitiva.

Concluindo esta fase de representação, segundo Cauduro (1991, p. 40), fica claro que "a apreensão cognitivo mental da estrutura musical pressupõe uma intelectuação consciente que não surge espontaneamente, mas necessita duma aprendizagem dirigida e sistemática".

As ações educacionais só alcançarão sucesso com a participação ativa e competente do professor, que deverá ser constituída não só pelo processo de sua formação escolar, mas também por seus conhecimentos construídos nas experiências sociais.

Segundo Eisner (1979), ao realizar atividades artísticas, as crianças desenvolvem autoestima e autonomia, sentimento de empatia, capacidade de simbolizar, analisar, avaliar e fazer julgamentos e um pensamento mais flexível; também desenvolvem o senso estético e as habilidades específicas da área artística, tornam-se capazes de expressar melhor ideias e sentimentos, passam a compreender as relações entre as partes e o todo e a entender que as artes não são uma maneira diferente de conhecer e interpretar o mundo.

Não podemos reproduzir na escola o que os meios de comunicação impõem, uma vez que o que vale neles é o critério de mercado, e não a qualidade do produto.

4

A FORMAÇÃO DA CRIANÇA NUMA VISÃO AYURVÉDICA

O mundo oriental possui um olhar milenar, completamente diferente do nosso, de enxergar a dinâmica da vida. Gostaria de convidar você a conhecer um pouco dessa sabedoria, aprendendo um novo modo de observar a interação entre os nossos corpos humanos – corpos sensoriais – e o mundo que nos cerca. O objetivo é evidenciar algumas necessidades urgentes para a saúde e o futuro dos nossos filhos, nossas crianças.

O pensamento está no corpo inteiro, assim como os sentimentos.

ANA KITAYAMA

Ana Kitayama

Contato
kitayana.012@gmail.com.

Nascida em Brasília, formada em Comunicação Organizacional pela Universidade de Brasília (UnB) e em Terapia Ayurvédica pela Escola de Ayurveda de Brasília. Mãe do Nuno, empreendedora, comunicadora, marketeira digital, ativista ecológica, apaixonada e estudante da natureza. É artista e fotógrafa nas horas vagas. Sua pesquisa (2017) na UnB investigou o uso de ferramentas da propaganda infantil para beneficiar um comércio que perturba e prejudica os sentidos humanos durante a infância – o que resulta em mau desempenho dos "órgãos dos sentidos" e, consequentemente, atrapalha o desenvolvimento do corpo como um todo – sensibilidade, inteligência e até mesmo empatia. A peça-chave para a compreensão desse tema está nos seus estudos ayurvédicos.

Olá, querida(o) mãe/pai! Venho trazer a você aprendizados essenciais de 7 anos de pesquisas nos mundos da arte, da história, da filosofia, antropologia, psicologia medicina ayurvédica. Trago-lhe um compilado, um resumo, de tudo o que li e também experimentei por mim mesma a respeito do desenvolvimento de inteligências emocionais como a empatia, compaixão e alegria em nós, seres humanos, a partir do contato dos nossos sentidos com o mundo que está ao redor. Nossos filhos merecem o nosso melhor. Nós merecemos buscar o que é melhor para nós. Criamos nossos filhos pelo que entendemos por certo. Por verdadeiro. Por nobre. Belo. Justo. E o universo é infinito. Por isso, cada um cria a seu modo. Somos dotados de bilhões de neurônios e da mais infindável criatividade. O que nós realmente somos não está ao alcance dos olhos. O que nós realmente somos é muitíssimo maior! Então vamos lá, passear por um conhecimento oriundo de outros mundos.

Introdução

Nós, seres humanos, surgimos, crescemos e nos desenvolvemos como todos os outros elementos e seres vivos. Todos que estão aqui – dentro desse gigantesco ecossistema, que está em constante contato e movimento consigo mesmo – são regidos pelos ciclos das Leis Naturais.

O que determina a nossa capacidade de sobrevivência, de desenvolvimento e de aperfeiçoamento é justamente aquilo com o que temos contato.

E todo contato que somos capazes de fazer, nós, os animais, as plantas, acontece através dos sentidos.

Aquilo que vemos, ouvimos, tocamos, cheiramos e degustamos determinam a forma, a qualidade do crescimento e o desenvolvimento do nosso corpo.

Aqui, "corpo" significa corpo físico & campo mental & campo emocional (BRENNAN, 1999), ou seja, três partes integrantes dessa completude que é o ser humano.

Filosofia indiana

O Samkhya é uma das seis principais filosofias da Índia. Toda a literatura milenar do Ayurveda está baseada no Samkhya da Criação, que tem por objetivo acabar com a dor e o sofrimento provindos do desconhecimento.

Segundo esta filosofia, Purusha (energia masculina) – sem forma, sem cor, sem atributos – e Prakriti (energia feminina), que é o Desejo Divino e possui forma, cor e atributos, se unem para dar origem a toda a existência.

De acordo com o Ayurveda, toda existência no universo é composta pelos cinco elementos: espaço (éter), ar, fogo, água e terra. Desde a célula de uma planta a um órgão em nosso corpo, o ar que respiramos, os oceanos, as montanhas, até mesmo "coisas" como nossas roupas, celulares, também nossas emoções, sentimentos, pensamentos até os alimentos que ingerimos, todos são compostos por esses cinco elementos. "O homem e o Universo possuem uma mesma essência", daí vem a estreita relação de equilíbrio e saúde com a Natureza e as forças universais para essas filosofias.

O tempo e o ritmo da natureza

O tempo e o ritmo da Natureza se dão em ciclos, em observação do comportamento do aparecer e desaparecer do Sol, do nascer, crescer e escurecer da Lua. Sabemos que o dia acabou devido a essas observações. Sabemos que um ano se passou devido à mudança das cores das folhas, se elas estão no topo da árvore, no chão, rodeadas de frutos ou não. Esse é o tempo orgânico, que todos os seres que não estão acostumados com cabos, tic-tac e concreto conhecem.

Precisamos estar em contato com a Natureza para ter um respiro mais profundo; para ter uma visão mais rica em detalhes, nuances e cores; para sentir um toque mais cheio de texturas e sensações, para ter uma escuta mais longínqua; e caso encontremos uma fruta no pé, poderemos ter uma sensação gustativa inesperada e surpreendente. Sem sentir esse tempo, que é natural, sentimo-nos **desorientado.**

As bases do ayurveda

A milenar medicina Ayurvédica (VAGBHATA, 2002), originada na Índia, é baseada no conhecimento dos cinco elementos – éter, ar, fogo, água e terra. Portanto todos os procedimentos utilizados para cura de enfermidades são elaborados a partir do estudo do equilíbrio desses elementos. Vejamos um exemplo simplificado:

A presença de catarro indica excesso de kafa (água e terra).

Para equilibrar o corpo e acabar com o catarro, o paciente modifica a quantidade de kafa que ingere e, a depender do caso, ingere mais dos elementos ar, éter ou fogo (presentes no gengibre ou na pimenta-do-reino).

Todos os procedimentos utilizados nessa medicina partem do uso de algum dos seguintes itens: água morna, plantas, sais, pós, temperos, calor, frutos, alimentos, óleos preparados, argilas, mel, manteigas, isto é, são naturais.

Segundo o Ayurveda, cada um dos nossos sentidos está sediado em um órgão e está diretamente relacionado a um elemento, de tal modo que:

- **Éter (espaço):** é captado pelo ouvido e corresponde à audição/vibração. Representa os espaços distribuídos pelo nosso corpo, como boca, nariz, espaço celular. No átomo, é o grande espaço entre o núcleo e a borda. Propriedades: leveza, suavidade, claridade.
- **Ar:** é captado pela pele e corresponde ao tato e à mente. Está presente em todos os movimentos que acontecem no corpo, pulsação do coração, respiração, impulsos nervosos. Propriedades: movimento, aspereza, leveza. Diz-se então que, ao tocar alguém, você está, na verdade, tocando em seus pensamentos.
- **Fogo:** é captado pelos olhos e corresponde à visão, ambição. Fornece a temperatura corporal, regula a digestão, as transformações celulares, presente no sangue. Propriedades: quente, agudo, velocidade.
- **Água:** é captada pela língua e corresponde ao paladar, o sabor, o gosto, a vitalidade dos tecidos. Presente no plasma, sangue, saliva, suor, urina, líquido sinovial, fluido sexual, menstruação, leite materno. Propriedades: solidez, fluidez, aderência, viscosidade, movimento descendente devido à força gravitacional.
- **Terra:** é captada pelo nariz e corresponde ao olfato; é o mais ligado à realidade física na Terra. Presente na estrutura física do corpo, ossos, músculos. Propriedades: peso, dureza, firmeza, lentidão.

Agora que você entrou em contato com tudo isso, vou dar alguns exemplos que lhe darão uma breve noção da importância dos sentidos para o Ayurveda. A ventania acelera nossos pensamentos. Chá ou óleo quente tranquilizam emoções. O fogo (calor) de nossas cabeças "estressadas" pode queimar os fios de cabelo, tornando-os brancos. Comer antes das 9h da manhã deixa a barriga pesada. Comer das 10/11h da manhã até 14h é muito melhor para a digestão – hora que o fogo digestor está alto, seguindo o Sol. Para acalmar o pensamento acelerado, é aconselhado o uso de óleos na região central da testa e na região central do topo da cabeça.

Percebe a sutileza dos elementos? Vento (ar), chá quente (fogo), estresse (fogo) e as consequências do que cada elemento pode gerar?

A criança

A criança, após passar de uma célula fecundada a milhares de células, tecidos, coração, veias, cabeça, boca, mãos, pés, unhas, nasce. E, então, temos um ser completamente novo, com todos os seus sentidos – feitos do melhor material que havia no interior de sua mãe – funcionando em sua máxima capacidade.

Porém a criança, ao nascer, escuta, vê, sente, de um modo completamente diferente do nosso, pois tudo em seu corpo ainda está em desenvolvimento fora da barriga.

Seus órgãos dos sentidos e seus sentidos estão capturando, recebendo o contato com os elementos – éter, ar, fogo, água e terra – a partir de tudo o que chega a elas. Vento, música, tato, cachorro latindo, porta abrindo, barulho do vento, cortinas voando, o barulho do relógio, o toque do celular, as palavras que circulam pela casa, água morna do banho, voz da mamãe, voz do papai, voz da tia. O mundo inteiro é absolutamente um mar de estímulos para uma criança.

Você percebe que ela está aprendendo tudo ao mesmo tempo – ela está aprendendo o movimento do seu corpo, a textura das coisas, a alegria, a dor, as emoções que ainda não conhece.

Os olhos estão se acostumando à luz, às cores. Seus ouvidos estão percebendo todos os sons ao mesmo tempo, desenvolvendo o equilíbrio e a noção de tridimensionalidade. Sua pele ainda não se acostumou com as temperaturas e texturas das coisas. Sua boca descobrindo os sabores. Existem partes das crianças que levam meses após o nascimento para se desenvolver, como a moleira fechada. Outras podem levar alguns anos. Existem partes do neocórtex, região do cérebro, que podem levar até 20 anos para terminar de se formar (BRYSON; TIEGEL, 2015).

Por isso, essa fase inicial da vida, que dura anos, é extremamente preciosa!

O corpo em formação vai juntando sensações (experiências) em forma de conhecimento em cada átomo, em cada célula. Desde um "eu te amo" dito pela mãe a uma água gelada. Tudo fica armazenado como noção do que é o mundo.

Isso é o que chamamos de nutrição. Esse fenômeno de armazenar tudo que nos alcança. Essa transformação dos elementos em informação que fica guardada.

Nutrição e os sentidos

Se comemos arroz, podemos transformá-lo em músculo. Em pele. Em cartilagem. Em ossos, unhas, cabelo.

Caso o arroz esteja com o tempero especial da vovó, podemos transformar esse sabor de arroz em um sentimento de proteção, de aconchego.

É assim que nossos sentidos se nutrem e dão forma, cor, cheiro e sabor às nossas memórias, lembranças, emoções. Os nossos sentidos são a porta de entrada para todos os elementos que darão a cor, a forma, o crescimento e o desenvolvimento de nossos corpos das nossas emoções e dos nossos pensamentos.

Vamos pegar um atalho: exercícios mentais!

1. Entre agora em uma mata onde o chão está cheio de folhagens, as árvores são altas e há um rio passando, você o escuta, sente sua temperatura a distância, sem tocá-lo. A cada pisada, descalço, você sente o chão tocando seus pés, cada pedacinho da sola do seu pé é tocado por algo diferente – folha, pedaço de madeira, pedrinha; nenhum passo é igual ao outro e você ouve o barulho das folhas sendo pisadas, o cheiro é de terra úmida e matéria orgânica em transformação. Você olha para cima e vê o Sol por entre as folhas, raios de sol diversos formam desenhos que alcançam seus olhos. Animais se apresentam aos seus ouvidos, um pássaro que canta, um calango que rasteja. Que cor e tamanho terá esse pássaro? Será um calango ou uma cobra? Será que verei uma onça? E se estiver por aqui? Como me defender? Sinta esse leve medo na batida do seu peito. Percebe quantos estímulos lhe estão sendo dados ao mesmo tempo, em um só minuto, segundos? Os cabos e o concreto.

2. Estamos dentro de casa. A parede lisa. Olhamos para ela e vemos o seu branco. Nossos pés tocam o mesmo chão, de mesma cor, textura e retidão. Os móveis são os mesmos há alguns anos e estão na mesma posição. Nada de imprevistos. Lá fora da janela, escutamos carros, motos e até pássaros, mas eles podem estar em qualquer lugar e não nos importa tanto quem são. O cheiro é de alquil benzeno, sulfonato de sódio, tensoativo não iônico; sequestrante; olubilizante; éter gliólico; álcool; perfume e água, ou de um limpador multiuso. Abrimos nossa geladeira, e o sabor do alimento congelado é de glutamato monossódico (o MSG), pré-determinado para ser exatamente o mesmo todas as vezes que eu o comprar.

Estamos agora diante da industrialização e da padronização de todos os processos sociais, e podemos perceber que realmente existem estímulos aí. Afinal de contas, nossos sentidos estão alertas, mas há uma riqueza, uma infinidade de detalhes que diferenciam a cena da mata e a de dentro de casa, concorda?

Então, o que pode nos chamar mais atenção dentro dessa casa? Talvez as janelas. *Windows*, em inglês. Você já entendeu! Estou falando das janelas virtuais. Nossos sentidos, que são cinco, veem-se forçados a se fechar e a concentrar a energia em apenas dois: os olhos e os ouvidos. Atualmente, já vemos bem mais de 60 quadros por segundo ao olhar para uma imagem em movimento, como filmes, vídeos ou jogos. Ufa! Que baita estímulo vem dessas janelas!

Será que é possível perceber a diferença que o paladar, o olfato e o tato fazem naquilo que sentimos, em nossos sentimentos e emoções?

Os cinco sentidos e a natureza

São exatamente todas essas informações, vindas de todos os cantos, simultaneamente, que tornam vivas, ativas, inteligentes, as nossas percepções, ou os nossos sentidos, que estão intrinsecamente ligados àquilo que sentimos, sentimentos e emoções e aquilo que pensamos, raciocinamos.

Conforme ouvimos palavras, histórias, sentimos um abraço, olhamos nos olhos, sentimos o cheiro do verde, das pedras, da terra. Conforme a nossa natureza interage com a natureza exterior, desenvolvemos, vamos dando forma (in-formando) nossos corpos físico, mental e emocional. Quanto melhor a qualidade da informação que entra, melhor o corpo em formação. Mais apto ele vai estar para viver, explorar, caminhar, estudar, fazer esporte, correr, dançar, brincar, falar à frente da sala pois o seu instrumento, o corpo, terá a força, a garra, os hormônios ideais, as ideias necessárias para improvisar. Sentir o mundo e responder a ele.

Conclusão

Quanto maior for o contato de nossas crianças com a natureza, com a textura das frutas, com os sabores e cheiros reais, com o vento, com a água, com o fogo e, além disso, quanto melhor for o contato delas com nossas palavras, com nosso abraço, com a música que colocamos para tocar, com as histórias que lhes contamos, melhor será o funcionamento de seus órgãos sensoriais, devidamente estimulados, para sentir, perceber e reagir ao mundo ao qual foram trazidas!

Referências

BAITELLO JUNIOR, N. *O pensamento sentado: sobre glúteos, cadeiras e imagens.* Unisinos, 2012.

BRENNAN, B. *Mãos de luz: um guia para a cura através do campo de energia humana.* 17. ed. São Paulo: Pensamento Ltda., 1999.

BRYSON, T.; SIEGEL, D. *O cérebro da criança: 12 estratégias revolucionárias para nutrir a mente em desenvolvimento do seu filho e ajudar sua família a prosperar.* São Paulo: nVersos Editora, 2015.

PISHARODI, S. *Astanga Hrdayam.* Bangalore: Editora Chakpori. 2002.

5

A CONFIANÇA PELO OLHAR DA CRIANÇA

Este capítulo traz uma reflexão sobre a construção do sentimento de confiança nas relações familiares e como este interfere na autoridade para com as crianças. Ter consciência e criar estratégias assertivas na educação dos filhos com relação aos comportamentos confiáveis traz um sentimento de ser merecedor de confiança e ser confiável, criando uma conexão e fortalecendo os vínculos.

BÁRBARA SILVA OLIVEIRA

Bárbara Silva Oliveira

Contatos
barbarasopsicologia@gmail.com
Instagram: @barbaraolivpsic
32 98813 7280

Psicóloga graduada pelo Centro de Ensino Superior de Juiz de Fora (2008), com pós-graduação em Psicopedagogia (AVM Faculdade Integrada), Psicologia Médica (UFJF – Universidade Federal de Juiz de Fora), Terapias Cognitivas (Curso Razão/ FAGOC – Faculdade Governador Ozanam Coelho). Terapeuta EMDR certificada pela EMDR Treinamento & Consultoria, EMDR Institute e EMDR Ibero-América e pela Asociación Iberoamericana de PsicoTrauma – AIBAPT. Formação em Terapia Cognitiva com Crianças e Adolescentes (Curso Razão JF).

Tu te tornas eternamente responsável por aquilo que te cativas!
ANTOINE DE SAINT-EXUPÉRY

Como seu filho enxerga a confiança? Seu filho confia em você? Já presenciei pais fazendo esta pergunta aos filhos e se surpreendendo com suas respostas negativas, demonstrando expressões confusas, transmitindo uma ideia de que realmente não compreendem. Em seguida, as crianças são bombardeadas por perguntas do porquê não, seguidas por uma série de palavras que tentam convencê-la da fidelidade e lealdade materna/paterna: "O papai já mentiu para você?", "A mamãe faz tudo o que você pede."

A pergunta é: você é uma pessoa confiável para seu filho? Ele pode acreditar no que você fala? Você é sincero com seu filho? Conversa com ele sobre as coisas que acontecem na vida dele?

Viemos de uma educação parental na qual a criança não é vista como um SER pensante, o que significa que tem assuntos que não lhes dizem respeito, mesmo que estejam se passando na sua própria vida.

Lembro-me de ouvir muito, quando eu era criança, a frase: "Isso não é assunto de criança, agora vão brincar, pois vamos conversar coisas de adultos." Tenho memórias de, naqueles momentos, ficar observando as expressões deles enquanto conversavam e, para mim, parecia estar acontecendo algo muito ruim ou assustador, afinal de contas, assuntos que deixam meus pais assustados e com medo também são importantes e impactam em mim.

"O cérebro de uma pessoa só é considerado totalmente desenvolvido aos vinte e poucos anos", e o lado correspondente à área emocional (hemisfério direito) é predominante, principalmente durante os três primeiros anos de vida, ou seja, quanto menor a idade da criança maior a imersão no cérebro emocional e menos no cognitivo (SIEGEL; BRYSON, 2015, p. 24). Talvez seja por isso que as pessoas pensam que as crianças não entendem.

Contudo, esquecemos que as crianças são *experts* em observar o ambiente, impressiona-nos como elas conseguem prestar atenção no ambiente, mesmo brincando e se divertindo com outras coisas. As crianças fazem leitura das expressões faciais e observam o ambiente, sentem, usam seus cinco sentidos de forma espetacular.

Se tem algo que não está bom, que não a agrada, a criança pode não conseguir expressar em palavras, mas ela sente, ela percebe, ela lê nos olhos, expressões, no clima do ambiente. E é aí que mora o perigo de tratarmos as crianças como seres não pensantes. Acabamos não conversando abertamente com ela sobre as coisas que acontecem e ela cria histórias e possibilidades próprias que podem não ser verdade, ou a verdade absoluta, trazendo sentimentos de medo, insegurança, ansiedade, que não são reais.

As crianças atribuem valor ao sentimento de confiança a partir do momento em que têm em suas vidas "boas pessoas", que alimentam e que correspondem à confiança depositada nelas, possibilitando desenvolver um desejo de ser merecedora do sentimento de confiança, fator fundamental na construção da moral do indivíduo (LA TAILLE, 2006).

> Devemos nos atentar para o fato de a confiança não se limitar ao amor (correspondendo ao conhecido "quem ama confia"). Há aspectos na confiança que a relacionam com a honra, virtude que, muitos concordam, figura entre os principais conteúdos da moral. De fato, a honra – ou autorrespeito – associa-se com o merecer confiança.
> (SOAREZ; BRONZATTO, 2014, p. 120)

A criança, ao longo do seu desenvolvimento, vai aprendendo pelo espelhamento, principalmente das figuras de referência, "seus cérebros 'espelham' os cérebros de seus pais" (SIEGEL; BRYSON, 2015, p. 12). E aqui, não somente o cuidador principal, que foi fundamental em seus primeiros anos de vida, mas incluímos pais, avós, professores, irmãos mais velhos.

Afinal de contas, quais são as palavras e experiências que estamos ensinando a nossos filhos? O que estamos possibilitando a eles espelhar? Pensando na confiança, o que o seu filho experimenta e vê nas relações familiares?

O vovô ficou doente e precisou ficar internado. Quando você diz ao seu filho que o vovô foi viajar ou até mesmo não diz nada, quais são suas inseguranças? Quais crenças você carrega que o faz agir e pensar desta forma? As crianças buscam, inicialmente, a segurança nas figuras principais, fazendo com que a primeira reação delas seja acreditar no que você diz. Contudo, quando começam a perceber que os adultos da casa estão com expressões que demonstram preocupação, tristeza, começam a desconfiar do que você falou: "Eles estão esquisitos, ficam cochichando sobre o vovô, conversam ao telefone... será que o vovô está doente? Será que o vovô morreu? Ninguém quer me contar?"

Quando pensamos nesses assuntos "mais difíceis", é fácil identificar situações em que não fomos sinceros com nossos filhos. Sei que são assuntos delicados e que, muitas vezes, carregamos uma série de crenças pessoais e sociais que dificultam nossa comunicação assertiva. Todavia, nunca é tarde para mudar.

Posso contar inúmeras vezes em que recebi ligações de pais me pedindo ajuda de como e o que falar para a criança em determinadas situações, como perdas de pessoas queridas, adoecimentos, mudanças, separações de pais. E a minha primeira resposta, e não única, é sempre a mesma: converse com ela de forma sincera e com a linguagem que ela consegue entender.

A criança é muito observadora e questionadora, faz perguntas a fim de buscar coerência entre o que pais e educadores falam e fazem, demonstrando uma preocupação em entender como as regras são estabelecidas, se são válidas para todos, se se aplicam somente às crianças ou se se aplicam aos adultos também. "Se a criança percebe que as regras impostas não são seguidas pelos adultos, ela se sente enganada e injustiçada por ser obrigada a segui-las" (LA TAILLE, 2006, p. 113).

A criança dá atenção às qualidades demonstradas pelos adultos e validadas pelos seus comportamentos. Se o comportamento do adulto não lhe passa confiança, se ele diz uma coisa e faz outra, isso interfere no olhar que a criança deposita como figura de autoridade (LA TAILLE, 2006).

Vamos pensar nas situações em que falamos da criança com um outro adulto na frente dela, como se ela não estivesse ali: "Ei, estou aqui, tá, eu ouço e entendo tudo o que estão falando, para de falar sobre isso, mãe, eu não quero que conte minhas coisas."

Ela fez alguma bagunça ou até mesmo algo engraçado ou bonitinho e você quer contar aos parentes, avós, tios... Coloque-se no lugar da criança, pense em como ela se sente com isso. Seria muito importante para a relação de confiança que você combinasse antes o que poderemos contar ou não.

Faço um parêntese para reforçar a palavra "poderemos". Ela está empregada no plural exatamente porque o que você combinou com seu filho precisa ser cumprido por ambos. Nada de contar enquanto ele estiver longe, achando que ele não escutará, que em algum momento aquela informação que só vocês dois sabiam não chegará até ele por meio de um terceiro e ele saberá que não pode confiar em você. Segredo é segredo!

Uma vez, uma criança me falou: "Não podemos confiar nos adultos, né, tia!" Não posso negar um espanto e curiosidade. Acolhi e quis entender o porquê daquele pensamento. Foi quando ela me contou que havia realizado um teste com a mãe, mostrando dois desenhos que ela tinha feito propositalmente, um com muito capricho e bonito e o outro considerado por ela muito feio, sem capricho. Levou para a mãe e questionou se estava bonito, recebendo uma resposta igual para ambos, em que a mãe disse que sim, com a mesma entonação, entonação esta que a criança fez questão de reforçar na fala. A criança entendeu que a mãe só falara aquilo para agradá-la.

Quantas vezes você não fez isso achando que estava incentivando seu filho? Agora você deve estar pensando "Como é difícil entender e pensar como as crianças". Respire! Vamos aprendendo estratégias para lidar e respondê-las de maneira mais assertiva. Sei que estou sendo repetitiva, mas é de propósito. Fale a verdade de forma clara e acolhedora.

Os elogios são um tipo de reforço muito importante, mas, assim como qualquer assunto que tratamos, ele precisa ser verdadeiro. Portanto, elogiar o caminho que a criança percorreu para construir aquele trabalho é uma boa estratégia. Por exemplo, em vez de dizer "Parabéns, está lindo!" use frases como "Você se esforçou muito e seu trabalho ficou lindo, sempre quando nos esforçamos nosso trabalho fica mais bonito."

Elogie o processo e não apenas o resultado, assim, você ensinará ao seu filho que não só o resultado é importante, mas também o caminho que percorremos para chegar até ali. Cuidado com palavras que indiquem rigidez, como está ou não está, tudo ou nada, sempre ou nunca.

Um menino (9 anos) me disse uma vez que já havia entendido os adultos, que quando as crianças pedem uma coisa e eles não querem comprar eles dizem que vão voltar depois, porque aí as crianças esquecem ou eles pensam que esqueceram e nunca mais voltam lá.

O pensamento dele está errado? Ele estava me dizendo de um padrão de comportamento dos pais dele, mas que já havia transferido aos outros adultos. Você nunca "enrolou" seu filho para evitar ter de dizer não ou lidar com a frustração dele, ou mesmo ter de lidar com os comportamentos desafiadores?

Soares e Bronzatto (2014) apontam que crianças criadas em ambientes em que as pessoas mentem ou utilizam de comportamentos para levar vantagens, crescem priorizando este tipo de atitude, pois é o que ela vivencia; já as crianças que crescem observando adultos com comportamentos que valorizam a honra, a gentileza, terão valores e virtudes baseados nesses comportamentos.

Agora que você já sabe da importância de conversar com a criança sobre as coisas que acontecem na vida dela de forma aberta, com o objetivo de fortalecer a confiança na relação, vamos pensar em como fazer, porque, afinal, não é fácil tratar de alguns assuntos. Como falar sobre assuntos delicados para a criança, sem mentir?

Primeiro, é fundamental que o diálogo seja fortalecido dentro do ambiente familiar. Possibilite momentos de trocas leves, conversas abertas. Que tal momentos de compartilhar o dia? O compartilhamento exige que todas as pessoas se expressem, pois, assim, você conhecerá melhor o seu filho e ele a você.

Tenha consciência de como aquele assunto chega para você, quais emoções e pensamentos lhe trazem. Anote se precisar e crie estratégias para você se acalmar. Dê a si mesmo um tempo.

Um bom exercício é treinar a conversa que terá com a criança anteriormente, pensar nas palavras que vão iniciar a conversa. Durante a conversa, esteja atento às suas emoções, acolha-as, dê tempo a você. Tudo bem dizer à criança: "Mamãe/papai precisa de um tempo para acalmar o coraçãozinho, para depois continuarmos nossa conversa."

Com relação à criança, ela pode experimentar emoções desagradáveis e está tudo bem. Apenas valide as emoções e fique com ela, diga que você ficará ali ao lado dela, que ela não está sozinha. Nesses momentos, priorize os comportamentos de acolhimento, a respiração calma, o olhar acolhedor, evite questionamentos, enxurradas de perguntas, palavras que tentem amenizar. Deixe tudo acontecer no seu momento, ensine-a a respeitar a emoção. Para escutar o próprio coraçãozinho, a criança precisará de um pouco de silêncio.

"Quando uma criança está incomodada, a lógica frequentemente não funcionará até que tenhamos atendido às necessidades emocionais do cérebro direito. Chamamos esta conexão emocional de 'sintonia', que ocorre quando nos conectamos profundamente com outra pessoa e permitimos que ela se 'sinta sentida' "(SIEGEL; BRYSON, 2015, p. 42).

Utilize palavras simples, respeite a idade da criança. Responda as perguntas que ela lhe fizer de forma objetiva. O sim e o não também são respostas aqui! A criança pergunta aquilo que suporta ouvir. Cuidado com as justificações e explicações que damos devido às nossas crenças e inseguranças.

Você pode utilizar metáforas, desenhos, histórias, livros infantis, que, por sinal, são fortes aliados em qualquer assunto delicado. Por meio do espelhamento, as crianças vão construindo organização e criando estratégias para lidar com as situações desafiadoras de maneira mais assertiva. Que tal conversar sobre um assunto delicado e fazer um desenho em seguida juntos.

Seja você confiável! Cuide das suas promessas, não utilize promessas como artifício para evitar situações difíceis. Nas primeiras vezes, pode ser desafiador, mas, depois, tanto você como seu filho aprenderão a lidar com os momentos desafiadores e tudo dará certo!

A confiança é um processo que precisa ser construído diariamente, por isso, os diálogos abertos são fundamentais. Não quer dizer que não erraremos, mas que temos um espaço para conversar sobre esses erros, pedir desculpas e pensar em soluções e mudanças de comportamento.

Referências

LA TAILLE, Y. *Moral e Ética: dimensões intelectuais e afetivas*. Porto Alegre: Artmed, 2006.

SAINT-EXUPÉRY, A. *O pequeno príncipe*. Rio de Janeiro: Agir, 2015.

SIEGEL, D. J.; BRYSON, T. P. *O Cérebro da Criança: 12 estratégias revolucionárias para nutrir a mente em desenvolvimento do seu filho e ajudar sua família a prosperar*, São Paulo: nVersos Editora, 2015.

SOARES, V. A.; BRONZATTO, M. Confiar e Ser confiável: A importância do sentimento de confiança no despertar do senso moral na criança e na construção posterior da personalidade ética. *Revista Eletrônica de psicologia e Epistemologia genéticas*. vol. 6. n. 1. Jan-jul/2014. Disponível em: <https://revistas.marilia.unesp.br/index.php/scheme/article/view/3953>. Acesso em: 01 nov. de 2021.

6

A BUSCA PELA COERÊNCIA NO PROCESSO EDUCACIONAL

A atual crise humanitária e climática pela qual todos estamos passando expõe nossa vulnerabilidade civilizatória ao passo que demonstra a necessidade de adotarmos uma mudança comportamental que supere os vícios habituais e reconstrua novas condutas.

CAIO BIANCHETTI

Caio Bianchetti

Contatos
www.magicocaio.com.br
caiobianchetti@gmail.com
Instagram: caiobianchetti

Caio Bianchetti é mágico, filósofo e escritor. Atua como *entertainer* há mais de 18 anos, usando a arte mágica e a ventriloquia para levar encantamento para adultos e crianças. Possui bacharelado em Comunicação Social, certificado em Hipnose Clássica pelo Hipnose Institute, em *Coach*, pela escola chilena Cóndor Blanco e formação em Fascinação e Mesmerismo com a maior referência em magnetismo da América Latina. Participou, de forma voluntária, de duas ações humanitárias: uma em Brumadinho, com a queda das barragens no Córrego do Feijão, e outra em Roraima, na divisa com a Venezuela, atuando como missionário aprendiz junto aos refugiados indígenas e crioulos na Operação Acolhida, organizada pelo Governo Federal.

Material publicado: livro *Hipnose mundial* (2021); *Oficina mágica para educadores* (2021); *Cartilha do mágico professor* (2021); *Magic for kids - vídeoaula de mágica para pais e filhos* – volumes 1 e 2 (2021).

Por onde devemos iniciar nossa melhora para deixar um mundo menos contaminado para as futuras gerações? Creio que a busca pela coerência é o primeiro passo: comportamento gera comportamento. Se somos maduros de fato, devemos fazer valer nossa racionalidade em sintonia com nossas ações; e isso não se dará com as diversas incongruências que manifestamos dia após dia. Para deixarmos um ambiente mais favorável para a expressão do arquétipo humano, temos de edificar um mundo focado para a criança, para que ela seja propulsora de uma evolução baseada na percepção integral, e não meramente no disfrute individual.

As sociedades indígenas carregam um princípio comunicacional diferenciado, baseiam-se no Bem Viver Comum e estão sempre buscando conviver em harmonia com o entorno, certos de que são natureza e a ela pertencem. Com esse dispositivo ultrassofisticado manifestam grande sabedoria. Se coligam diretamente ao rio, ao ar, ao fogo, à terra, às plantas e ao outro por uma via direta. Algumas comunidades indígenas que não foram influenciadas pelo homem branco conseguem expressar arquétipos e dons que vieram a manifestar; por conta disso possuem uma visão espiritual quotidiana em que não precisam de religião para se religarem a algo que acontece a todo instante; como ressaltou Ricardo Atoq Pachacutik, fundador do centro Yachak e ex-assessor da Federação do povo Huni Kuin do estado do Acre [1].

O ritual empregado por nossa civilização na busca pela subsistência evidencia diversos hábitos diários que desencadeiam uma série de reflexos nos meios familiar, social e ecológico. Tais práticas perpassam pelo comportamento alimentar, de consumo e de linguagem que formam nosso *modus operandi*. Palavras, ações e sentimentos são informações que as crianças estão assimilando de modo consciente e também analógico; e se informação é vibração, o que estamos comunicando afeta os campos emocional, mental e energético

---

[1] Entrevista realizada em maio de 2016 para o livro *Hipnose Mundial,* do mesmo autor.

delas, tanto positiva como negativamente, o que, consequentemente, influi na dimensão psíquica e magnética do planeta.

O reconhecimento da interdependência com a natureza e a busca por um estilo de vida pautado numa cosmovisão sócio-biocêntrica e cosmocêntrica pode ser o elo que nos levará ao verdadeiro convívio.

Nossa civilização precisa assumir que é sutilmente agressiva, precisa também aceitar que as crianças são sementes frutíferas e carregam códigos de conduta menos condicionados pelos preconceitos e pelas exigências rasas. Muitas vezes, nosso orgulho adulto é mais amplo do que a própria sobriedade, o que dificulta pararmos um pouco e observarmos ao redor. Em outras palavras, o processo de Reespiritualização é urgente por conta da nossa falta de foco geral. Ao nos afastarmos de nossas raízes mais profundas, nos perdemos na espiral dos conflitos. Para que possamos cocriar o princípio fraternal, talvez necessitemos entender o que é violência e, consequentemente, aquilo que nos retira a paz: seriam as contas para pagar no final do mês? Seria um amor não correspondido? Um negócio que não deu certo? O que nos deixa ansiosos, preocupados, frustrados e tensos? O que pensamos e o que sentimos pode ser sentido no silêncio do ambiente? O que estamos carregando no nosso corpo, nos nossos pensamentos e nas nossas emoções ao chegarmos em casa e interagirmos com os baixinhos?

Incansavelmente, devemos nos colocar a par daquilo que gerou nossos comportamentos inconscientes, nossas pulsões recalcadas e nossos quereres customizados. Com a prática constante de terapia e da autoterapia, podemos olhar em perspectiva para os resquícios parentais que comandam nossos comportamentos, bem como para as feridas remanescentes do nosso convívio familiar e social. Sejam as exigências impiedosas de um sistema econômico desigual, seja o rompimento da tríade familiar, assim como os traumas oriundos de todo o nosso passado histórico que causaram feridas dolorosas no nosso ser, ou até mesmo manias incorporadas pelo extrato social que modelam nosso sentir e agir. As forças capitais terrenais são venenos para as gerações recentes; por meio da inveja, do medo, do orgulho e da vaidade o egocentrismo se converte em moda e perpetua-se.

O coletivo, então, está agregado ao indivíduo na mesma medida que o indivíduo está amalgamado no comportamento de massa, por assim dizer existe um intercâmbio visual, auditivo e sinestésico de tudo aquilo que toca a percepção do ser infantil, portanto o ritual que manifestamos espelha na criança informações ambíguas outrora assertivas.

As crianças menos condicionadas, em linhas gerais, refletem condutas de amor-sabedoria, de não violência e de não posse; basta observarmos um pouco: possuem pureza de coração, gentileza nas palavras e uma infinita capacidade de aprendizagem e de inclusão. De acordo com a pedagoga Maya Engenmann, "a calma educa". Se assim for, a serenidade deve ser um princípio educacional que forme base sólidas. Para Engenmann (2021), "punições físicas e emocionais não educam e sim adestram a criança para futuramente se adequar a ambientes de trabalho tóxicos, relacionamentos abusivos e sistemas de opressão". Uma criança que vive em um ambiente com grandes ruídos desenvolverá chances de exercer a comunicação inadequada.

O princípio educacional pautado na rivalidade amistosa e na separatividade tornaram-se proverbiais em várias instâncias, como ressaltou Helena P. Blavastky[2]. Manifestam-se gerando conflitos e "fronteiras". Palavras, gestos e feições têm a capacidade de mudar a realidade de qualquer indivíduo, veja o tamanho da necessidade de adestrarmos nossas pulsões para melhorarmos nossa interação com o mundo exterior! Resgatar a criança que está perdida em nós deveria ser pauta quotidiana para recuperarmos também as crianças que estão se perdendo para o "mundo"; um mundo com informações difusas e com muitas sugestões dissociativas.

Uma alquimia de práticas elevadas cria códigos associativos e, consequentemente, interfere no relacionamento de todas as formas de vida. Se iluminada pelo discernimento superior, nossas ações refletirão nas pequenas situações do dia a dia, operando mudanças de ordem cognitiva e complementar. Todos nascemos com este direito irrestrito, de tomar conhecimento do que é a vida e qual é seu propósito maior; por meio do autoconhecimento, podemos ir de encontro ao que somos em essência.

Existe um feitiço no ar que nos leva à distração, que nos leva a viver em estado semiconsciente, portanto semi-hipnótico; sob os pilares das sugestões difusas, o despertar da consciência deveria ser um objetivo a se alcançar, mas o que vem a ser o despertar? Encararmos com responsabilidade assuntos hipersensíveis e pormos em prática nossa capacidade empática pode ser o sopro para a conscientização. Quem dirá que parte da nossa cultura alimentar está entrelaçada com assassinatos em massa e escravidão? Como explicar para uma criança de sete anos que certas coisas que ela está comendo são frutos de uma prática violenta? Percebe quanta coerência nos falta? Enquanto nos alimentarmos de violência, ficaremos escravos daquilo que nos aprisiona e,

---

2 Cofundadora da Sociedade Teosófica.

certamente, é mais fácil aceitar a mentira com as vestes da verdade do que aceitar a verdade nua e crua. As crianças são verdadeiros termômetros de mentira; quem não fizer as pazes com a verdade estará perpetuando uma geração propensa à corrupção e à indiferença.

O planeta está sofrendo com nosso ritmo desenfreado de produção artificial e está nos convidando com sua estrondosa beleza a enxergarmos esta "tecnologia natural". O comportamento agressivo e desmedido com a fonte de recursos que nos sustenta está conectado à nossa percepção enganosa de que NÃO somos natureza. Afastados dessa relação de pertencimento integral, geramos uma profunda carência por correspondência, pois ao agredir a natureza estamos nos agredindo e isso é tão subjetivo quanto real, ou seja, multidimensional porque a entidade Terra nos é um bem comum.

O problema da criança está aí também, comumente ligado à heresia da separatividade. Devido a uma hipnose de massa, cremos por ilusão que estamos fragmentados e, por assim crer, todo o nosso ser também se fragmenta, manifestando na vida diária uma incoerência e uma indiferença sistêmica. Quando a unidade for reconhecida dentro da adversidade, a sinergia entre nossas intenções, ações e palavras operarão como um único sistema, preenchendo carências pontuais.

A falta de afinidade com aquilo que nos permitiu e permite existir, com esse mistério cósmico que nos envolve é, por fim, o núcleo do problema, esta falta de união com a consciência universal castra a manifestação da alta performance do Ser. Não somente as crianças precisam ser ajudadas a se reencontrarem, mas o adulto também, que outrora foi criança. Em algum momento de nossas vidas, o eu/você, meu/seu, criou separações que culminaram em genocídios, holocaustos e guerras. Ecos de uma infância sugestionada à separatividade desencadeia a perpetuação de práticas danosas ao corpo do planeta, ou seja, a si próprios. Civilizações antigas como os essênios e indígenas tinham por prática a comunicação com seus deuses por meio do som, do plantio, do artesanato, da reza e até mesmo por meio da dança; manifestavam reverência e gratidão a todo instante pela criação, desde a um pequeno grão até o reconhecimento do Logos Solar como Entidade criadora e essencial para manifestação da vida.

A melhor maneira de ajudarmos as crianças a resolverem seus problemas e entenderem suas emoções está em resolvermos nossos dilemas existenciais, nossas carências, nossos antagonismos não superados, nossos equívocos culturais, para que possamos expressar para elas a coerência necessária de nosso protagonismo como tutores. Para que o equilíbrio magnético, climático, social, emocional, mental, econômico e espiritual seja atingido, temos de apartar qualquer infiltração imoral que se adentra em nós e isso só poderá acontecer pelo exercício pleno da vigilância, pelo amor e respeito a todas as formas de vida. O mundo da criança deverá encontrar um mundo dos adultos mais aberto para se transformar. Devido à inércia e resistência manifestada pelo adulto cristalizado, pouco se aproveita das virtudes do mundo infantil. Muitos de nós trocamos o brincar pelo trabalhar, a verdade pela farsa, o amor pela indiferença e o que nos cabe é resgatar nossa criança interior por meio da criança exterior, aprender com elas o que elas manifestam espontaneamente: a pureza de coração.

A ansiedade, o sentimento de culpa, o medo e a vaidade têm sido protagonistas no mundo "moderno", o que tem levado nossas relações interpessoais a serem rápidas, líquidas e frustrantes, como ressaltou o sociólogo Zigmunt Bauman (2004). No geral, crianças são menos programadas e, por isso, não expressam tanto o sentido de posse nem mesmo peculiaridades superficiais que advêm do *establisment*. Se de pouquinho em pouquinho abdicarmos do egocentrismo, podemos não só ajudá-las, mas também sermos curados por aquilo que elas manifestam. Ser presente é ser consciente, toda criança vive de maneira intensa o momento, podemos até dizer que elas são mais conscientes do que nós.

Está aí para qualquer um ver: por um lado, a desigualdade oficial atrelada a um ecocídio permanente; por outro lado, agências humanitárias dispostas a levar um pouco de afago aos esquecidos. Tal contradição expõe os efeitos danosos de todo o seu passado que levou a esta condição autodestrutiva, consequentemente, o ser humano luta incansavelmente para curar suas próprias quezílias. Relatórios científicos apontam a emergência em recuperarmos nosso equilíbrio coletivo, termos um relacionamento não tóxico, uma associação integral com a natureza. Nossa humanidade está doente e vive uma grave crise de identidade, mas também possui intricada dentro de si uma capacidade singular de amar, de regenerar e de se reconectar. As lideranças indígenas estão aguardando nosso despertar para que possamos ser guardiões da natureza e não seus algozes.

De acordo com o filósofo Trigueirinho (2010), "a cura é a expressão pulsante que cria e anima todo o cosmos. Manifesta-se como ciência, como arte, como filosofia e como religiosidade". Poderíamos, então, refletir que a vida possui algum propósito? Se temos de buscar a cura, algo não está bem, e como poderia estar? Deveríamos compreender o sentido da vida e da morte para que a percepção mística da criança fosse, enfim, reconhecida? Seria esse universo infinito apenas uma casualidade impalpável para olharmos durante a noite?

Ao perdermos a capacidade de importar para dentro de nós a percepção de Entidade, perdermos também nossa identidade real. Quantas máscaras mascaram a obviedade? Seria, hipoteticamente falando, a pureza de coração que as crianças tanto detêm e o processo da humildação[3] as chaves mestras para dissolver nossa rasa identidade nesta Entidade planetária?

Se a arrogância da racionalidade desmedida nos deixar soberbos e impenetráveis, que avanço teremos? Com atenção aos pequenos momentos, com devoção ao exercício pleno das mais altas virtudes, alcançaremos a pureza de coração, o que nos dará credenciais para acessar realidades mágicas que o nosso ser ainda não penetrou.

Referências

BAUMAN, Z. *Amor líquido: sobre as fragilidades dos laços humanos*. Rio de Janeiro: Zahar, 2004.

EINGENMANN, M. *Castigos físicos e psicológicos não educam, não ensinam*. 03 nov. de 2021. Disponível em: <https://www.instagram.com/p/CV1J-uy-JqQq/?utm_medium=copy_link>. Acesso em: 25 fev. de 2022.

NETTO, J. T. *A formação de curadores*. São Paulo: Pensamento, 2010.

---

3 Termo criado pelo professor de Yoga Hermógenes de Andrade Filho.

7

AS VIVÊNCIAS DA INFÂNCIA COMO MOLDE PARA A VIDA ADULTA

A educação, em todos os seus aspectos de mudança – passados através das gerações –, prepara aqueles que são o futuro de toda uma nação e influencia diversas escalas nas mudanças sociais. Em seus primórdios de vida, as experiências às quais são expostas levam a criança a moldar sua vida adulta, refletindo aspectos positivos e negativos da educação social e emocional com que teve contato por meio dos pais.

CÁSSIA CUNHA

Cássia Cunha

Contatos
cassiapsicog@outlook.com
Instagram: @cassiapsicoinfantil

Psicóloga graduada pela Universidade São Francisco de Barreiras – UNIFASB (2010), pós-graduada em Psicopedagogia Clínica pelo Instituto Liber de Goiânia (2015) e em Psicologia Infantil pelo FAVENI (2022). Uma profissional que acredita que uma infância pautada no acolhimento e na parentalidade positiva é fundamental para uma vida adulta mais assertiva. Apaixonada pela psicoterapia infantil e pela orientação de pais.

Em sua casa, há uma criança perfeita, sentada no sofá da sala em um silêncio total, concentrada nos aspectos mais profundos de filosofia, sociologia e ciências? Esse pode ser o sonho de todos os pais e tal como a educação para com os seus filhos são de suas responsabilidades, esta passa por gerações e esse sonho também caminha entre elas. No entanto, a disciplina não deve ser aplicada apenas nos momentos em que as crianças se comportam mal, deve ser algo contínuo para que a criança saiba distinguir o que é certo e o que é errado. Para Weber (2012) educar bem significa preparar o seu filho para a vida, para ser autônomo e viver confiante.

No desejo de criarem filhos preparados para o mundo, ensinado sobre comportamento e ações do dia a dia, pais se perdem no estabelecimento hierárquico e inflexível de regras. Os pais são detentores de conhecimentos e, assim, devem orientar, educar, corrigir de maneira que molde parte de sua formação. A educação deve ser assertiva de modo que a criança respeite os pais e não tenha medo deles.

Quando isso é passado para o filho de forma leve e como fruto dessa compreensão, o diálogo flui e as situações tendem a ser mais fáceis de lidar. Já o autoritarismo é fruto de um regime ditatorial, no qual os filhos devem obedecer aos pais sem questionar.

As crianças tendem a imitar o que os adultos fazem, assim, mais do que palavras, as ações dos pais servem de exemplos para as crianças. É preciso ter paciência, foco e exemplo para ensinar as crianças e disciplinar com base no respeito mútuo e cooperação. Se você cobra uma atitude honesta, comece a ser honesto também com ela. A criança precisa entender o que é respeito e, assim, ela aprenderá a respeitar.

A educação molda a base dos aspectos psicoemocionais e sociais de uma criança. Sendo assim, as punições e os castigos não são úteis e têm resultados negativos, visto que, dessa forma, a criança sente medo, dor, culpa e ainda se afasta dos pais. É através da disciplina, conversa e carinho que se obtém os melhores resultados na educação.

A paciência é essencial na educação das crianças, mesmo sendo difícil depois de um dia inteiro de correria, compromissos, afazeres, problemas para resolver, mas é através da educação que a criança aprende como se comportar.

A educação não violenta utiliza conceitos como a comunicação não violenta, a disciplina positiva e a inteligência emocional para estabelecer uma criação voltada para a consciência emocional da criança, processo no qual se educa os filhos através do diálogo e da compreensão dos sentimentos, evitando violência ou castigos, tornando os pais e responsáveis mais comunicativos com os seus filhos.

As crianças e adolescentes, assim como os adultos, possuem suas preocupações e ansiedades. Desse modo, devem focar no momento presente, sem deixar que o passado ou o futuro prejudique suas vidas, aprendendo a lidar com suas sensações e emoções, tornando-os indivíduos mais equilibrados e conscientes para a vida adulta.

As experiências que a criança vivencia definirão como será a qualidade de vida e dos relacionamentos no futuro. Acontece que os pais devem estar preparados para agir de forma pacífica, porém, firme para com seus filhos no intuito de educar sem deixar traumas. Essa forma de educar passa de geração a geração, pois as crianças tendem a repetir o que aprenderam na infância na vida adulta. O modo como uma criança é educada tem influência na formação do seu caráter e no adulto que ela se tornará. Ao adotar uma educação não violenta, que prioriza o respeito, o diálogo, uma comunicação acolhedora e que valida os sentimentos, os responsáveis estão preparando o seu filho para a vida para se tornar pessoas que conseguem resolver problemas de maneira assertiva.

Assertividade quer dizer asserção, fazer afirmação baseada no que você sente, na verdade, no que você acredita. Tudo isso de forma simples e sendo respeitoso com você e com o outro. É considerada uma habilidade social e deve ser bem utilizada no convívio familiar, mais especificamente com as crianças.

A comunicação não violenta ajuda a melhorar os relacionamentos entre as pessoas, ensinando a serem mais conscientes e perceptivas com relação ao outro e ao momento presente da conversa, através da observação de comportamentos, da escuta ativa e profunda com mais respeito, diálogo, atenção e empatia.

Através da disciplina positiva, os pais conseguem educar as crianças com firmeza e amabilidade, desenvolvendo a reflexão e convidando-as para solucionar os problemas do dia a dia de forma colaborativa. É assertivo evitar atitudes punitivas como castigos, gritos, insultos, bem como negociar uma mudança de comportamento ofertando presentes e benefícios, fazendo com que a criança entenda que existe um benefício diante de uma atitude errada. Para isso, é preciso usar a gentileza e firmeza, oferecer oportunidades de escolhas, eliminar a punição e estabelecer limites.

O adulto se posiciona de maneira clara quanto às normas combinadas que devem ser obedecidas, e a criança deve ter autonomia e participar de algumas deliberações, dentro do que corresponde à sua idade, no contexto familiar e de limites da educação, sendo o adulto responsável, mantendo uma relação com comunicação, respeito e validação dos sentimentos para as crianças, atento às consequências futuras de bater ou castigar.

Diante de uma resposta emotiva comum à idade é preciso discernimento por parte dos pais. A promoção do respeito mútuo na relação entre pais e filhos e na educação construtiva, através da resolução das situações com firmeza e empatia, focando sempre no melhor para a criança.

É preciso um olhar atento dos pais no que se refere à formação socioemocional do seu filho, quando necessitam de orientação e não apenas de um comando, ajustando, com firmeza e gentileza, de modo a promover a evolução por meio da preparação e do reconhecimento, com emprego de limites e sem uso de violência física ou verbal. Desse modo, os pais educam com a firmeza, afeto e empatia, conduzindo a criação de forma correta, colocando limites através de diálogos e colaboração.

O processo de correção educacional deve ser pautado no acolhimento, feito através do diálogo na relação, explicando o motivo da repressão e como ele não deve se comportar, auxiliando a criança a refletir sobre o comportamento considerado inadequado e nas possíveis formas de modificá-lo. Do mesmo modo, quando as crianças fazem bagunça, precisam entender a necessidade de arrumar tudo o que foi colocado fora do lugar, uma vez acordado com os pais como deverá ser feito, em vez de simplesmente assisti-los reclamando e fazendo o que deveria ser feito pela criança. A educação exige tempo e paciência, a criança ainda não tem a mesma agilidade do adulto, e, então, o tempo de arrumar tudo precisa ser analisado com antecedência pelos pais para que não interfira na atividade que será feita a seguir: comer, tomar banho ou mesmo dormir.

O diálogo é aspecto importante e motivador. Dessa forma, a criança colabora mais facilmente com o adulto, respeitando-o e, assim, os limites são ensinados e compreendidos, formando a base educacional e comportamental sem a necessidade de violência e com regras claras a serem seguidas.

A segurança e a confiança transmitidas pelos pais são de suma importância, sendo cuidadosos nas correções, sem o uso de violência, promovendo condutas adequadas na educação da criança.

Nos casos em que a criança chora, deve-se evitar falar para ela parar de chorar, questionando os motivos e oferecendo ajuda para que, assim, possam, junto com a criança, encontrar uma solução para o motivo do choro.

A validação das emoções ajuda na formação de um vínculo seguro, promove a regulação emocional, auxilia o processo de assertividade, na resolução de conflitos e fortalece as relações interpessoais. Quando têm as suas emoções validadas, as crianças tendem a se tornar mais confiantes e preparadas para lidarem com elas mesmas e com a vida como um todo. Sendo assim, é fundamental que os pais se conscientizem da importância da validação das emoções de seus filhos, sejam elas agradáveis ou não de serem sentidas e tornem-se agentes facilitadores do processo de regulação emocional destes. As crianças precisam se sentir acolhidas e terem os seus sentimentos validados, isto permite que ela aceite a necessidade de correção de comportamentos inadequados sem sentirem que as emoções consideradas gatilhos para tais comportamentos estão sendo atacadas, visto que, quando isto acontece, a criança internaliza de maneira prejudicial o acontecimento e passa a reprimir sentimentos por medo de não serem aceitas, prejudicando, assim, a sua saúde emocional. Pais, olhem para os seus filhos como seres pensantes e que dependem de aceitação e amor, independentemente dos comportamentos que venham a desenvolver. Encorajem-nos a refletir sobre sentimentos, aceitação e empatia.

Educar os filhos não é uma tarefa fácil, mas é preciso atenção e responsabilidade para que possa conseguir com todo amor direcionar as crianças ao caminho correto. Assim, educá-los de forma amorosa, com um olhar amplo dos pais para que a criança aprenda sobre a responsabilidade pessoal e social de modo verdadeiro. O amor incondicional não depende do que o seu filho faz de bom ou de ruim, você o ama porque ele é o seu filho, e isso tem de ficar claro para ele (WEBER, 2012).

Os pais precisam entender cada fase do desenvolvimento infantil, conhecendo a personalidade da criança, respeitando seus sentimentos, estabelecendo limites com empatia, deixando que a criança aprenda através de suas escolhas e disciplinando sem castigar. Desse modo, constroem-se alicerces para que a criança seja educada e aprenda de forma pacífica, a qual ela levará para a vida.

A educação está ligada ao pensamento complexo de que são os pais os responsáveis, mas socialmente precisamos entender que nem todo caso é solucionado da mesma forma e possui as mesmas necessidades. É dentro deste aspecto que compreendemos quais outros papéis estão dentro do conceito de parentalidade positiva e como são inferidos no contexto educacional de uma criança.

Assim como a segurança é um dos grandes receios da parentalidade positiva, a ajuda às carências físicas também é. Nesse caso, é vital compreender as demandas de cada criança de forma particular e entender que ela não tem maturidade para lidar com certas carências. As crianças passam por diversas etapas de evolução e é preciso olhar com carinho para isso, respeitando a evolução da criança e como isso ocorre.

Deve-se focar nas emoções, sendo importante legitimar e acolher os sentimentos infantis. Não é porque uma vontade não será atendida que os pais não devam compreender o insucesso de seu filho e tentar amenizá-lo com afeto. Compreender as emoções e ajudar as crianças a entenderem esses sentimentos, ajudando-as a lidar com frustrações e aprender a resolver os problemas que surgem.

Um dos pilares da Parentalidade Positiva é o desenvolvimento da inteligência emocional. Tanto para pais quanto para filhos, desenvolver o reconhecimento e o controle de seus próprios sentimentos dá espaço ao respeito, à comunicação e a uma solução mais eficaz de um possível problema.

É através da educação positiva que a criança se torna capaz de entender os limites existentes diante da presença ou ausência dos pais. E a Parentalidade Positiva, neste processo de desenvolvimento, ensina sobre temperança, longanimidade e empatia, pensando na razão por trás do motivo, reconhecendo a criança como um ser em constante crescimento, capaz de errar e acertar conforme seu nível de aprendizado.

Sendo os pais responsáveis por direcionar as crianças, precisam familiarizar as emoções no processo educacional, ensinando a discernir atitudes de emoções, optando pelo diálogo sem punições físicas. Acontece que é preciso abraçar a maternidade/paternidade como um projeto de evolução pessoal, procurando entender o que querem ser como pais e o quanto estão dispostos a usar a rotina como exercício para o próprio desenvolvimento enquanto buscam a melhor forma de educar.

Nesta busca e aprendizado mútuo, os pais precisam entender que se tornam fonte intensa de referência para os filhos e ensinam aspectos, no dia a dia, em todas as ações. Por isso, uma exaltação de rotina pode se transformar em uma raiva descontada em um colega por parecer algo comum à ideologia de vida experienciada pela criança.

O autocontrole é uma arma poderosa, entretanto, muito difícil de utilizar. Com as experiências do dia a dia sendo fixadas na mente como sendo o "certo", essa referência torna-se escassa durante o crescimento, amadurecimento e compreensão dos sentimentos.

Desse modo, é ilógico cobrar das crianças algo que nós mesmos não conseguimos dominar. Assim, se já desenvolvemos essa compreensão e, ainda assim, é difícil, imagine para elas que estão em constante mudança. Os pais são facilitadores fundamentais e imprescindíveis no processo de desenvolvimento da inteligência emocional das crianças.

Referência

WEBER, L. *Eduque com carinho*. Curitiba: Juruá, 2012.

8

UMA INFÂNCIA SAUDÁVEL PODE MUDAR O MUNDO?

Que tipo de pessoas queremos formar? Que tipo de sociedade queremos construir? É impossível dissociar uma questão da outra: o mundo se apresenta às crianças pelas relações e experiências que lhes oferecemos; as crianças refletem as experiências que viveram e, por fim, os adultos devolvem para a construção do mundo os aprendizados e os sentimentos que experimentaram nos relacionamentos. A ciência nos dá o caminho para revolucionar a educação e as relações. Vamos à prática!

CELINA RIGUETTI

Celina Riguetti

Contatos
Iamadrepsi@gmail.com
Instagram: @madre.que.te.pario
19 98763 5155
+34 632 62 5800 (Espanha)

Psicóloga formada pela Universidade Federal de São Carlos, em 2001. Pós-graduada em 2009 pelo Instituto de Terapia por Contingências de Reforçamento, onde obteve seu título de especialista. Em 2021, iniciou sua segunda pós-graduação, em Neurociência e Educação e Desenvolvimento Infantil, pela PUC-RS. A experiência de duas décadas em atendimento clínico, associada às vivências como professora em escolas, universidades de graduação e pós-graduação, e, ainda, na Fundação Casa, o contato com o ser humano – e os resultados de suas infâncias, de seus vínculos afetivos, de seus sofrimentos e das ausências que viveram – sempre fez parte não apenas do conhecimento teórico-filosófico e científico, mas da prática e da vida pessoal da autora. Mulher, mãe, psicóloga, defensora da infância e de relacionamentos mais saudáveis com as crianças, atua, presentemente, e com exclusividade, no apoio à parentalidade, no desenvolvimento de uma educação consciente, respeitosa, empática e democrática, na busca de criar crianças mais felizes e capazes, com autoestima e responsabiildade, e futuros adultos que possam agir no mundo para transformá-lo.

Há atitudes muito corajosas a se tomar na educação de uma criança para que ela se desenvolva da maneira mais saudável e efetiva, e para que o relacionamento entre vocês seja mais positivo e seu cotidiano menos estressante.

Primeiramente, cuidar de você. Das consequências – percebidas ou não – das adversidades que viveu e de suas dificuldades atuais. Olhar com compaixão para quem você se tornou, apesar de todas as adversidades e privações que viveu. Além de se conhecer, conhecer as novas descobertas científicas sobre o desenvolvimento infantil – são incríveis! – e sobre educar efetivamente. E, ainda que elas apontem para caminhos divergentes daqueles que conhece, refletir. Existem ideias de educação muito bem embasadas e mais alinhadas com expectativas reais do desenvolvimento infantil e com as necessidades da criança, e que inclusive convergem, muitas vezes, com modos que os próprios pais já têm inclinação a seguir, mas desconhecem formas efetivas de fazê-lo, ou são orientados por profissionais desatualizados.

O mundo mudou. Evoluímos em diversos aspectos: vacinas, tratamentos, tecnologias. Mas a educação segue em moldes similares: rígida, autoritária, punitiva, competitiva. Podemos ampliar nosso olhar para a infância, lidar com as crianças com empatia e respeito, e usar métodos comprovadamente eficazes para que cresçam com autoestima, autoconfiança, responsabilidade, empatia, sabendo expressar sentimentos e necessidades, capazes de dar e receber afeto e criar vínculos afetivos de qualidade.

De acordo com o Conselho Científico Nacional para Desenvolvimento Infantil do Reino Unido (NSCDC, 2009), relacionamentos estáveis, responsivos, estimulantes e ricos em experiências de aprendizagem na primeira infância oferecem benefícios permanentes para o comportamento e para a saúde física e psicológica da criança e do futuro adulto. Podemos viver num mundo cujas relações adultas e a educação infantil se retroalimentam por relações horizontais, inclusivas e solidárias.

Todavia, a educação tradicional, prevalente em nossa sociedade, difere em muitos desses requisitos.

Já ouviu ou falou frases do tipo "Se comporta ou não vamos mais", "Se não for obediente, não ganha presente", "Quem manda sou eu", "Engole esse choro", "É coisa de criança, já passa", "Mocinha não faz essas coisas", "Quieto!", "Beija seu tio" (e força a criança a fazê-lo), "Coma tudo!" (mesmo o corpo da criança não conseguindo mais)?

Quando criança, já sentiu que os adultos conversavam como se você nem existisse? Já negligenciaram suas vontades e necessidades porque "criança não tem querer" ou "é bobagem de criança"? Já te bateram "pra você aprender"? Te deixaram chorando sem consolo porque "isso não é motivo pra chorar"? Assistiam a programas sem te perguntar se estava gostando? Já te esqueceram na escola e nem te pediram desculpa? Já foi alvo de gritos porque não estava conseguindo ou querendo fazer algo que mandaram? Como se sentia?

Triste, humilhado, enraivecido, injustiçado, incompreendido? Independentemente do sentimento que prevalecia, este certamente não era agradável.

Vê o mundo como um lugar de adultos saudáveis emocionalmente, pacíficos, empáticos e justos? Não creio.

O que os seguintes termos te fazem pensar ou sentir?

Ansiedade. Depressão. Sensações de vazio e de não pertencimento. Medo excessivo da rejeição. Necessidade de agradar. Dificuldade em expressar sentimentos, em se impor, em tomar iniciativas, em pedir ajuda ou em confiar no outro. Vergonha de falar em público. Vícios. Agressão verbal ou física. Relacionamentos tóxicos.

Ao lado de questões genéticas, socioculturais e econômicas, que são extremamente relevantes na nossa formação, o modo como fomos – ou deixamos de ser – amados, considerados, compreendidos, incentivados, valorizados e acolhidos na infância, influenciou imensamente em quem somos. Nossos padrões, dificuldades e medos, a forma como amamos, a liberdade em ser autêntico, são consequências, também, da nossa história de vida. Pesquisas recentes mostram que várias dificuldades e doenças psicológicas da vida adulta apresentam relação com adversidades vividas na infância: vivências de eventos muito traumáticos e/ou necessidades de afeto saudável não atendidas devidamente.

Então, te pergunto: que pai/mãe você quer ser para sua criança? Como quer que ela se sinta em relação a você? O que vão falar de você para parceiros e amigos, quando crescerem? Como se sentiria se ela desenvolvesse algum dos déficits citados?

A ciência, a experiência e as próprias reivindicações do momento atual vem mostrando que a mudança é urgente e estrutural. O mundo é o produto da forma como interagimos com ele. A cultura do individualismo e da competitividade, como atuamos sobre a natureza, as injustiças e a violência são produtos das relações sociais que, por sua vez, são produtos da construção do indivíduo, que se inicia e é profundamente moldada na infância. Todo adulto foi uma criança que precisou de apego seguro e de vínculos afetivos de qualidade – para além de ter as demandas físicas supridas. Mas, contrariando suas necessidades e o próprio desenvolvimento biológico, muitas foram criadas com base no medo e na obediência, com variados tipos de punição – grito, ameaça, chantagem, comparação, agressão física, castigo – coagidas a se comportarem da maneira como o adulto acreditava ser o correto. Ou foram negligenciadas afetivamente, ou, ainda, tiveram pais excessivamente permissivos. Tudo isso, ainda que houvesse amor.

Essa "educação" sofreu interferência:

1. Da **família**, não necessariamente por culpa do adulto ou ausência de vínculo. Mas porque é uma questão cultural, e pelo desconhecimento do desenvolvimento infantil e das consequências da coerção.
2. Da **escola tradicional**, onde professor é superior, e aluno deve, basicamente, obedecer e atender a critérios rígidos de avaliação, sem questionar demais. Nas escolas infantis, as crianças são, muitas vezes, desamparadas e não têm suas necessidades afetivas atendidas, até pela imensa demanda de trabalho que exigem.
3. Da **sociedade**: assédio moral, preconceitos, *bullying*, opressões, entre outras violências, e negligências, advindas inclusive do Estado.

Hoje, sabemos que punições não ensinam comportamento adequado nem habilidades de vida, geram padrões comportamentais socialmente problemáticos e perpetuam o ciclo da violência em suas variadas formas, produzem sentimentos negativos e respostas fisiológicas tóxicas, e não têm eficácia de longo prazo.

Pesquisas sobre a biologia do estresse na primeira infância indicam que a experiência precoce de estresse tóxico pode impor um custo cumulativo à capacidade de aprendizagem, assim como à saúde física e psicológica. Contrariando o senso comum, hoje sabemos que punir com intuito de gerar um "adulto forte" tem efeito contrário: pessoas com mais dificuldades em lidar com frustrações. Por outro lado, atender às necessidades humanas de afeto cria um adulto mais resiliente.

Shonkoff (2009) cita dados da neurociência que mostram que oferecer condições favoráveis ao desenvolvimento infantil é mais eficaz e menos custoso que tentar tratar as consequências das adversidades iniciais mais tarde. Mustard (2010) corrobora tal posicionamento quando afirma que os anos iniciais estabelecem a arquitetura básica e a função do cérebro. Se boas condições são criadas antes, a rede neurológica fortalecida é mais saudável e mais resiliente. Reaprender padrões é possível, mas mais difícil e menos eficiente. A mudança traria grande impacto social, criminal e farmacológico.

As consequências da punição e da negligência são claras e embasadas.

Para constar: é um equívoco de quem não conhece com profundidade o que passo a chamar de "Educação Revolucionária" – baseada na ciência, no autoconhecimento, na empatia, em relações democráticas e no respeito mútuo – confundi-la com permissividade, que também gera inúmeras consequências negativas.

A educação revolucionária ou respeitosa se apoia, basicamente, em quatro pilares:

1. Conhecimento do desenvolvimento infantil

Há menos de 50 anos, a maioria das pessoas educava sem conhecer o funcionamento do cérebro e o desenvolvimento infantil, sem saber como proceder, e do que proteger a criança para um desenvolvimento saudável.

Hoje, sabemos da importância da presença afetiva do adulto, da sua capacidade em compreender e direcionar comportamentos e acolher sentimentos da criança, e a segurança desta com seus vínculos, tudo isso forma uma base sólida para um bom desenvolvimento social, cognitivo, emocional e físico. Por outro lado, o estresse prolongado ou excessivo – advindo de eventos dramáticos, de violências físicas/psicológicas frequentes ou da ausência de vínculos seguros e constantes – é tóxico para o cérebro.

Para educar com consciência e efetividade, é importante entender quais contextos e relações propiciam um bom desenvolvimento cerebral e comportamental e facilitam processos de aprendizagem, e o que os dificulta.

2. Autoconhecimento

Perceber o padrão dos seus cuidadores e entender sua própria história de vida, observar e identificar seus padrões comportamentais, seus sentimentos com relação aos comportamentos da sua criança, tudo isso pode ser de grande apoio. Se é um padrão mais autoritário: mando, falo muito, escuto pouco, quero obediência. Mais permissivo: ignoro, faço tudo o que a criança quer a fim de evitar conflitos. Ou mais democrático e empático: escuto e falo, observo e acolho, sem necessariamente ceder, tento entender seu comportamento, e o respeito é mútuo.

É importante estabelecer relações entre comportamentos da criança, condições e contextos em que ocorrem, a SUA reação ao comportamento dela e em que condições você reage de uma forma ou de outra.

Portanto, identifique suas dificuldades e siga se desenvolvendo no que lhe é possível. Quando você pode satisfazer suas necessidades físicas e emocionais, dá um modelo saudável para a criança, e tende a não confundir suas necessidades com as dela. Ter um filho é uma experiência singular, e quando o adulto se desenvolve e busca ferramentas para lidar com o desafio da educação, tende a estar mais tranquilo, ter mais facilidade em não repetir modelos inapropriados sem perceber, e ser mais capaz de dar modelos de habilidades fundamentais.

3. *Respeito ao desenvolvimento infantil*

Compreender que muitos comportamentos da criança são naturais e esperados, pois fazem parte do desenvolvimento evolutivo da espécie humana, deixa o adulto mais atento a isso e, dessa forma, o ajuda a lidar com o incômodo que alguns desses comportamentos lhe produzem, sem prejudicar a criança ou a relação.

4. *Presença ativa e afetiva dos cuidadores*

Toda criança tem necessidades essenciais: amor incondicional e aceitação, vínculos afetivos constantes e seguros, contato com a natureza e o livre brincar, estímulos adequados à fase de desenvolvimento e um ambiente minimamente previsível e tranquilo.

A educação tradicional demanda que a criança tenha habilidades que, muitas vezes, nem mesmo nós dispomos: controlar-se em situações de frustração, ser simpático e abraçar a todos, ser independente, dividir coisas que amamos com colegas, não gritar, não chorar etc. A criança, ainda mais que o adulto, precisa de acolhimento quando desregulada emocionalmente, orientação firme, porém gentil de como comportar-se, regras claras e democráticas, previsibilidade e muito afeto.

Dar afeto, criar condições e estabelecer procedimentos para aprimorar repertórios é muito mais efetivo que punir.

Na perspectiva da educação revolucionária/respeitosa, seguem breves exemplos de como é possível educar sem punir:

1. *Modelos adequados de resolução de problemas e expressão de sentimentos*

Criança aprende, também, por modelos.

Quando ela te vê resolvendo com calma seus próprios problemas e os dela, talvez até relatando os passos e permitindo que ela participe da decisão quando possível, está aprendendo sobre resolução de problemas.

Quando você expressa seus sentimentos – tristeza, raiva, alegria, gratidão etc. – de forma respeitosa e clara, descrevendo o que gerou tal sentimento e quais alternativas te ajudarão a se sentir melhor, dá à criança um modelo adequado de como pensar e agir. Você pode ajudá-la a entender os sentimentos dela também: "Amor, você queria brincar e está tarde. Entendo sua tristeza. Quer ouvir uma história?" Todo e qualquer sentimento é válido e digno de ser acolhido, seu ou dela.

2. *Modelo saudável de limites pessoais*

Educar uma criança é uma tarefa exaustiva. Demanda um adulto saudável, física e emocionalmente. Mas respeitar a criança não significa, em nenhum aspecto, fazer tudo o que ela quer ultrapassando seus próprios limites. Pelo contrário, limites são essenciais em qualquer relacionamento, é preciso estabelecer os seus e orientar a criança para que entenda que precisamos respeitar o limite dos outros. Assim, além de respeitar sua necessidade, está dando modelo para que ela faça o mesmo na vida dela. Exemplo: "Entendo sua frustração por ele não querer brincar, mas bater não pode" – e segure cuidadosamente a mão da criança. Ou: "Estou cansada para brincar de corda, podemos ler."

3. *Ensino de comportamentos de autonomia*

É fundamental permitir que a criança teste o ambiente – sempre com supervisão de um adulto disponível e que organize o ambiente de forma a garantir a segurança – e valorizar genuinamente cada tentativa, ainda que frustrada ou em desacordo com o que o adulto espera. Exemplo: incentive a participação dela nas tarefas – preparar um alimento (apenas a parte da atividade que for segura e que a criança tenha potencial para realizar, como enxaguar os legumes, mexer ingredientes frios em um recipiente grande etc.).

Crianças precisam de oportunidade, repetição, consistência e afeto, inclusive no ensino de habilidades.

Um maior aprofundamento no tema é imprescindível. Aqui, apenas inicio nossa conversa sobre a importância do vínculo afetivo saudável dos cuidadores e educadores – pai, mãe, família, escola – com a criança, e aponto a relevância dos seus próprios cuidados e educação emocional no auxílio do desenvolvimento saudável da criança e da relação. Por menos autoritarismo, e mais conexão afetiva, menos submissão e mais assertividade, menos punições e mais afeto, compreensão, empatia e ensino adequado de habilidades de vida que o novo mundo exige.

9

OS BENEFÍCIOS DA MEDIAÇÃO DE CONFLITOS NO AMBIENTE ESCOLAR

O papel da educação é inspirar as pessoas a construírem o conhecimento, auxiliar os estudantes a reconhecerem sua singularidade de maneira que tenham subsídios para que possam atingir o seu potencial e desenvolver o pensamento crítico. O presente capítulo tem como objetivo analisar, de forma concisa, o tema sobre os conflitos escolares e o mecanismo da aplicabilidade da mediação para a educação do futuro em sua diversidade. Diante de uma realidade atual, conflituosa nas relações escolares, sejam entre alunos, professores, pais e/ou fornecedores, conhecer as possibilidades de ocorrência e tratamento desses confrontos no ambiente escolar, desmembrar como eles ocorrem, como são enfrentados e como podemos introduzir a mediação adequadamente em qualquer das fases da educação, possibilita um enfrentamento sistêmico desses conflitos.

CELEIDA LAPORTA E IVONE SARAIVA

Celeida Laporta

Contatos
advogada@celeidalaporta.Adv.br
Instagram: @celeidalaporta
11 97028 3948

Cofounder da CS VIEWS Mediação e Arbitragem. Coordenadora do informativo ADRODR Brasil. Bacharelado e licenciatura em Matemática PUC/SP, analista de sistemas, advogada pós-graduada em Direito Tributário PUC/SP, doutoranda PUC/SP, mestre em Direito pela Escola Paulista de Direito EPD, *coach* empresarial formada pelo Instituto Brasileiro de Coaching IBC, árbitra, mediadora judicial e extrajudicial credenciada no CNJ, Congresso Direitos Humanos Universidade de Valladolid – Espanha, Summer School Siena – Itália, curso *Theory and Tools of Harvard Negotiation Project* – EUA. Especialização em Mediación pela Universidad Salamanca – Espanha. Professora universitária e autora de livros de tecnologia, artigos e coautora dos livros *O fenômeno da desjudicialização: uma nova era de acesso a justiça* e *Soluções extrajudiciais de controvérsias empresariais*. Organizadora e coautora: *Mediação de conflitos na prática: estudos de casos concretos*. Autora do livro *ODR: resolução de conflitos online*. Coordenadora e autora do livro *A consensualidade aplicada às relações laborais*.

Ivone Saraiva

Contatos
isaraiva@liverconsultoria.com.br
isaraiva999@gmail.com
21 98172 9999
11 99240 9498

Economista, pós-graduada em Planejamento no ILPES-Chile, MBA Executivo e de Marketing, formada em *Coaching* Executivo e *Life Coaching*, em Mediação Extrajudicial e Judicial e em Negociação Empresarial. Trabalhou por 25 anos no BNDES, foi CEO dos Grupos Schahin e PEM SETAL, atuou por seis anos na diretoria e no conselho estratégico da ABDIB e foi por dois anos e meio membro do Board do BDMG. É sócia da Liver Consultoria e Participações, onde atua como *coach*, consultora da CVM, mediadora nas Câmaras da FGV, do IMAB e na Câmara CSViews, mediadora Ad Hoc e mediadora internacional avançada pelo ICFML.

O ambiente escolar - suas ameaças e oportunidades

O ambiente escolar compõe um ecossistema complexo de relações, ao qual se acrescenta o tempo de convívio de cada um ao longo do período de estudos, tornando-se a segunda maior ambiência do ser humano. Segundo o Centro de Políticas Sociais Portal/FGV no Brasil, o tempo de permanência do aluno por região é de: norte 3h47; nordeste 3h67; sudeste 4h17; 3h63; 3h82. Em média, os alunos de ensino fundamental ficam 4h30 (quatro horas e meia) por dia na escola. Em escolas, por exemplo, como no Reino Unido, esse tempo chega a 6h30(seis horas e meia).

Nesse contexto, são inúmeras as relações oriundas durante essa vivência, possibilitando a emergência de conflitos entre os estudantes, professores, pais, profissionais administrativos e fornecedores da instituição. E essas relações costumam desaguar, na maioria das vezes, em controvérsias com impactos e desgastes entre esses atores, como a deterioração do ambiente escolar, prejuízos financeiros, evasão escolar e rompimento das relações.

Esses conflitos nascem desde as questões com abrangência administrativa, como inadimplemento, demanda de vagas, conteúdo pedagógico, metodologia de ensino, atendimento educacional inclusivo, questões trabalhistas, rescisão e renegociação de contratos, controle de vigilância e imagem, descumprimento de regulamento e políticas internas das instituições de ensino, entre outros.

Há também os conflitos de alto impacto que têm origem comportamental, cultural e social, tais como: agressões verbais, atos de vandalismo, indisciplina, *bullying*[1], *mobbing*[2], rixas, entre outros. Na sequência, acabam desaguando, na sua maioria, em controvérsias com impactos e desgastes entre esses atores, na deterioração do ambiente escolar, em prejuízos financeiros, na evasão escolar e no rompimento das relações. Em diversos conflitos, as partes, depois de algumas tentativas de aproximação, quase sempre tentando cada qual impor os seus pontos de vista acabam se socorrendo da judicialização. Nesse momento, a tendência é de escalonamento do conflito, uma vez que o objetivo agora é vencer/derrotar, e procura-se de todas as formas, pelas palavras e provas, convencer um terceiro, o juiz, de quem está com a razão. Os argumentos são inúmeros e quase sempre contundentes, trazendo ao público mazelas do relacionamento que, da forma combativa que é apresentada, apenas aumenta o conflito e as mágoas, tornando a aproximação e a solução amigável quase impossíveis.

Esse ambiente conflituoso se agrava pelo tempo em que as ações permanecem no judiciário percorrendo labirintos de interposição de réplicas e tréplicas, com o envolvimento do Ministério Público quando eventualmente há menores envolvidos nas ações e pelo custo exponencial do processo.

Importante destacar que uma ação ajuizada, quando e se for resolvida, terá apenas a abrangência da ação interposta, não se atentando para o invólucro de emoções presentes e passadas que a circundam e que muitas vezes, de fato, são a origem dos conflitos e, quando não expostos e resolvidos, resultam quase que imediatamente em outra ação ajuizada por quem entendeu que a decisão judicial foi injusta para ele.

Nesse contexto complexo que abrange um sistema vivo de relacionamentos interconectados, as escolas precisam proporcionar um sistema harmônico que trabalhe em consonância com o objetivo maior, que é suprir a necessidade educativa e do conhecimento para a criança, adolescente ou adulto. O uso da mediação pode ser o caminho para a criação desse sistema harmônico.

No âmbito judicial, a Resolução 125/2010 do Conselho Nacional de Justiça regulamentou a mediação como instrumento eficaz para a pacificação social e prevenção de litígios e instituiu a Política Judiciária Nacional de Resolução

---

[1] *Bullying* consiste em um conjunto de violências que se repetem por algum período. Geralmente são agressões verbais, físicas e psicológicas que humilham, intimidam e traumatizam a vítima. Os danos causados pelo *bullying* podem ser profundos, como a depressão, distúrbios comportamentais e até o suicídio. Disponível em: https://brasilescola.uol.com.br/sociologia/bullying.htm. Acesso em: 10 maio de 2021.

[2] *Mobbing* é usado para descrever uma variedade de comportamentos no local de trabalho que envolvem o assédio moral de um ou mais funcionários. A expressão é usada quando um grupo de trabalhadores começa a tratar um colega de maneira hostil, atrapalhando o seu bem-estar e a produtividade no trabalho. Os praticantes do *mobbing* podem ser colegas, superiores ou subordinados, e esse comportamento pode afetar colaboradores de empresas de todos os portes, incluindo os pequenos negócios. Disponível em: https://www.ibccoaching.com.br/portal/entenda-o-que-e-mobbing-e-como-lidar-com-o-problema/. Acesso em: maio de 2021.

de Conflitos. Adicionalmente, a Lei de Mediação nº 13.140/2015 define a mediação no parágrafo único do art. 1º nos seguintes termos: "Considera-se mediação a atividade técnica exercida por terceiro imparcial e sem poder decisório, que, escolhido ou aceito pelas partes, as auxilia e estimula a identificar ou desenvolver soluções consensuais para a controvérsia".

No que tange aos assuntos específicos da área escolar, a Lei nº 9.870, de 23 de novembro de 1999, que dispõe sobre o valor total das anuidades escolares, tem em seu artigo 4º uma referência à mediação, todavia de modo confuso quando atribui ao mediador uma ação de decisão confundida com a posição de árbitro: "A Secretaria de Direito Econômico do Ministério da Justiça, nos termos da Lei nº 8.078, de 11 de setembro de 1990, e no âmbito de suas atribuições, comprovação legalizada, referente a qualquer cláusula contratual, exceto dos estabelecimentos de ensino que tenham firmado acordo com os alunos, pais de alunos ou associações de pais e alunos, devidamente legalizadas, bem como quando o valor arbitrado for decorrente da decisão do mediador.

Destaca-se que a forma de autocomposição, de modo particular à mediação (são as partes que decidem o conflito, e não mais um terceiro, o juiz), faz emergir pelos princípios e pelas técnicas utilizadas, que em seguida detalharemos, um viés positivo no conflito uma vez que são matrizes de oportunidades de crescimento e mudança. A comunidade escolar é o ambiente fértil para estimular o desenvolvimento da cidadania, e pela mediação, podem ser conhecidas e utilizadas as ferramentas e mecanismos que contribuem com a pacificação social.

Nesse momento, emerge o papel relevante dos professores, pais e mediadores ensinando os alunos e as pessoas envolvidas no conflito a enfrentarem o mesmo de uma maneira não litigiosa e criativa. Até a possibilidade de formação de um(a) aluno(a) mediador(a) deve ser incentivada, já que esta trará a visão específica do aluno ao entendimento do conflito.

O exercício constante dessa forma de discussão do conflito traz como consequência uma melhoria progressiva na forma de interação das pessoas não somente na escola, como em todas as áreas de atuação delas, refletindo-se em uma melhoria geral de qualidade de vida. Essa melhoria na habilidade de entendimento e enfrentamento do conflito reflete-se inexoravelmente no futuro das relações e das pessoas, tornando-o sem dúvida melhor.

A par disto, a gestão preventiva desses conflitos é imperiosa e inevitável para promover o diálogo e a comunicação entre as partes, conduzindo-os à autocomposição, seja pelos métodos de negociação, mediação ou conciliação. Por meio do diálogo e da comunicação espontânea e funcional, com predominância da imparcialidade do mediador e o sigilo do procedimento, espera-se descortinar os preconceitos e o desconhecimento do método da mediação, seus princípios e técnicas.

Além disso, a mediação escolar pode ser implantada mediante os conflitos já instalados e pontuais, bem como na fase preventiva, oferecendo uma oportunidade de protagonismo para as partes, com a implantação de uma cultura no âmbito escolar que promova, de maneira eficiente, o desenvolvimento de ambientes e relacionamentos saudáveis.

Compreendendo os princípios e técnicas da mediação

A adoção da mediação durante a relação escolar, dentro dos princípios e técnicas previstos em Lei, poderá também se mostrar exitosa, como já ocorre em inúmeros outros ambientes, tornando-se um mecanismo moderno e eficaz para atender às necessidades do indivíduo moderno, de maneira a lhe proporcionar segurança, amor, reconhecimento, autoestima e desenvolvimento pessoal, e capacitá-lo a ter protagonismo e responsabilidade perante os seus conflitos, seja na vida pessoal ou profissional.

Sinteticamente, os princípios da mediação são:

a) Confidencialidade: trata do sigilo sobre as informações reveladas durante a mediação, que atinge mediador, mediados e seus advogados.

b) Independência do mediador: trata do impedimento do mediador de ter conflito de interesses de qualquer ordem em relação aos mediados e seus advogados e em relação ao objeto da demanda.

c) Imparcialidade do mediador: o mediador precisa atuar de forma neutra, sem tratar qualquer uma das partes com preferência, diferenciação ou favorecimento, não pode se deixar influenciar por preconceitos ou valores pessoais. Caso a falta de imparcialidade seja identificada, o processo de mediação ficará comprometido, sendo invalidado.

d) Isonomia entre as partes: tratar as partes de forma igualitária, propiciando os mesmos critérios de participação e as mesmas chances. Todos têm o mesmo direito.

e) Informalidade e Oralidade: nada é escrito, a não ser o acordo final. Não há normas e procedimentos fixos como em um processo judicial.

f) Boa-fé: necessidade da presença de sinceridade, lealdade e honestidade. Tudo o que é dito na mediação é considerado verdadeiro pelo menos do ponto de vista da pessoa que está revelando os fatos, não havendo necessidade de provas

g) Autonomia da vontade das partes: é o princípio que garante que a mediação só pode acontecer se houver livre consentimento entre as partes de fazer parte do procedimento.

h) Busca do consenso: a mediação é um método de solução de conflito que se resolve somente no consenso. Não há nenhuma pessoa ou profissional que decida o resultado.

i) Decisão informada: para que esse princípio seja cumprido, é imprescindível que as partes tenham plena consciência das regras, dos direitos e dos deveres que têm no momento da mediação.

Esses 9 princípios basilares possibilitam orientar a atuação do mediador e permitem, ao final de uma sessão de mediação, criar um ambiente de confiança onde todos podem expor os seus verdadeiros interesses e emoções, muitas vezes nunca externadas, levando ao empoderamento das partes para que elas mesmo busquem a melhor solução para o seu conflito dentro de um modelo de convergência ou no mínimo uma acomodação verdadeira do mesmo, já que a mediação permitiu compreender as reais razões do outro saindo da usual posição de julgamento prévio dos outros.

Acompanham os princípios a aplicação de técnicas dentro de uma visão sistêmica, elas são utilizadas para ajudar nos objetivos de obtenção do empoderamento das partes e da manutenção do procedimento de uma sessão de mediação, sendo didaticamente algumas delas:

a) Simpatia/empatia: buscando ver e compreender a realidade dos outros;

b) Acolhimento: criar um ambiente de confiança favorável à mediação (sofás confortáveis, oferecimento de um *coffee break* etc.).

c) Escuta Ativa: atenção não somente à linguagem falada (cerca de 30% da comunicação), mas também às outras linguagens, corporal, tom de voz, forma de olhar etc. para compreender com profundidade o conflito.

d) Parafraseamento/Recontextualização: recontar a narrativa com ênfase nos pontos positivos.

e) Perguntas Abertas que estimulam o diálogo e a compreensão mais completa dos conflitos.

f) Afago: resposta positiva do mediador perante um comportamento positivo e eficiente dos mediados e advogados.

g) Enfoque Prospectivo: olhar para o futuro para superar as mágoas do presente;

h) Teste de Realidade: avaliar a real viabilidade do que está sendo proposto como solução para o conflito.

i) Resumo: organização do relato de maneira sistemática, legitimando o que já foi dito.

j) Caucus: importante técnica – reunião privada com cada mediado, proporcionando igual tempo para as partes, para permitir que sejam reveladas as questões que não foram abordadas nas sessões conjuntas e ainda tentar identificar qual seria a pior e melhor alternativas das partes caso não haja acordo, facilitando um aprofundamento das opções aventadas.

A utilização combinada dessas técnicas, adaptando-as a cada caso concreto, permite um tratamento individualizado dos conflitos. Nessa linha, para contextualização e entendimento prático, aponta-se no capítulo a seguir dois casos reais de mediação escolar.

Casos reais de mediação escolar

Caso A: conflito entre pais e escola por pagamentos realizados e não devolvidos durante 2020.

Este caso envolveu uma creche que, por causa da pandemia, deixou de receber as crianças. Os pais da criança de 6 meses, aqui de nomes fictícios Fernando e Isabela, trabalhavam fora e matricularam a criança na creche em janeiro de 2020 pagando adiantado o ano todo com uma redução de 10% do valor anual. A criança frequentou a creche em janeiro e fevereiro e os pais estavam muito satisfeitos com o serviço prestado. Entretanto, já em março do mesmo ano, a creche teve que fechar em decorrência da pandemia e, assim, ficou de portas fechadas o ano todo de 2020. Ocorre que, para manter a creche funcionando, os proprietários deram um abatimento de 20% nos valores das mensalidades, pedindo que todos continuassem a pagar as mesmas e que, depois, seria compensado no ano seguinte ou tão logo a creche voltasse a reabrir. Em março, Fernando solicitou à escola o mesmo abatimento e a respectiva devolução do pagamento anual feito a mais (isto é, 10%), mas a escola pediu que ele aguardasse a creche voltar à normalidade. Fernando aceitou com certa relutância.

Em janeiro de 2021, gradativamente a creche voltou a funcionar e, em maio, já estava em pleno funcionamento, tendo incrementado todas as medidas de segurança e distanciamento. Entretanto, o casal tinha tomado a decisão de não mais colocar a criança na creche, uma vez que, desde março de 2020, tinha feito um acordo com a avó materna da criança para que cuidasse da mesma pelo mesmo período da creche, enquanto os pais trabalhavam.

Em maio, quando a creche voltou a funcionar, Fernando foi pessoalmente conversar pedindo a devolução do valor pago e, ainda, o valor do então desconto adicional de 10% que ele entendia ter o direito. Os proprietários da escola o atenderam com impaciência e rispidez, mas prometeram que fariam uma proposta de pagamento parcelado a partir de dezembro.

Fernando não concordou porque queria receber mais rapidamente o valor e aí o conflito, que estava latente, uma vez que ele se queixava de não ter sido atendido na primeira demanda de receber o abatimento que a escola deu para os outros pais e depois de ter sido atendido com rispidez, começou a escalar perante a recusa da escola em oferecer uma forma definida e mais rápida de reembolso.

Mesmo diante de tanta insatisfação, ele insistiu por mais duas vezes pela devolução dos valores pagos, indo pessoalmente à escola, porém os proprietários já não o estavam recebendo pessoalmente, enviando uma secretária para recebê-lo, alegando que não se encontravam, mas que ligariam para ele, o que não acontecia.

Depois, Fernando passou a se conectar por e-mail e eles não respondiam. Após três meses de busca de um entendimento, Fernando, aconselhado por um amigo mediador, tomou a decisão de procurar um Cejusc (Centro Judiciário de Solução de Conflitos e Cidadania), dando entrada em um pedido extrajudicial de mediação com a escola.

Em 15 dias, a escola foi notificada e ambos compareceram à primeira reunião de mediação, que foi remota, já que o Cejusc ainda não estava funcionando presencialmente. Ambas as partes não estavam com advogados.

Nessa reunião, o mediador esclareceu todos os princípios da mediação, citados antes neste artigo, e acertou alguns comportamentos que deveriam ser seguidos: a) se a conexão falhasse, deveriam entrar pelo mesmo link; b) cada pessoa deveria falar um de cada vez, esperando a sua vez de se manifestar; c) não poderiam gravar a sessão; d) deveriam estar a sós na reunião.

Em seguida, o mediador deu a palavra a Fernando, que pediu a mediação, como é de praxe, e ele relatou a sequência de fatos antes narrada, colocando a sua demanda de receber o valor pago adiantado das mensalidades com um acréscimo de 10%, que seria a diferença entre o desconto que ele recebeu ao pagar a anuidade da escola e os 20% que a escola deu para todos os pais que continuaram a pagar as mensalidades.

A escola, por sua vez, falou que ainda ela não tinha se equilibrado financeiramente e gostaria de devolver em aulas o valor pago, e acrescentando mais um mês de atendimento pelo valor a mais que o Fernando teria pagado em comparação com os outros pais. Foi, então, que ele explicou que não colocaria mais a filha na creche, pelo menos até ela ficar mais grandinha, e insistia em receber o valor pago.

O conflito começou a escalar, pelo não entendimento entre as partes. Na mediação, o mediador percebeu que, além da questão financeira, havia um sentimento de mágoa do Fernando por não ter sido atendido corretamente pela escola, enquanto ele teve um comportamento generoso com a creche, tendo feito o adiantamento das mensalidades. Nesse momento, o mediador pediu uma reunião privada com ambas as partes. No caso de Fernando, ele ratificou a percepção do mediador sobre os seus sentimentos de frustração e revolta. No caso na escola, eles admitiram que estavam muito envergonhados de não ter condições de devolver de imediato as mensalidades pagas, mas por outro lado achavam que, nos encontros que tiveram com o Fernando, ele os tratou com rispidez, quase com grosseria, imputando-lhes um comportamento desonesto, e isso os feriu muito. O mediador pediu permissão para levar essas revelações para a reunião conjunta, o que foi muito esclarecedor.

Nessa sessão conjunta, ambas as partes reconheceram os respectivos comportamentos defensivos e a sua parte de contribuição com o conflito. Após mais algumas discussões, já em um ambiente mais cordato, eles chegaram a um acordo. A escola devolveria o valor devido a partir de janeiro de 2022 em 6 parcelas com acréscimo de 10% e disponibilizou a possibilidade de Fernando voltar a matricular a sua filha a partir de janeiro 2022, quando eles dariam dois meses de gratuidade por conta do período em que o valor ficou retido na escola. Ofereceu também um pedido de desculpas pela forma como eles o trataram. Fernando aceitou a proposta e se desculpou pela extrema impaciência com que os tratou. Mais uma vez, a mediação se tornou eficaz na resolução de um conflito, reatando o diálogo entre as partes, e que poderia ter se escalado até resultar em uma ação judicializada com custos maiores para ambas as partes. A mediação ocorreu em duas sessões, cada uma com cerca de 2 horas.

Caso B: um caso de *bullying*

A situação se passou em uma escola religiosa privada, com um aluno de 12 anos. Ele era filho de uma família muito rica, com um padrão de vida muito superior ao dos outros colegas, a quem daremos aqui o nome fictício de João Pedro. Ele mantinha sempre uma distância muito grande dos outros amigos, e os colegas excluir o achavam muito presunçoso, atribuindo o comportamento dele a uma postura de superioridade pelo padrão de renda dele. Ele não brincava com ninguém e ficava na hora do recreio com o seu telefone, de último modelo, jogando jogos de internet.

Os outros ficavam xingando João Pedro, dizendo que ele era metido e nunca o convidavam para brincar. O assistente da escola, que ficava acompanhando a hora do recreio, notou essa situação e se aproximou de João Pedro usando a sua predileção também por jogos eletrônicos para conquistar a confiança dele. Devagarzinho, o menino revelou que não tinha amigos e passava o dia todo em casa jogando, que seus pais trabalhavam e viajavam muito, e não tinham tempo para ele. Soube também que ele queria muito brincar de futebol e pingue-pongue, mas ninguém o chamava e ele não tinha coragem de pedir para entrar no jogo.

O assistente, muito jeitoso, levou o assunto à professora e traçou um plano de aproximar o garoto do representante de turma. No início não foi fácil, pois o representante de turma com o nome fictício de André, como os outros, tinha restrições a João Pedro. Entretanto, mais uma vez, a similitude ajudou. O representante de turma também gostava muito de jogos eletrônicos e concordou em procurar o garoto. No início foi um pouco difícil, mas caiu mais forte a curiosidade do André em saber mais dos jogos que João Pedro usava. Estabelecida a aproximação, o serviçal pediu para que o André chamasse João Pedro para uma partida de pingue-pongue. João Pedro ficou muito animado e começou a se aproximar gradativamente de André e dos outros. André, vivamente interessado nos jogos de João Pedro, ajudou muito na aproximação dos colegas. O assistente, com sensibilidade e atenção, teve um papel muito importante na integração do garoto à turma.

E aí foi a vez da escola, na pessoa da professora, ter uma conversa com os pais, quando relatou sobre o sentimento do filho e perguntou o que eles poderiam fazer para melhorar a situação dele. A mãe de João Pedro teve uma atitude mais aberta e prometeu se empenhar em ajudar na integração do filho na escola. Ela passou a viajar menos, dando mais atenção ao filho, e o comportamento arredio dele passou a se modificar gradativamente e a ser aceito pelos colegas de turma.

Essa situação foi contornada pelo olhar atento do assistente da escola, que não entendia de mediação, mas tinha um senso de observação muito grande, e de uma professora aberta a ajudar os alunos. Esse foi o relato da professora de João Pedro, que ainda que não tenha sido aplicada a mediação com seus princípios e técnicas, a possibilidade de oportunizar o diálogo e a comunicação entre os alunos foi muito eficaz.

Vale ressaltar que algumas escolas já caminham para a implantação da mediação e capacitação dos seus professores e demais profissionais, para auxiliar no tratamento adequado de conflitos no ambiente educacional.

Conclusão

A aplicação da mediação escolar, ainda avança em modelo de construção e aplicabilidade de políticas públicas no Brasil, apresenta-se com uma instrumentalização cabível para minimizar os inúmeros conflitos originados da relação escolar ou educacional, criando-se uma forma de relacionamento no ambiente escolar.

Nesse rumo de ideias, seria de todo conveniente que pequenos cursos sobre os princípios e técnicas da mediação fossem ministrados aos alunos e professores/administradores da escola (evidentemente adaptados à linguagem de cada um), para facilitar esse diálogo de convergência nos conflitos ou até evitá-los.

Com o olhar aos tempos que virão para balizar a educação do futuro, aguarda-se por políticas públicas que possibilitem nortear a gestão de conflitos em escolas no modelo preventivo, seja com formação de mediadores mirins, pela capacitação de professores mediadores escolares, ou com novos modelos pedagógicos com a inserção desde a primeira infância de técnicas como a empatia e o preparo da criança, adolescente ou adulto frente ao autoconhecimento.

Referências

BOBBIO, N. *O problema da guerra e as vias da paz*. Tradução de Álvaro Lorencini. São Paulo: Unesp, 2003.

CENTRO DE POLÍTICAS SOCIAIS PORTAL/FG. *Tempo de permanência na escola*. Disponível em: <https://cps.fgv.br/pesquisas/tempo-de-permanencia-na-escola>. Acesso em: 10 mai. de 2021.

CONSELHO NACIONAL DE JUSTIÇA. *Justiça em números 2019*. Disponível em: <https://www.cnj.jus.br/pesquisas-judiciarias/justica-em-numeros/>. Acesso em: 10 mai. de 2021.

FILHO, W. S. G. Mediação em Warat à luz de uma teoria (mito) poética (e política) do direito. (Org). *Soluções alternativas de controvérsias empresariais – princípios, mecanismos, sistemas e metodologias.* Rio de Janeiro: Lumen Juris, 2017.

GUILHERME, L. F. do V. de A. *Manual dos MESCS: meios extrajudiciais de solução de conflitos.* Barueri: Manole, 2016.

GUILHERME, L. F. do V. de A. *Arbitragem na Bolsa de Valores de São e Madrid.* São Paulo: Casa do Direito, 2019.

HONNETH, A. *Luta por reconhecimento: a gramática moral dos conflitos sociais.* São Paulo: Editora 34, 2003.

HONNETH, A. Incertezas críticas. *Canal Curta.* 2015.1 vídeo (26 min). Disponível em: <https://www.youtube.com/watch?v=VV_0tspEvvY&t=410s>. Acesso em: 10 mar. de 2021.

LAPORTA, C. M. C.; SALES, S. N. S. *Mediação de conflitos na prática: estudos de casos concretos.* Rio de Janeiro: Lumen Juris, 2019.

MINISTÉRIO DA EDUCAÇÃO. *Base Nacional Comum Curricular (BNCC).* Disponível em: <http://basenacionalcomum.mec.gov.br/images/BNCC_EI_EF_110518_versaofinal_site.pdf>. Acesso em: 8 abr. 2021.

MOUSINHO, R.; SCHMID, E.; MESQUITA F.; PEREIRA, J.; MENDES, L.; SHOL, R.; NÓBREGA, V. Mediação escolar e inclusão: revisão, dicas e reflexões. *Revista Psicopedagogia.* Disponível em: <http://pepsic.bvsalud.org/scielo.php?script=sci_arttext&pid=S0103-84862010000100010&lng=pt&nrm=iso&tlng=pt.> Acesso em: 08 mai. de 2021.

PENIN, S. T. S.; VIEIRA, S. L. Refletindo sobre a função social da escola. In: VIEIRA, S. L. (org.) *Gestão da escola: desafios a enfrentar.* Rio de Janeiro: DP&A Editora (Biblioteca ANPAE), 2002.

SILVEIRA, F; NEVES, J. Inclusão escolar de crianças com deficiência múltipla: concepções de pais e professores. *Teor Pesq.* 2006.

VASCONCELOS, C. E. *Mediação de conflitos e práticas restaurativas.* São Paulo: Método, 2008.

WARAT, L. A. *O ofício do mediador.* Florianópolis: Fundação Boiteux, 2004.

WARAT, L. A. A cidadania e os direitos humanos da qualidade total. Porto Velho: *Revista da Escola de Magistratura do Estado de Rondônia*, 2004.

10

O CÉREBRO PRECISA SE EMOCIONAR PARA APRENDER

Neste capítulo, você encontrará uma breve discussão sobre a importância do desenvolvimento da inteligência emocional para uma aprendizagem significativa, sobretudo no desenvolvimento infantil.

ERIKA MAZZONI

Erika Mazzoni

Contatos
emazzoni82@gmail.com
Redes sociais: @profe_erikamazzoni

Educadora física (Unisales) e pedagoga (Claretiano), com pós-graduação em Educação Física Escolar (Estácio) e em Neuroeducação (Emescam). Concluindo pós-graduação em Psicologia do Desenvolvimento e da Aprendizagem pela PUC-RS. Especialista em Inteligência Emocional; instrutora de LIV (Laboratório de Inteligência de Vida) e *coach* certificada pela Sociedade Latino-Americana de Coaching (SLAC). Certificação em Neurociências pela PUC-RS e em *Coaching* Vocacional pelo Instituto Maurício Sampaio (IMS), habilitada para atuar com Orientação Profissional (OP) em adolescentes. Seu diferencial é planejar e desenvolver práticas que visam a promoção, prevenção e proteção da saúde com aprimoramento de habilidades sociais e emocionais dos estudantes, de forma a contribuir no desenvolvimento integral da criança e do adolescente.

Maya Angelou, escritora, poetisa e ativista norte-americana uma vez disse: "As pessoas vão esquecer o que você disse e o que você fez, mas nunca esquecerão como você as fez sentir" (ANGELOU, 2020).

Nessa frase, percebemos que o sentimento gera um significado maior do que a palavra simples e puramente dita. Dentro deste contexto, entendemos o sentido da expressão "não é o que se diz, mas sim, o como se diz"; pensando em desenvolvimento infantil, isso faz toda a diferença.

Sabe-se que a primeira infância é um período fundamental no desenvolvimento cerebral. As crianças começam muito cedo o seu aprendizado sobre o mundo que as cerca por meio de uma diversidade de estímulos que recebem. As primeiras experiências, os vínculos estabelecidos com seus pais e educadores em seus primeiros aprendizados afetam profundamente seu posterior desenvolvimento físico, cognitivo, emocional e social; logo, a otimização dos primeiros anos na vida de uma criança é o melhor investimento que podemos fazer enquanto colaboradores do futuro da humanidade.

É na primeira infância que observamos um período crítico, portanto, fértil para trabalhar habilidades que serão essenciais ao desempenho escolar e à vida em sociedade – entre elas o autocontrole, a atenção, empatia e a capacidade de resolução de problemas. Essas habilidades estão diretamente relacionadas com o conceito de inteligência emocional, que, por sua vez, não se desenvolve sem uma profunda correlação com a inteligência cognitiva.

A inteligência emocional é a capacidade de captar e perceber o mundo através dos estímulos, usando o nosso cérebro. É aprender a usar as emoções para pensar e não pensar com as emoções.

Segundo Goleman (1996), "o grau de inteligência emocional não é determinado geneticamente". Este autor destaca que é possível aprender a ser mais emocionalmente desenvolvido à medida que passamos por diferentes experiências. Nesse sentido, quanto mais estímulos uma criança receber, maior o seu repertório de experiências, extremamente necessário para o seu desenvolvimento.

Este repertório de experiências, que pode ser traduzido como período de estímulos adequados ao desenvolvimento infantil, é o ponto-chave para uma aprendizagem significativa. Considerando que a criança é um ser "aprendente" e necessita de um ser "ensinante", e que, neste processo, há um relacionamento (relação + sentimento) com trocas socioafetivas, reforça-se aqui a importância do desenvolvimento da inteligência emocional para uma aprendizagem significativa, especialmente em um ambiente pedagógico, seja ele escolar ou domiciliar.

Considerando que as emoções fazem parte da evolução da espécie humana, e, obviamente, do desenvolvimento da criança, constituindo parte fundamental na aprendizagem, sem dispor das funções de autorregulação emocional, a história da humanidade seria um caos, e a aprendizagem, um drama indescritível. Imaginem que as emoções tomariam conta das funções cognitivas, entre elas as funções executivas, e os seres humanos só saberiam agir de forma impulsiva, excitável, eufórica, episódica e desplanificada, sem controle inibitório algum.

Eis a razão por que o cérebro humano integra inúmeros e complexos processos neuronais de produção de regulação das respostas emocionais e é exatamente por esse motivo que precisamos aprender a lidar com isso de maneira inteligente e orientada, sobretudo na primeira infância, pois nela a plasticidade cerebral é maior, visto que estímulos adequados influem não apenas no funcionamento, mas na própria "arquitetura" do cérebro, o que pode contribuir para sua maior eficiência, provocando um melhor desempenho.

Assim, para que a aprendizagem de fato ocorra, pela importância que tem a emoção na cognição, é necessário que se crie à volta das situações ou desafios um clima de segurança, de cuidado e conforto. O cérebro do ser "aprendente" (criança) necessita de segurança do cérebro do ser "ensinante" (aquele que transmite) para assumir riscos, incluindo os de cometer erros e de engendrar inadaptações às tarefas ou aos problemas propostos. Somente em um clima de segurança afetiva que o cérebro humano, em condições normais, funciona em sua plenitude, permitindo que a emoção abra caminho à cognição. Em contrapartida, em um clima de ameaça, opressão, humilhação ou desvalorização, certas etapas do funcionamento cerebral são bloqueadas, interferindo no processo de aprendizagem significativa.

Em suma, as emoções precisam fazer parte das experiências de aprendizagem de qualquer criança, pois a sua integração afetiva e eficiente só opera em harmonia quando a emoção e cognição estão em perfeita sintonia e é extamente por isso que o cérebro precisa se emocionar para aprender.

O exercício desta prática é resultado de uma corrente da neurodidática, um conjunto de conhecimentos que traz a investigação científica e relaciona neurociência e processos de aprendizagem.

Uma neurodidática eficiente compreende quatro pilares:

1. *Plasticidade cerebral*: novos estímulos abrem caminhos e atalhos para a habilidade (tarefa) se tornar um hábito e, desta forma, gerar competência, sendo automatizado.
2. *Neurônios-espelhos*: este grupo de células nervosas do nosso cérebro se ativa quando observamos como outras pessoas realizam alguma ação (função visomotora). Além disso, nos possibilita imitar comportamentos e também entender o que acontece com as pessoas com as quais nos relacionamos (empatia).
3. *Emoções*: qualquer aprendizagem vinculada às emoções será sempre mais produtiva. Percebe-se e identifica-se que a novidade, a surpresa, a curiosidade e a criatividade alimentam as emoções e facilitam uma aprendizagem mais duradoura e de melhor qualidade.
4. *Estímulos multissensoriais*: o cérebro aprende melhor quando estimulado pelos cinco sentidos, ou seja, que a via de recepção da informação não seja somente explorada por um ou dois sentidos (visão e audição), mas por todos, de forma multissensorial.

Com este cenário, emerge o entendimento da existência da inteligência emocional e, assim, a necessidade do desenvolvimento de uma educação socioemocional, uma vez que se faz necessário demonstrar uma correlação direta entre ambas as inteligências (emocional e cognitiva), verificando-se uma aprendizagem significativa.

A educação socioemocional é o processo formativo que considera o desenvolvimento dos aspectos sociais e emocionais dos alunos. Alinhada à concepção de educação integral, o tema passou a fazer parte do currículo obrigatório nacional por meio da Base Nacional Comum Curricular (BNCC).

Trata-se de uma perspectiva que promove de maneira intencional o trabalho com a inteligência emocional e as chamadas competências socioemocionais. Essa abordagem deve acontecer dentro do contexto das instituições de ensino, sendo necessária, para isso, uma adequação do currículo escolar.

Dessa maneira, ao logo de todas as etapas da Educação Básica, a formação de atitudes e valores deve caminhar de maneira sinérgica ao desenvolvimento das aptidões cognitivas.

Implementar a educação socioemocional dentro de uma escola é incorporar o trabalho com as habilidades e competências em todas as práticas e rotinas de sala de aula por meio de metodologias de ensino que tragam essa perspectiva através de projetos colaborativos. Para isso, é preciso investir em atividades que ressignifiquem a tradicional postura passiva do aluno e encoraje-o a efetivamente se tornar protagonista do seu processo de aprendizagem.

Essas novas situações de aprendizado devem estimular a comunicação, a criatividade e o pensamento crítico, lembrando que é fundamental superar qualquer ideia de fragmentação entre cognição e emoção.

Programas educacionais com foco no desenvolvimento de competências socioemocionais bem-planejados nos primeiros anos de vida têm impacto positivo no desenvolvimento infantil, assim como no sucesso da vida educacional de crianças, além de se caracterizar como um retorno certo e efetivo de investimento econômico e social.

Então, como podemos desenvolver um programa de educação socioemocional efetivo na primeira infância?

- **Utilize experiências artísticas:** algumas ideias de atividades são o autorretrato, o desenho para expressar os sentimentos, bem como o uso de músicas e peças de teatro que falem sobre essa temática. São muitas as alternativas que podem ser exploradas para trabalhar as emoções com sensibilidade. A dica aqui é ter clareza em relação ao objetivo de cada experiência proposta.
- **Aposte nas atividades lúdicas:** as crianças aprendem brincando. Desse modo, apresentar livros, filmes, brincadeiras e outros elementos que trabalhem com personagens ajuda bastante a incentivar as habilidades dos estudantes. Com isso, é possível extrair ainda mais do potencial dos elementos lúdicos para o desenvolvimento socioemocional.
- **Conte com projetos de autoconhecimento:** na infância, é fundamental que a criança aprenda a cuidar de si em momentos como na alimentação, na higiene e nas tarefas diárias, pois é o período em que ela aprende a se distinguir dos demais. A sugestão é que, além das atividades mais gerais, tenha-se iniciativas específicas para o autoconhecimento. Jogos, oficinas, projetos e outras atividades focadas nessa habilidade são excelentes para estimular as competências socioemocionais. Espelhos também são bons aliados para que a criança perceba seu corpo, os movimentos e as expressões.
- **Promova a convivência entre as crianças:** a escola, na maioria das vezes, é a primeira experiência social da criança fora do meio familiar. Assim, ela

assume um importante papel na sociabilidade. As experiências coletivas em um ambiente que promova uma cultura de empatia e acolhimento são benéficas para a criança, ajudando no desenvolvimento do senso de pertencimento, da cooperação e do respeito às diferenças.
- **Estabeleça uma parceria com a família:** a aproximação entre escola e família é primordial para o sucesso no desenvolvimento individual e social da criança, pois é dessa forma que as aprendizagens serão consolidadas. A partir dessa parceria, é possível pensar em recursos pedagógicos que façam mais sentido para a comunidade escolar envolvida.

Diante desse contexto é necessário repensar o processo de ensino-aprendizagem, de forma que se articulem projetos/programas educaicionais que, promovam uma educação socioemocional de qualidade e consistente, possibilitando a capacitação de educadores de modo a vivenciarem a realização deste propósito com competência, demonstrando um trabalho de excelência que realmente faça a diferença, produzindo resultados em relação a uma aprendizagem significativa.

Ao pontuar a importância do desenvolvimento da inteligência emocional para uma aprendizagem significativa defende-se a valorização de um programa de educação socioemocional dentro das escolas. Os educadores (pais, responsáveis e professores) têm de proporcionar mais e melhores condições de aprendizagem, se efetivamente, os objetivos se compatibilizarem mais com o desenvolvimento cognitivo e emocional dos alunos e se preocuparem mais com os seus níveis de satisfação com e para a vida.

Ao estimular a inteligência emocional dentro da escola para potencializar a aprendizagem, as crianças e adolescentes consequentemente tornam-se mais seguros, autônomos, menos ansiosos e motivados para enfrentar os desafios que uma vida em sociedade exige. Constatou-se que esta concepção ficou comprometida durante o período de pandemia e, neste sentido, entender a importância de se investir nesta ideia é minimizar os possíveis impactos negativos de uma geração futura.

Diante disso, reconhece-se a importância do desenvolvimento da inteligência emocional no ambiente escolar para impulsionar a aprendizagem. Entretanto é necessário, porém, avançar no conhecimento desta área, de forma que estudos futuros possam trazer novas contribuições, inclusive dos impactos emocionais para a aprendizagem no mundo pós-pandemia.

Referências

ANGELOU, M. *Poesia completa*. São Paulo: Astral Cultural, 2020.

GOLEMAN, D. *Inteligência emocional.* São Paulo: Objetiva, 1996.

11

A CRIANÇA, SUAS EMOÇÕES E APRENDIZAGEM

Neste capítulo, vocês encontrarão um texto sobre a importância da brincadeira no desenvolvimento infantil, no desenvolvimento das emoções e para a preparação para a vida adulta.

FERNANDA MARINHO PINTO

Fernanda Marinho Pinto

Contatos
fernandaapsicopedagoga@gmail.com
Instagram: @fernandapsicopedagogia

Pedagoga graduada pela FAFIMA (2006), com pós-graduação em Psicopedagogia Clínica e Institucional (Faculdade de Filosofia, Ciências e Letras), pós-graduanda em Neurociência aplicada à aprendizagem pela FAVENI DOM ALBERTO. Professora de ensino fundamental 1º segmento, atuante da Sala de Apoio Pedagógico Especializado do município de Macaé/RJ.

> *A infância é o tempo de maior criatividade na vida de um ser humano.*
> JEAN PIAGET

Aprendizagem significativa é algo que todos os pais e professores desejam para suas crianças.

O bebê inicia seu processo de conhecimento através das sensações, observação e experimentação do mundo ao seu redor. Tudo o que ele observa, sente e vivencia lhe possibilita aprendizagem, ele vai percebendo o mundo à sua volta, vivenciando situações, experimentando, e toda essa experiência influenciará na evolução do seu crescimento. Jean William Fritz Piaget, nascido em Neuchâtel, Suíça 9 de agosto de 1896 morreu em 16 de setembro de 1980, e foi biólogo, psicólogo e epistemólogo. Considerado um dos mais importantes pensadores do século XX, desenvolveu uma teoria que se aplica ao desenvolvimento da inteligência humana à medida que amadurecem, da infância a vida adulta. Piaget conclui que o intelecto não está separado do funcionamento do organismo. Ele classificou em quatro as etapas do desenvolvimento, comprovando que os seres humanos vivenciam estágios de desenvolvimento, podendo haver variações de acordo com a natureza biológica e o meio no qual o indivíduo está inserido. Para entendermos um pouco mais sobre a evolução do sujeito/criança farei um breve resumo a seguir.

Estágios de desenvolvimento intelectual

1. Sensório-motor, período de 0 a 2 anos (aproximadamente)

Estágio dos reflexos ou mecanismos hereditários, das primeiras tendências instintivas e das primeiras emoções. Representa a conquista, através da percepção e dos movimentos, de todo o universo prático que cerca a criança.

Esse período divide-se em três estágios: o dos reflexos, o da organização das percepções e hábitos, e o da inteligência sensório motora propriamente dita.

Estágio da percepção: a criança começa a sorrir (por volta de 5 semanas) e reconhece as pessoas. Por volta dos 4 meses e meio, o lactente começa a pegar o que vê, para desenvolver a capacidade de preensão, depois a manipulação aumenta o poder de formar hábitos.

A inteligência sensório-motora aparece antes da linguagem, mas é uma inteligência totalmente prática, que se refere à manipulação de objetos, percepções e movimentos organizados em "esquemas de ação". Exemplo: a criança levantar um pano para pegar um objeto que esteja embaixo dele.

2. Pré-operacional, período de 2 a 7 anos (aproximadamente)

Estágio da inteligência intuitiva dos sentimentos individuais espontâneos e das relações sociais de submissão inconsciente, intelectual e afetiva devido à coação exercida pelo adulto.

Algumas características desta fase:

- Jogo simbólico ou de imitação e imaginação: a função do jogo simbólico é satisfazer o eu por meio de uma transformação do real em função dos desejos (ameniza suas ansiedades). Exemplo: brincar de comidinha.
- Pensamento intuitivo: a criança não consegue explicar tudo, então, inventa explicações; fase das perguntas.

3. Estágio das operações concretas, período de 7 a 12 anos (aproximadamente)

Início da lógica e dos sentimentos morais e sociais e de cooperação.

Concentração individual quando o sujeito trabalha sozinho.

A criança torna-se capaz de cooperar porque não confunde seu próprio ponto de vista com o dos outros.

A criança já repete regras de jogos.

O essencial é que a criança se torne suscetível a um começo de reflexão, início da construção lógica.

4. Operacional formal, a partir dos 12 anos (aproximadamente)

Operações intelectuais abstratas.

Período de formação da personalidade e da inserção afetiva e intelectual na sociedade dos adultos, período da adolescência.

Estágio do pensamento formal

O conhecimento dessas fases colabora para sabermos estimular/conduzir a criança de forma a aproveitar a predisposição de cada fase da criança para que ela se desenvolva por completo e satisfatoriamente.

Aprendizagem "é um processo que possibilita o sujeito resolver situações novas" (PIAGET).

O processo de aprendizagem é a aproximação do sujeito ao objeto de estudo e, através dele, pode modificar o seu comportamento.

A criança aprende a "resolver" questões através da sua observação do mundo ao seu redor e da reprodução do observado.

A aprendizagem:

- produz no indivíduo mudanças duradouras;
- é transferível para outras situações;
- é consequência direta da prática realizada;
- produz mudança no comportamento.

O ser humano nasce potencialmente inclinado a aprender, necessitando de estímulos externos e internos (motivação, necessidade) para o aprendizado. Há aprendizados que podem ser considerados natos, como aprender a falar, a andar, necessitando que tal ato passe pelo processo de maturação física, psicológica e social. Na maioria dos casos, a aprendizagem se dá no meio social e temporal em que o indivíduo convive; sua conduta muda, normalmente, por esses fatores, e por predisposições genéticas.

A aprendizagem é um processo dinâmico, que, como o termo já diz, ocorre na dinâmica da vida e da educação institucional, ou seja, escolar.

Emoções

Para que ocorra uma aprendizagem significativa, é importante lidar com as emoções do aprendente. Para ensinar, é preciso conhecer o sujeito e suas emoções, compreender que o ser humano é ser sistemático, é corpo, mente, energia e sentimentos, e esse sistema está envolvido diretamente com a aprendizagem.

> *Educação é tudo aquilo que nos organiza, nos prepara, que nos leve a intervir no mundo, a mexer na nossa sociedade.*
> CORTELLA

A fase da infância proporciona um aprendizado que será levado para toda a vida do sujeito. É no brincar que a criança experimenta, imagina, fantasia, aprende estratégias que serão utilizadas na vida adulta em diversas situações e desafios. Atender às necessidades emocionais, sociais e físicas da criança é crucial, é vital para o sucesso em sua formação enquanto sujeito e em sua formação acadêmica.

É direito da criança ser criança, brincar, pois a brincadeira colabora para a consolidação das estruturas neurais; a brincadeira tem um papel importante na maturação de áreas ligadas a competências e conjunto de habilidades da criança.

A neurociência já mostrou que o brincar tem papel essencial em vários processos cerebrais; ao proporcionar muitas e variadas experiências, provocaria a formação e consolidação de importantes circuitos neurais, tornando interligadas áreas do cérebro relacionadas a distintas competências ou conjuntos de habilidades (CHEDID, ano?).

O brincar é livre, dessa forma, não é necessário sempre haver direcionamento pedagógico. É neste momento que a criança, livremente, está no seu mundo da fantasia, ela mesma busca estratégias e soluções para os problemas.

> *Brincar é um treino para a vida – imaginar algumas situações e vivê-las de modo fantasioso é uma preparação para enfrentar desafios.*
> CHEDID

A criança vai formando seu senso crítico, sua percepção e, principalmente, amadurecendo seus sentidos. Desta forma, sua reação diante das situações pode ser diversa, vai do rir ao chorar, gritar. Ela não compreende o que está sentindo, assim, não conhece ainda a melhor forma de expor seus sentimentos.

A infância é o ensaio para a vida adulta

Para uma educação para um futuro tecnológico, devemos permitir que a criança seja questionadora, compreender que cada criança tem sua sensibilidade para o mundo, permitindo que desenvolvam em sua particularidade sua essência como sujeito de um mundo que a cada dia pede habilidades como ser flexíveis, interação social, habilidades emocionais para enfrentar a dinâmica de um mundo cada vez mais tecnológico e mutável.

A criança é de natureza da emoção, é preciso elevar a autoestima dela. Ela precisa saber que é amada, reconhecida, pois, do contrário, pode se retrair; ao invés de brotar, pode murchar...

Se a criança tem algum transtorno/dificuldade de aprendizagem, é direito dela o devido tratamento. É necessário que a família, junto com a escola, ofereça o que ela precisa. Ela tem direito ao acesso ao ensino.

Quando a criança recebe tratamento adequado é mais feliz, sente-se sujeito.

As emoções norteiam as relações adultas e com nossos filhos não é diferente. É preciso conhecimento, compreensão, entendimento sobre isso. Trabalhar as emoções desde cedo com as crianças irá torná-las mais seguras e proporcionar desenvolvimento de inteligência emocional, o que promoverá habilidades sociais e profissionais para encarar a vida adulta.

Quando gritamos com uma criança, por exemplo, o cérebro dela recebe sinais de perigo, causando insegurança e ela se sente ameaçada, se sente com medo, o que acelera os batimentos do coração Com o sentimento "medo", o organismo se "prepara" para uma "fuga". Dessa forma, registra emoções negativas, causando estresse, angústia e ansiedade. Tudo isso impede o desenvolvimento cognitivo saudável, atrapalhando a aprendizagem. Para ser um sujeito adulto saudável, é necessária uma infância saudável.

> *Se as necessidades emocionais, sociais e físicas forem ignoradas, não há excelência acadêmica.*
> DIAMOND

Responsabilidade afetiva dos cuidadores

Todo ser precisa ter atendidas as suas necessidades sociais, físicas e emocionais para um desenvolvimento saudável e aprendizagem acadêmica.

Referências

ASSENCIO-FERREIRA, V. J. *O que todo professor de ensino fundamental precisa saber sobre neurologia*. São José dos Campos: Pulso, 2004.

LEIBIG, S. (ORG.). *Neuroeducação para educadores e fundamentos*. São Paulo: All Print Editora, 2010.

MOREIRA, M. A. *Teorias de Aprendizagens*. São Paulo, 1995.

PALANGANA, I. C. *Desenvolvimento e aprendizagem em Piaget e Vigotski: a relevância do social*. São Paulo: Summus Editorial, 2015.

12

ESCOLA OU BABÁ? E AGORA, O QUE ESCOLHER?

Neste capítulo, os pais encontrarão vivências e relatos reais de outros pais sobre suas experiências com babás, de como foi o processo de busca pela "escola perfeita" e como enfrentaram o terrível medo da adaptação.

FLAVIA NASCIMENTO CAETANO

Flavia Nascimento Caetano

Contatos
flaviacpsico@hotmail.com
Instagram: @flaviacaetanopsico
Facebook: Flavia Caetano
61 99851 1805

Graduada em pedagogia pela Falbe – Faculdade Albert Einstein, com pós-graduação em psicopedagogia e pós-graduada em Educação Inclusiva (2019). Especialista em desenvolvimento infantil, orientada por Fatima Pacheco, entusiasta da Disciplina Positiva.

E chega aquele fatídico momento em que vários pais já se perguntaram: "E agora, uma babá ou uma escola?" Bom, eu sou daquelas que adora uma lista de prós X contras, então, com certeza uma lista seria a primeira coisa que eu iria fazer.

Quero te passar a visão das duas possibilidades, mas bem dentro da realidade e sem muitos rodeios (desculpa, não sou muito boa nisso), gosto de ser bem sincera com os pais dos meus alunos e dos meus pacientes, mas de maneira afetuosa. Muitas pessoas pintam a maternidade de uma forma linda e, de fato, ela é! Mas, às vezes, ela também é dolorosa, cheia de dúvidas e culpas, e isso ninguém te fala, você acaba descobrindo da pior maneira, sozinha...

A escolha da babá (cuidadora)

Vamos pensar de forma prática e racional: será uma pessoa que terá acesso à sua casa e provavelmente ficará mais tempo com seu filho do que você.

Você será aquela entrevistadora chata, da empresa mais difícil de se trabalhar. Irá pedir, no mínimo, três referências. Normalmente, quando se trata de babá, pedimos indicação de alguém que conhecemos.

Depois de várias entrevistas, conversas, pensar, pensar e pensar, vocês chegam à conclusão e decidem por uma pessoa.

Algumas famílias optam por colocar sistema de câmeras dentro de casa. Acho justo, no mundo em que estamos vivendo, está cada vez mais difícil confiar nas pessoas, infelizmente.

Vamos pensar que, no geral, a babá não ficará apenas por conta do bebê, mas também por conta dos afazeres da casa e isso demanda tempo! Então, ela estará dividida entre os cuidados com o bebê e os afazeres da casa.

Não sei como é a rotina da sua família, mas o ideal é que, mesmo sendo um bebê, ele tenha uma rotina para ser seguida. Até porque, a cada mês, a criança precisa de um tempo X de sono e uma quantidade de estímulos para que se desenvolva. Entenda que não estou dizendo que sua babá não irá fazer isso, porém ela terá outras demandas com as atividades da casa. Mas não tenho dúvidas do amor de que ela sentirá pela sua criança!

Porém, em alguns momentos, o desenvolvimento da criança não ocorre como deveria. Pelo excesso de cuidado, muitas vezes a fala começa tardiamente, pois, antes de pedir, a cuidadora já faz por ela e a criança não desenvolve a autonomia como deveria, pois a cuidadora está sempre à frente, fazendo tudo pela criança. Esse excesso de zelo e cuidado faz com que processos importantes do desenvolvimento sejam quebrados.

A escolha da escola

Quando me perguntam: "Qual é a melhor escola?" Sempre digo que é aquela que se adequa melhor à rotina da família e aquela que tem um ensino no qual você acredita e confia. O que funciona para o meu filho pode não funcionar para o seu.

Esse processo de escolher a escola também leva tempo e demanda paciência, pois hoje existem várias linhas de ensino, principalmente na educação infantil, que é considerada tão importante quanto a faculdade. Vamos pensar que, nos anos iniciais da vida da sua criança, tudo o que ela aprender irá levar para o resto da vida, todo esse processo de aprendizagem influenciará até sua vida adulta, então, essa escolha deve ser, de fato, feita com muito cuidado. Então, o projeto pedagógico e a metodologia de ensino da instituição devem ser analisados com bastante calma nesse processo.

Temos de pensar que a escola e a família devam ter um bom relacionamento e que o ensino que a criança irá receber seja de qualidade, pois será isso que sua criança levará para a vida. Além da formação acadêmica, a escola passa quais tipos de princípios? Sim, essas são coisas que vêm de casa, porém é na escola que acontecem os primeiros conflitos, principalmente para as crianças que são filhos únicos, então, é lá que a criança irá aprender a lidar com situações do dia a dia.

Hoje, no Brasil, existem sete linhas pedagógicas principais. São elas:

Comportamentalista

Como o próprio nome sugere, o foco dela é moldar o comportamento do aluno de acordo com a necessidade da sociedade.

No livro *Tecnologia do Ensino*, de Skinner (1904), a teoria da aprendizagem tem o comportamento como palavra-chave. Para ele, a melhor forma de aprender é por meio da repetição, pois leva à memorização e reprime os comportamentos ruins. Os comportamentos inadequados são punidos e os adequados são recompensados até que se tornem automáticos. Dessa forma, para Skinner, a aprendizagem concentra-se na aquisição de novos comportamentos.

O professor é detentor de todo o conhecimento. O aluno está ali para adquirir o conhecimento.

Construtivista

Essa linha pedagógica entende que o aprendizado se dá em conjunto, ou seja, aluno e professor, em que o professor é o mediador. O planejamento é flexível. A criança aprende através de vivências e experiências, levantando hipóteses e fazendo questionamentos. Nessa metodologia, há o mínimo possível de interferência do professor: ele busca criar situações que estimulem a construção do aprendizado. Nessa proposta, a autonomia e independência da criança são desenvolvidas ativamente desde muito cedo, assim como o senso crítico; a criança tem voz ativa dentro da escola. Essa linha pedagógica é a que mais se assemelha à teoria de Jean Piaget, já que ele não relacionou explicitamente sua teoria à educação, mas vários pesquisadores posteriormente tenham como a teoria pode ser aplicada ao ensino e a aprendizagem. Em sua teoria, ele defende que as crianças aprendem através da exploração (Teoria do Desenvolvimento Cognitivo de Jean Piaget). Em seu livro, *A criança em desenvolvimento*, Helen Bee fala bastante a respeito da terminologia de Piaget.

Democrática

Uma escola democrática, basicamente, é um espaço pedagógico no qual toda a comunidade escolar participa ativamente nas tomadas de decisões para o perfeito funcionamento da escola. Há experiências em comissões desde administração-financeira até limpeza e manutenções fiscais, e experiências que podem parecer mais simples, mas que também são mais complexas em suas aberturas, de decisões sobre a escolha de temas para estudos e a administração do tempo para esses estudos por parte das crianças e jovens.

A escola democrática cria a cultura de participação na tomada de decisões, desenvolvendo cooperação, responsabilidade, autonomia e consciência.

Um dos pilares essenciais são as assembleias, normalmente feitas semanalmente. É discutido tudo que aconteceu, são vistos os resultados, resolvidos os conflitos, feitos os rodízios... tudo se dá ali, nas assembleias. (*Liberdade na Escola* – 1978)

Freiriana

O método de Paulo Freire parte do pressuposto de que a educação é contínua, está sempre em construção.

Ele estimulava a alfabetização dos adultos mediante discussões de suas experiências de vida entre si, trazendo palavras presentes no dia a dia dos alunos, que eram decodificadas para, então, serem lidas e escritas.

O aluno precisa ser ouvido para que o professor saiba sua real necessidade e aí descobrir qual a melhor maneira de ajudá-lo, tornando-o, assim, um agente transformador do mundo. (*Pedagogia do oprimido* – 1968)

Tradicional

Imagino que seja mais conhecida como ensino "conteudista" e tem o professor como centro do ensino e detentor do conhecimento.

Normalmente, o conhecimento se dá por meio de memorização e tudo isso é mensurado em avaliações, sistematizações, trabalhos e atividades.

A disciplina é rígida e o foco é o ingresso na universidade ao término do ensino médio.

Montessoriana

Idealizada pela médica e educadora Maria Montessori, esse método pedagógico visa o desenvolvimento da criança com o mínimo de interferência do adulto. A criança é estimulada a adquirir conhecimento em diferentes graus de dificuldade. O ritmo de aprendizagem de cada criança é respeitado.

Escolas com essa metodologia têm algumas características específicas, como:

- estágios distintos de aprendizagem conforme a vontade e o desenvolvimento da criança;
- acessórios do dia a dia são utilizados no processo de ensino e aprendizagem;
- existem, nas turmas, crianças de diferentes idades;
- a criança é o protagonista;
- currículo multidisciplinar.

Waldorf

Talvez a mais "diferentona" de todas, a pedagogia Waldorf é um método de ensino mais alternativo.

Nele, as crianças estudam por ciclos de 7 anos (0-7, 7-14, 14-21), e têm um único "tutor", que servirá de referência e onde os laços afetivos serão estreitados. A alfabetização não ocorre antes dos 7 anos.

A pedagogia Waldorf tem uma visão antropológica e, no primeiro ciclo de 7 anos, desenvolve uma base emocional sólida para depois ir consolidando as outras necessárias para o desenvolvimento da criança.

Eles usam muito brincadeiras livres, experiências motoras e sensoriais a partir do contato com a natureza, as artes e o talento de cada criança como ser único (*Pedagogia Waldorf – Caminho para um ensino mais humano*).

Infelizmente, filhos não vêm com manual de instruções e cabe a nós, pais, essa difícil tarefa de tentar encontrar o que acreditamos ser o melhor ensino. Ainda bem que hoje podemos contar com vários profissionais para esclarecer nossas dúvidas e usar a internet a nosso favor! O segredo é pesquisar e ver o que mais se encaixa com o que os pais acreditam, com a realidade financeira e o que se encaixa na rotina familiar.

Esse processo, além de cansativo, demanda tempo, medo, incerteza e insegurança. Mas o que deve ter em uma escola? Existe uma extensa lista do que podemos enumerar como essenciais na busca de uma escola ideal, como metodologia, espaço, atividades extracurriculares, se a escola é bilíngue, mas, na minha humilde opinião, o que mais deixa as mães preocupadas é a adaptação, então, irei colocá-la no topo da lista. Todo final de ano, conheço novos pais que estão passando pelo processo da busca pela escola e, no início do ano, pela adaptação. São dois momentos bem distintos e dolorosos, principalmente para as mães, que vivenciam mais de perto esse momento e, como professora, posso acompanhar de perto esse processo. Tive a oportunidade de trazer o relato de algumas mães.

Para a Sabrina Paiva, mãe da Maria Eduarda, de 4 anos, a adaptação não foi um processo tão fácil e natural. "No primeiro momento, meu sentimento foi se eu estaria deixando minha filha em um ambiente seguro e se ela se adaptaria àquela nova realidade. Depois fui vendo que ela estava vindo alegre, com várias novidades, e que havia feito muitos amiguinhos e isso foi me confortando e fazendo com que nossas inseguranças, mesmo que somente internas, fizessem desaparecer." Adaptar ao novo, às rotinas da escola, às separações diárias da família, principalmente em relação à ausência dos pais, é um processo moroso e que necessita de muita compreensão e tempo, mas que, no final, com muita paciência, carinho, dedicação e respeito, a adaptação ocorreu conforme esperado e, ambas, tanto eu, quanto ela, nos sentimos parte da família CIEIC.

Para a Kamilla Veloso, mãe do Davi, de 5 anos: "Confesso que a adaptação foi mais difícil para mim, mãe. Como o colégio tem estrutura incrível de brinquedoteca, ele se adaptou bem, meu maior sentimento foi medo, ele precisar de mim e eu não estar, ele sentir fome, frio, medo, chorar, adoecer e eu não estar por perto."

Outra coisa que chama muito a atenção dos pais é a estrutura que a escola tem a oferecer, que, em geral, conversa com a metodologia aplicada.

Quando começou a procurar uma escola para sua filha, hoje com 7 anos, Angela recebeu a indicação de uma escola bilíngue que ficava na vizinhança e foi visitá-la. "Quando conheci a metodologia da escola, vi que a criança não ficava "presa" em sala de aula, sentada em uma cadeira, que minha filha teria espaço e também vários estímulos, além de apenas ler e escrever, tive a certeza da escolha, nem fui visitar outras escolas que tinha em mente. Para minha pequena, que é muito ativa, foi fundamental essa linha de educação adotada pela escola."

Emanuele Costa de Vasconcelos Espinheira, que tem dois filhos, um de 11 e outra de 4 anos, procura "um ensino que vá além do básico. Que aborde questões sociais e ambientais, que enfatize a inclusão e o respeito à diversidade". Para ela, o indispensável em uma escola é "o respeito pela individualidade de cada aluno; valorizar a proximidade da família com a escola e das crianças com os professores; que a criança não seja apenas um número lá dentro".

A Janaína Alves dos Santos Bezerra da Silva, mãe de duas crianças, um com 8 e outra com 5 anos, acredita que "a escola precisa ver a criança como ser único e especial e dar voz a ele, ensinando respeito, cooperatividade, solidariedade, entre outros valores. E não apenas que o observe como um a mais".

A Luciana Filgueiras Curvelo Maia, mãe de duas crianças, de 10 e 5 anos, visitou apenas uma instituição de ensino e teve a sorte de se identificar. Os filhos dela já ficaram um tempo com babá, porém ela considerou esse período ocioso, já que eles passavam a maior parte do tempo em frente à televisão. "Gostei de lá por causa do espaço físico, proximidade da minha casa e os profissionais me passaram muita segurança. O processo de adaptação foi bem tranquilo, acho que pelo fato de eles já frequentarem creche desde muito pequenos. Porém, eu tive bastante insegurança na adaptação social do meu filho, mas ele se adaptou bem".

Não existe uma receita na hora de escolher a metodologia da escola em que seu filho vai estudar. Quais os brinquedos indispensáveis a escola deve ter para que ele se desenvolva ou quantos metros quadrados são ideais para uma escola "perfeita". Será que existe a escola "perfeita"? A escola perfeita é aquela que seu filho está feliz! Que, na hora de ir embora, pede para ficar mais um pouco. Que mesmo dando aquela choradinha para entrar, você sabe que no decorrer do dia ele ficará bem. Que, mesmo no final de semana, ele pega a mochila para ir à escola, que tem espaço de fala para os alunos. Que os pais têm livre acesso à escola. Que a criança seja respeitada e seja bem-assistida. Que haja diálogo entre escola-pais. Que cada criança respeitada como ser único, dentro do seu processo de desenvolvimento. Criança feliz é aquela que tem o uniforme manchado e volta suja pra casa!

Referências

BEE, H. *A criança em desenvolvimento*. Universidade de Washington. Editora Harper & Row do Brasil Ltda.

FREIRE, P. *Pedagogia do oprimido*. 17. ed. Rio de Janeiro: Paz e Terra, 1987.

LANZ, R. A. *Pedagogia Waldorf: caminho para um ensino mais humano*. 12. ed. São Paulo: Antroposófica, 2016.

NEILL, A. S. *Liberdade na escola (Talking of Summerhill)*. São Paulo: Brasiliense, 2010.

SKINNER, B. F. *Tecnologia do ensino*. Tradução de Rodolpho Azzi. São Paulo: Herder, Ed. da Universidade de São Paulo, 1972.

13

ANSIEDADE INFANTIL
COMO TEM AFETADO AS CRIANÇAS NA PANDEMIA

Neste capítulo, abordaremos a ansiedade infantil no contexto da pandemia, enfatizando as estratégias para lidar com a ansiedade e para promover regulação emocional e resiliência. O objetivo é conscientizar pais e professores sobre a necessidade de validar as emoções para promover saúde mental nas etapas do desenvolvimento das crianças.

**GLÁUCIA CONDE E
SANDRA REIS**

Gláucia Conde

Contatos
glauciaconde@hotmail.com
Instagram: @consultorio.despertar

Psicóloga graduada pela Ulbra (2002), com especialização em Técnicas Psicoterápicas de Crianças e Adolescentes (Uninorte) e Terapia Cognitivo-comportamental da Criança e Adolescente (InTCC/RS e Proficoncept/Portugal). Especialização em Neuropsicologia (ESP); capacitadora do Programa de Estimulação da Atenção (PEA); T.R.I. Terapia de Reciclagem Infantil. Autora do livro terapêutico *Os Monstrinhos Coragem*.

Sandra Reis

Contatos
sandrah.reispsicologa@gmail.com
Instagram: @sandrareispsicologa

Psicóloga e pedagoga. Mestre em Gestão (FGV/RJ). Psicóloga clínica pelo Conselho Federal de Psicologia; especialista em Terapia Cognitivo-comportamental (Faculdade Martha Falcão/AM); Terapia Cognitivo-comportamental na Infância e Adolescência (InTCC/RS e Proficoncept/Portugal); Psicopatologia Clínica (UNICSUL/SP) e Psicopedagogia (UNESA/RJ). T.R.I. Clínico: Terapia de Regulação Infantil.

Ansiedade é uma reação defensiva comum frente ao perigo ou situação considerada ameaçadora. Faz parte dos mecanismos fisiológicos de respostas do ser humano (CRASKE; BARLOW,1999). Desse modo, é comum na infância a manifestação de ansiedade, medos e preocupações.

No entanto, nos últimos dois anos, o mundo todo vem passado por uma enxurrada de situações ameaçadoras, que deixou e ainda deixa todos em alerta. Um vírus que aterroriza toda a população, gerando um alerta mundial nas pessoas. Todos precisando acionar seus mecanismos de defesa em vários graus de intensidade (ansiedade leve, moderada e severa). Uns lidando de maneira resiliente com as mudanças, enquanto outros acabam desenvolvendo transtornos de ansiedade. Isso ocorre quando a ansiedade atinge um grau tão elevado ao ponto de comprometer o funcionamento da vida da pessoa.

Mesmo pessoas sem sintomas de ansiedade prévios podem desenvolver o transtorno diante de tantas demandas e incertezas. No caso daqueles que já apresentavam transtorno de ansiedade, o quadro tende a agravar. Vale ressaltar que o transtorno de ansiedade está presente nos transtornos de separação, ansiedade generalizada, pânico, estresse pós-traumático e fobias.

Dentro deste contexto, encontram-se as crianças, que percebem e assimilam de forma individualizada toda esta reviravolta que este vírus vem causando. De início houve uma sensação interessante de poder curtir umas férias fora do tempo, aproveitar a presença dos pais em casa, poder receber atenção dos pais com mais frequência, já que muitas crianças ficam em tempo integral na escola. No entanto, no decorrer dos meses, o tédio foi se estabelecendo e, junto dele, a necessidade de retornar à escola, aos amigos, à rotina diária, além do olhar curioso para entender o que estava acontecendo para as pessoas estarem tristes, irritadas e intolerantes.

Ainda que se contextualizasse a situação utilizando uma linguagem acessível para explicar o que estava acontecendo, as crianças não foram poupadas do sofrimento. Algumas tiveram que lidar não somente com a ansiedade, mas também com a tristeza de um luto infantil se fazendo presente nesse contexto, embora este pareça mais brando pelo fato de a criança compreender a morte como algo reversível, temporal, e não como finitude. Essa visão se dá devido ao seu nível de maturidade, inabilidade de abstrair e habilidade de fantasiar. Ainda assim, sentem o sofrimento da ausência. Ausência de um pai, de uma mãe, de um professor querido, do tio, padrinho, avô, avó.

Enfim, cadê todo mundo? Sim! As crianças também sentem vazios e, na maioria das vezes, não expressam de forma compreensiva para os adultos seus sentimentos, já que ainda estão em processo do que podemos chamar de "alfabetização emocional", ou seja, ainda estão aprendendo ou mesmo não sabem identificar o que sentem – assim como também não sabem nomear suas emoções. Torna-se difícil expressar seus sentimentos. E, dessa forma, acabam internalizando ou externalizando sintomas de ansiedade.

Nos sintomas internalizantes, as crianças direcionam o desconforto para dentro delas. Com isso, manifestam:

- Tristeza, choro;
- Lentidão e passividade;
- Distúrbios do sono e do apetite;
- Medos;
- Preocupações frequentes;
- Apego em relação aos adultos;
- Sintomas somáticos (dores de barriga, cabeça, peito etc.).

Os sintomas externalizantes são direcionados para o ambiente e podem causar impacto negativo a este. Assim, manifestam:

- Impulsividade;
- Emoções desreguladas;
- Irritabilidade;
- Dificuldades nas relações pessoais;
- Comportamentos regressivos (enurese, encoprese, onicofagia).

No entanto, quando esses sintomas se tornam frequentes e intensos, chegando a prejudicar a rotina das crianças, passa-se a considerar um transtorno de ansiedade, que se desenvolve por vários caminhos, como afirma Stallard (2010), envolvendo uma interação de fatores biológicos, ambientais e individuais.

Algumas crianças possuem uma predisposição genética para desenvolver o transtorno de ansiedade, mas isso não é uma situação imprescindível. Vai depender de suas habilidades de enfrentamento para lidar com as adversidades, bem como do suporte familiar que recebe e das demandas do seu meio ambiente.

Sendo assim, compreendemos que sentimentos de medo e apreensão por longo período poderá gerar ansiedade ou até mesmo um transtorno de ansiedade, que poderá criar impacto significativo na trajetória do desenvolvimento da criança, interferindo no processo de aprendizagem, nas relações familiares e com seus pares considerando-se que a "ansiedade é um sentimento vago e desagradável de medo, apreensão, caracterizado por tensão ou desconforto derivado de antecipação de perigo, de algo desconhecido ou estranho" (CASTILLO *et al.*, 2000).

De repente, tudo ficou estranho. Todo mundo tendo de usar máscaras para se proteger do inimigo invisível. O mundo se tornou um lugar ameaçador, onde somente em casa estaríamos todos protegidos. Aulas e tarefas on-line, dificuldade de concentração, videogames, séries, desenhos, tudo ficou virtual. E, assim, as crianças passaram a ter mais acesso à tela. Sabemos que isso pode gerar dependência tecnológica, acesso a conteúdos inapropriados para a faixa etária, *cyberbullying* e desinteresse em atividades mais saudáveis.

As famílias precisaram se adequar neste novo panorama, e muitos pais permitiram deixar seus filhos mais tempo nas telas eletrônicas, já que se tornava mais prático para aqueles que precisavam trabalhar em home office, além de estarem passando por vários desafios e um turbilhão de emoções – perdas, ansiedade, medo, desemprego, brigas conjugais.

Diante deste cenário, surge um ambiente propício para a ansiedade se instalar. De acordo com Stallard (2010), uma das influências ambientais mais importantes para as crianças é a família, pois fornece um contexto dentro do qual o comportamento ansioso pode ser modelado e reforçado. Assim, é natural nos depararmos com um grande quadro de ansiedade no ambiente familiar dessas crianças, e o modo como as crianças absorvem todo o contexto acarreta nelas comportamentos ansiosos. Para este autor, mães ansiosas tendem a certa catastrofização e transmitem um sentimento de falta de controle (MOORE *et.al*, 2004 *apud* STALLARD, 2010), gerando, assim, uma percepção de que o mundo é um lugar perigoso.

A presença de ansiedade nos pais tem sido apontada como preditor do transtorno de ansiedade nos filhos. Estilos parentais de superproteção e controle demasiado estão associados a baixa autoeficácia em crianças, fator diretamente relacionado aos transtornos de ansiedade (PETERSEN *et al.*, 2010).

Percebe-se nestes últimos tempos na clínica infantil o aumento significativo de queixas relacionadas a sintomas de ansiedade. A ansiedade patológica, muitas vezes, se desenvolve na infância e, sem o tratamento adequado, pode persistir e ainda se agravar na idade adulta (COSTELLO; EGGER; AGNOLD, 2005).

Podemos afirmar que há a necessidade de cuidar dos sintomas de ansiedade logo que estes se manifestam. Para isso, é importante os pais ficarem atentos aos sintomas e sinais, bem como as escolas precisam estar com professores capacitados e que possam detectar essa demanda e encaminhar para um atendimento específico. Ao retornarem às aulas, as crianças poderão manifestar esses comportamentos na escola; os que geralmente chamam mais atenção são os sintomas externalizantes, por causar um incômodo no ambiente, havendo, assim, a necessidade de compreender o que está acontecendo com essas crianças, e buscar propiciar um ambiente acolhedor de suas emoções.

Vale ainda salientar que por trás de um comportamento agressivo pode estar a ansiedade camuflada, compreendendo que muitas vezes não se trata de um comportamento indisciplinar, mas de uma forma externalizante de expor a sua ansiedade.

Sendo assim, nossas crianças precisam de um suporte para que o desenvolvimento do aprendizado, bem como as interações sociais, se desenvolvam de forma plena, principalmente nestes últimos tempos com o impacto da pandemia. Várias escolas já possuem em seus planejamentos, estratégias de desenvolver as habilidades socioemocionais de seus alunos, o que é bastante interessante como um fator de prevenção de ansiedade patológica.

No entanto, quando os sintomas de ansiedade estão instalados de forma frequente e intensa, é necessário encaminhamento para o psicólogo ou psiquiatra infantil para avaliar e iniciar um tratamento adequado para cada situação. Diante de um cenário de incertezas, no qual todos são impactados, pais, professores e crianças, o profissional da saúde se faz muito importante durante e pós-pandemia (VASCONCELOS *et al.*, 2020).

Alguns pais também necessitam de suporte profissional para lidar com seus filhos que manifestam o quadro de ansiedade. Os pais são o modelo e suporte para os filhos. Devem observar seus próprios sentimentos e reações, pois o que demonstram impacta diretamente nas emoções e comportamento das crianças. Veja a seguir algumas orientações para os pais no atual contexto de pandemia:

Orientação aos pais

- Converse de forma clara sobre a situação atual (pandemia).
- Utilize uma linguagem acessível para a idade da criança.
- Deixe a criança à vontade para fazer perguntas.

- Não é necessário passar muitas informações, responda apenas o que for perguntado pela criança.
- Valide as emoções da criança, demonstrando empatia.
- Demonstre que compreende seus sentimentos.
- Explique que está tudo bem sentir ansiedade diante de situações incertas.
- Mostre que existem maneiras eficazes de enfrentar o problema (vírus da Covid-19: lavar as mãos, usar máscaras, usar álcool em gel e vacinação).

No que se refere aos tratamentos psicológicos, a abordagem cognitivo-comportamental é considerada por vários estudiosos a mais eficaz para este quadro clínico. De acordo com Friedberg e McClure (2001, p. 173): "O foco do tratamento acalma os sintomas angustiantes, ensinando habilidades de enfrentamento."

Diante dos quadros ansiosos, ações de intervenção e medidas preventivas em saúde mental se mostram imprescindíveis. Segue alguns exemplos de estratégias de enfrentamento que podem acalmar e minimizar a ansiedade em crianças, bem como regular as emoções, buscando, assim, desenvolver resiliência.

Estratégias de enfrentamento para crianças

- **Técnicas de relaxamento:** "A escolha de um lugar seguro". Ensina a criança a criar na mente um lugar tranquilo e seguro, onde se sinta em paz e harmonia.
- **Técnica da flor/vela:** pegar uma flor e uma vela de aniversário e fingir que está cheirando a flor, expirando o ar pelas narinas, e depois fingir que apaga a velinha, soprando. Inspirar pela boca devagar, repetindo várias vezes até se acalmar.
- **Técnica da tartaruga:** fingir ser uma tartaruga puxando a cabeça para dentro da carapaça.
- **Técnica da bexiga:** deitada em um lugar confortável, peça para a criança imaginar que dentro da sua barriga há uma bexiga e que ela vai enchê-la pela inspiração lenta pelo nariz, e, depois, lentamente esvaziá-la pela expiração, utilizando a boca. Repetir 5 vezes.
- *Mindfulness* **(atenção plena):** um pedaço de chocolate na boca (não morder). Deixar derreter suavemente, presentificando a sensação que causa.
- **Relaxamentos com imagens mentais:** técnica "Meu lugar seguro". Pense em um lugar especial que considera repousante. Pode ser um lugar onde esteve ou imaginário. Imagine a cena tão real quanto puder e pense sobre o cheiro, o clima e cada detalhe do lugar.
- **Atividade "Boliche das emoções":** tem o objetivo de nomear as emoções. Colocar carinhas das emoções nos boliches. A criança precisa nomear e falar de uma situação específica que vivenciou ao derrubar a garrafinha do boliche com a carinha da emoção.

A regulação emocional

A variação das emoções é uma constante na vida humana. A necessidade de autorregulação também deve fazer parte dela. A regulação emocional é a resposta que damos aos acontecimentos internos e externos. Conhecer e saber lidar com as emoções conecta o indivíduo às suas potencialidades e fraquezas. Através do exercício do autoconhecimento, podemos desenvolver a capacidade de se recuperar de eventos estressantes – o que definimos como resiliência. Dessa forma, regulação emocional e resiliência apresentam uma relação significativa, pois à medida que há a regulação das emoções a resiliência aumenta, diminuindo, assim, as chances de desenvolver problemas emocionais.

Eisenberg e Spirand (2004, p. 276) afirmam que "caso a criança não aprenda habilidades para regular suas emoções, isso pode ser considerado um fator de risco para o desenvolvimento de ansiedade". No entanto, trabalhar as habilidades socioemocionais pode ser fator de proteção.

A regulação emocional é importante para a saúde mental. As emoções se regulam quando somos capazes de sentir todas elas, mas sempre voltamos ao porto seguro chamado bem-estar (CAMINHA; CAMINHA, 2018). Sendo assim, a regulação das emoções é extremamente importante para o bem-estar, corroborando com Leahy *et al.* (2013, p. 20), que a comparam com um termostato homeostático capaz de regular as emoções e mantê-las em "nível controlável" para que se possa lidar com elas e isso inclui as estratégias de enfrentamento.

O tratamento da ansiedade na infância é basicamente desenvolver habilidades para o enfrentamento, desenvolver estratégias para acalmar os sintomas e diminuir os fatores de risco.

Considerações finais

Concluímos o capítulo com as seguintes reflexões: com o advento da pandemia, há uma urgência em implementar políticas públicas que possam intervir na saúde mental das crianças, pois sabemos que sempre foi necessário um olhar cuidadoso nessa fase tão importante da vida. Porém, nos últimos tempos, essa urgência se faz muito necessária, considerando que muito ainda pode ser feito para prevenir adoecimentos em nossas crianças. Vale lembrar ainda que os estudos afirmam que crianças que não forem cuidadas na infância podem comprometer todo o seu desenvolvimento no futuro, gerando adultos com transtorno de ansiedade. A infância precisa ser levada a sério.

Precisamos buscar entender as necessidades das crianças, não ignorar seus sentimentos. Contudo, é importante também que os adultos trabalhem as suas emoções, já que o mundo todo está precisando de cuidados e um olhar especial e atencioso para com nossas crianças, para que sejam adultos com maior capacidade de resiliência e com saúde mental.

Referências

ASSIS, S. et al. *Ansiedade em crianças: um olhar sobre transtornos de ansiedade e violência na infância*. Rio de Janeiro: Fiocruz/Ensp/Claves/CNPq, 2007.

CAMINHA, R.; CAMINHA, M. *Emocionário*. Novo Hamburgo: Sinopsys, 2018.

LEAHY, R. et al. *Regulação emocional em psicoterapia: um guia para o terapeuta cognitivo-comportamental*. Porto Alegre: Artmed, 2013.

McCLURE, J.; FRIEDBERG, R. *A prática clínica de terapia cognitiva com crianças e adolescentes*. Porto Alegre: Artmed, 2001.

PETERSEN, C. S.; WAINER, R.; COLS. *Terapias cognitivo-comportamentais para crianças e adolescentes*. Porto Alegre: Artmed, 2011.

STALLARD, P. *Ansiedade: terapia cognitivo-comportamental para crianças e jovens*. Porto Alegre: Artmed, 2010.

VERZONIA, B. P.; LISBOA, C. *Psicologia clínica: práticas contemporâneas*. São Paulo: Vetor, 2021.

14

O QUE SÃO AS "BIRRAS" E COMO LIDAR COM ELAS

Neste capítulo, os pais e cuidadores poderão encontrar informações a respeito das "birras": o que acontece no cérebro da criança para que elas ocorram, além de estratégias respeitosas e positivas de como lidar com esses momentos que tanto angustiam os adultos. Desmistificar as "birras" nos faz ter outro olhar para as crianças, diferente do que é popularmente pregado em nossa sociedade, podendo, assim, focar em soluções afetuosas e acolhedoras.

ISIS PACHECO

Isis Pacheco

Contatos
isispacheco@hotmail.com
Instagram: @isispacheco.psi
Tik Tok: @isispacheco.psi

Psicóloga clínica graduada pela FMU (2012). Pós-graduada em Psicopedagogia pela Anhembi Morumbi (2017). Especialista em Gestalt Terapia para Crianças e Adolescentes pelo Instituto de Gestalt de São Paulo (2015). Formada em Educação Parental pela PDA, *trainner* Bete Rodrigues (2021). Capacitada em ABA pela Academia do Autismo (2020).

> *Quando as crianças estão tomadas por grandes emoções, nossa função é oferecer calma e não nos juntarmos ao caos delas.*
> L. R. KNOST

Em uma cena muito habitual do cotidiano, vemos um adulto e uma criança pequena em um local público quando, de repente, a criança começa a chorar, gritar, se jogar no chão e bater em quem estiver por perto. Todos param para olhar e os adultos, constrangidos, gritam com a criança de volta ou arrastam-na dali. Quem nunca experienciou essa cena?

Infelizmente, na nossa cultura, crianças, ao apresentarem esse comportamento, são vistas como mal-educadas, sem limites e/ou como manipuladoras dos pais. Estes, por sua vez, são julgados por não terem "pulso firme", por não educarem corretamente seus filhos. E, assim, a educação à custa de gritos e punições, baseada em violência, é perpetuada.

As "birras", por falta de conhecimento sobre o desenvolvimento infantil, são vistas como "frescura", drama, tentativa de controle da criança, "manha" ou desobediência. Se analisarmos, diversos comportamentos esperados da criança são denominados "birras", isto quando ela pode estar com sono, com fome, necessitando de atenção, querendo comunicar algo, frustrada, entre outros. Ao rotular tudo como "birras", vale pensar que estamos tirando a nossa responsabilidade, como adultos, diante desse comportamento infantil.

Além disso, esses rótulos vêm de crenças infundadas pela sociedade, que norteiam, na maioria das vezes, nossas ações, nossa visão e julgamento do outro.

Histórico da infância

Podemos entender de onde vêm essas crenças ao analisar a visão sobre as crianças ao longo da história. Até o século XVII, as crianças eram vistas como adultos em miniatura, não como um humano em uma fase ainda em desenvolvimento. Existia também a visão religiosa, em que as crianças eram consideradas seres impuros, tomados pelo mal e que o papel do adulto era "arrancar" essa maldade de dentro delas.

Com a Revolução Industrial, muitas crianças foram levadas ao ambiente dos adultos, onde tinham de trabalhar por horas sem condições dignas. Para isso, eram obrigadas a obedecer e fazer o que se era exigido delas.

As escolas surgiram nesse mesmo molde, em que o adulto era detentor do saber e as crianças tinham de obedecer e ficar quietas, modelo que vemos até hoje. Pouco se sabia sobre as características do desenvolvimento infantil naquela época. Hoje, com novos estudos da neurociência, podemos entender o porquê das "birras" acontecerem.

O que de fato são as "birras"

As "birras" são um acúmulo de emoções descarregadas por conta de a criança não ter desenvolvido sua maturidade neurológica nem possuir ferramentas de como lidar com elas no momento.

Elas são esperadas dentro do desenvolvimento infantil e nada tem a ver com educação ou limites. Simplesmente a criança não tem controle de suas ações no momento das "birras", principalmente se ela ainda é menor de quatro anos.

Como funciona o cérebro da criança

De acordo com Daniel Siegel (2015), nosso cérebro é dividido pelo andar de cima, onde está localizado nosso córtex pré-frontal, responsável pelas tomadas de decisões, controle das emoções e do corpo, ou seja, é a parte que racionaliza e controla os impulsos. A outra parte é responsável pelo nosso cérebro mais instintivo, do andar de baixo, onde está localizada nossa amígdala, responsável pelas emoções. Esse espaço do cérebro da parte de baixo é o mais instintivo, que reage às situações de perigo, entrando em ação com as reações de luta, fuga ou paralisação.

Nascemos com o nosso cérebro instintivo pronto: ele faz o bebê chorar ao sentir fome, por exemplo. Já nosso córtex pré-frontal só começa a ser formado aos quatro anos e termina sua formação somente aos 25 anos.

Nos momentos das "birras", o cérebro entende aquilo como uma situação de perigo e a amígdala toma conta. Nessa hora, ocorre uma desintegração cerebral, em que só o cérebro de baixo funciona.

O cortisol, que é o hormônio do estresse, é liberado pelo corpo e a adrenalina vai para os membros. As crianças, nesse momento, perdem totalmente o controle dos seus impulsos e do seu corpo. Por conta disso, elas batem, empurram, mordem e se jogam.

Nos adultos, com o cérebro formado, temos momentos em que também perdemos o controle e nosso cérebro instintivo toma conta. Por isso, é exigir demais que uma criança controle suas emoções com o seu cérebro em desenvolvimento.

Como evitar as "birras"

Os momentos de "birras" podem e precisam ser prevenidos ao olharmos para as necessidades básicas da criança, como a fome e o sono. Por exemplo: ao sabermos que a criança está mais cansada em um dia, é necessário evitar de sair muito tarde da noite com ela.

Outro ponto a se olhar são aos estímulos a que a criança estará exposta. Muitas crianças têm mais sensibilidade a barulhos e/ou lugares cheios. É preciso ficar atento a isso; é uma maneira de se evitar momentos de "birras".

As "birras", muitas vezes, são uma comunicação de falta de afeto. Passar um tempo de qualidade com a sua criança, quando possível, pode evitar esses momentos.

As "birras" de acordo com as idades das crianças

Como nosso córtex pré-frontal inicia seu desenvolvimento a partir dos três/quatro anos, as "birras" até essa idade são puramente por imaturidade neurológica. Ao contrário do que se fala popularmente, as crianças não conseguem ter um pensamento abstrato para conseguirem fazer algo para manipular.

Após os quatro anos, com o início da formação do córtex pré-frontal, as crianças começam a entender o funcionamento dos pais. Caso ela perceba que quando age de tal maneira, os pais vão lhe dar algum benefício, ela continua se comportando dessa forma. Mesmo assim, isso não é uma manipulação; a criança maior simplesmente percebe como os seus cuidadores se portam e age de acordo com o padrão de funcionamento.

Mesmo após os quatro anos, episódios de "birras" podem aparecer porque o cérebro racional ainda está muito imaturo. Nosso papel como adulto é ajudá-las a se corregularem emocionalmente, pois as crianças ainda não são capazes de se autorregularem e lidarem com as suas emoções sozinhas.

Como agir nos momentos de "birras"

Cada criança é única, assim como cada relação familiar em que ela está inserida, por isso, não tem uma fórmula pronta. Ninguém melhor do que você para conhecer sua criança e o que melhor funciona com ela. Porém, temos algumas ferramentas que podem ser usadas para auxiliar. Lembramos que nenhum recurso é milagroso e a função deles não é eliminar as "birras", mas ensinar as crianças a lidarem com essas emoções da melhor maneira e, principalmente, ensinar aos adultos como enfrentar esses momentos.

As crianças aprendem pelo exemplo, com a presença dos nossos neurônios-espelhos, que nos fazem imitar o comportamento de outras pessoas. Se você quer que sua criança fique calma, a primeira coisa a fazer é se acalmar. Procure saber quais são seus gatilhos da calma, isto é, as atitudes que te acalmam, como respirar, repetir mantras, contar até dez, beber um copo de água, entre outros, e quais são seus gatilhos da raiva, como as situações que te deixam mais sem paciência e mais a ponto de explodir com a criança. Só poderemos ajudar a criança se nosso cérebro estiver integrado e agirmos com o nosso lado mais racional e menos impulsivo e instintivo.

O ser humano só educa e só aprende na calma, com o cérebro integrado. Se sua criança está em um momento de "birra" e você começa a gritar com ela, ninguém ali ensinará ou estará aprendendo.

Depois de se acalmar, o próximo passo é se conectar com a sua criança. Por exemplo, valide os sentimentos dela: "Eu entendi que você ficou com raiva porque queria comer essa bolacha. Você poderá comê-la assim que terminar o almoço". Notem que, por esse exemplo, o limite foi além de nomeá-lo. É de extrema importância nomear os sentimentos das crianças para que elas se deem conta do que estão sentindo.

Após dado de maneira firme e gentil, respeitando e acolhendo o sentimento da criança e validar os sentimentos dela, conecte-se através do afeto; pergunte se a criança quer um colo ou um abraço para se acalmar. Algumas crianças aceitarão, outras preferem o próprio espaço; para estas, diga que esperará ao lado até ela se acalmar. Lembre-se, nunca deixe a criança sozinha nessas horas porque a mensagem que passa é que ela está sendo abandonada e só será amada quando tiver o comportamento que os pais querem.

Ofereça ferramentas para a criança se acalmar e lidar com o sentimento, como contar até dez, respirar, tomar água, lavar o rosto, cantar uma música, pular ou desenhar.

Com crianças menores de quatro anos, redirecione para outra coisa que ela possa fazer. Crianças maiores, após se acalmarem, você pode dar uma explicação breve do porquê do limite, sempre a acolhendo. Dependendo da situação e da idade da criança, pergunte a ela sugestões de alternativas para o problema.

Sabemos que nem sempre teremos paciência para agir assim; nesses dias, desculpe-se com a criança caso você tenha gritado ou agido de maneira mais agressiva; é importante para a criança saber que também erramos.

Essas ferramentas ajudam a lidar e a diminuir a frequência das "birras", melhorando o relacionamento entre os responsáveis e a criança, trazendo benefícios a longo prazo.

Referências

NELSEN, J. *Disciplina positiva*. 3. ed. Barueri: Manole, 2015.

NELSEN, J.; ERWIN, C.; ANN DUFFY, R. *Disciplina positiva para crianças de 0 a 3 anos*. Barueri: Manole, 2018.

SIEGEL, D. J.; BRYSON, T. P. *O cérebro da criança: 12 estratégias revolucionárias para nutrir a mente em desenvolvimento do seu filho e ajudar a sua família a prosperar*. São Paulo: nVersos, 2015.

SIEGEL, D. J.; BRYSON, T. P. *Disciplina sem drama*. São Paulo: nVersos Editora, 2016.

15

OS PRIMEIROS 1000
DIAS DE VIDA

O desenvolvimento infantil merece atenção especial. Hoje, sabemos a importância de um olhar atencioso e cuidado desde a concepção do bebê até o segundo ano de vida, levando em conta todos os aspectos nele envolvidos.

IZABELLA CAROLINA ESPINA

Izabella Carolina Espina

Contatos
izabella.spina@yahoo.com
Instagram: @grupo.interagir

Psicóloga pelo Centro Universitário Padre Anchieta. Especialista em Análise do Comportamento Aplicada (ABA) ao Transtorno do Espectro Autista e Deficiência Intelectual pelo Child Behavior Institute (2020). Pós-graduanda em Neuropsicologia pelo Instituto de Pós-Graduação e Graduação. É diretora técnica do Grupo Interagir – Avaliação e Intervenção Infantil em Itu, São Paulo, Brasil. Atua clinicamente com avaliação psicológica de distúrbios do neurodesenvolvimento e com intervenção ABA ao Transtorno do Espectro Autista e deficiência intelectual.

Consideramos "os primeiros 1000 dias de vida" o período de aproximadamente 40 semanas de gestação e os primeiros dois anos de vida do indivíduo. Tudo o que acontece nesse período impacta no desenvolvimento deste ser, seja de forma positiva ou negativa.

Quando falamos sobre desenvolvimento infantil e relações familiares, tendemos a pensar nestas relações a partir do momento em que o bebê está nos braços dos pais. No entanto os estudos em neurociência estão se aprofundando cada vez mais e mostram a importância e necessidade de investirmos nos cuidados a partir do momento em que se decide ter um filho.

A decisão de ter um filho

A decisão de ter um filho está relacionada a aspectos sociais e emocionais. Pesquisas revelam que, no Brasil, a taxa de natalidade atual é de 1,72 filhos por mulher, havendo um decréscimo importante quando se avalia a mulher na década de 1960, que expressava uma taxa de 6,06 filhos por mulher.

Estudos apontam que essa diminuição de natalidade está relacionada, principalmente, à mudança do papel da mulher na sociedade e à situação econômica. Mas o que isso tem a ver com os primeiros 1000 dias de vida? Ao longo deste capítulo, serão apresentados os inúmeros aspectos que interagem e interferem no desenvolvimento do bebê. E este tópico refere-se à responsabilidade do casal quanto à decisão de gerar uma nova vida.

Existem diversos métodos contraceptivos para evitar uma gravidez indesejada ou inesperada. Ocorre que, mesmo com esses recursos, há a possibilidade de uma gestação e a forma como esta será recebida impacta em todo o processo de desenvolvimento do bebê. Isso porque todo alimento ingerido pela mãe, estado de saúde física e emocional interagem com a formação deste novo ser.

"Os pais devem priorizar seus filhos", afirmou o pediatra Dr. José Martins Filho em uma de suas palestras. Isso significa que, diante da decisão de ter um filho, esses pais precisam assumir todas as responsabilidades que esses papéis envolvem. Precisam nutrir essa criança com alimentos e afeto.

O desenvolvimento do cérebro

Com 18 dias de gestação, os neurônios e células nervosas já começam a se desenvolver e, na 30ª semana de gestação, o cérebro intraútero já está funcionando. Entendemos, então, que é imprescindível o cuidado da gestante para que este desenvolvimento progressivo do cérebro ocorra de forma saudável.

Estudos apontam que 65% das energias recebidas pelo bebê dentro dos primeiros mil dias são utilizadas para desenvolvimento do cérebro. Apenas 35% vai para o restante do organismo. Logo que o bebê nasce, ele realiza por volta de 2500 sinapses cerebrais, é um número maior do que em qualquer outra fase da vida. É essencial que, nesta fase, os bebês recebam afeto, estimulação das habilidades e que os cuidadores conversem com eles, pois, por volta do final desses mil dias, o bebê passa por um processo denominado poda neuronal. Nesta poda, as sinapses que não foram estabelecidas "morrem", ou seja, os neurônios considerados desnecessários são descartados.

Tudo o que acontece com o bebê nesta fase inicial da vida interfere positiva ou negativamente pelo resto da vida do indivíduo.

Aspectos emocionais

Além de nutrir os indivíduos em desenvolvimento através de uma alimentação saudável (desde a gestação), é preciso que os pais e cuidadores forneçam condições tranquilas para o desenvolvimento deste novo ser. Em relação ao estresse, há a compreensão de que esta sensação é natural do organismo, entretanto, há níveis de estresse que são considerados prejudiciais:

- **Estresse positivo:** relaciona-se a níveis baixos de estresse, por exemplo, quando estamos ensinando a criança a desenvolver tolerância à frustração, dando limites em suas ações. Exemplo: a criança não quer guardar os brinquedos para dormir e os pais auxiliam para que guarde e vá para a cama. A criança poderá chorar e fazer birra, mas os pais compreendem a necessidade de fornecer limite.
- **Estresse tolerável:** está relacionado a situações desagradáveis e um pouco mais difíceis, mas que não há como evitar, por exemplo, quando a criança cai e se machuca. O que define como tolerável é a forma como os cuidadores auxiliam esta criança a passar pelo momento difícil.
- **Estresse tóxico:** considera-se tóxico o estresse vivido de forma frequente e prolongada. Ocorre com crianças que são negligenciadas por seus pais, que não recebem amor e não têm suas necessidades básicas supridas.

É importante salientar que o estresse tóxico tem força para ocasionar a diminuição de neurônios, o que pode interferir negativamente no desenvolvimento cognitivo e até de habilidades sociais.

A partir do que fora exposto neste capítulo, resume-se em tópicos os pontos primordiais que devem ser cuidados para um desenvolvimento saudável:

- Preparação dos pais na decisão de se ter um filho.
- Cuidado da gestante em relação aos aspectos emocionais, nutricionais e físicos desde o momento da concepção.
- Realização de um parto adequado.
- Amamentação – sabe-se que existem casos nos quais não é possível o aleitamento materno, entretanto, mesmo com o uso de mamadeira, no momento em que se está alimentando o bebê deve haver total interação dos cuidadores com a criança.

Referências

1,000 DAYS. *Nutrition in the first 1.000 days – A Foundation for Brain Development and Learning*. Disponível em: <https://thousanddays.org/wp-content/uploads/1000Days-Nutrition_Brief_Brain-Think_Babies_FINAL.pdf>. Acesso em: 30 ago. de 2022.

CENTER ON THE DEVELOPING CHILD AT HARVARD UNIVERSITY. *Three Principles to Improve Out comes for Children and Families*. 2017. Disponível em: <https://46y5eh11fhgw3ve3ytpwxt9r-wpengine.netdna-ssl.com/wp-content/uploads/2017/10/HCDC_3PrinciplesPolicyPractice.pdf>. Acesso em: 09 ago. de 2022.

FILHO, J. M. *A criança terceirizada: Os descaminhos das relações familiares no mundo contemporâneo*. Campinas: Papirus, 2007.

RICHTER, L. *et al.* Early childhood development: an imperative for action and measurement at scale. In: *BMJ Glob Health*. 2019. jun. de 24; 4doi: 10.1136/bmjgh-2018-001302. PMID: 31297254; PMCID: PMC6590994.

WALKER, S. P. *et al.* Child development: risk factors for adverse outcomes in developing countries. In: International Child Development Steering Group. *Lancet*, 2007. Jan 13;369(9556):145-57. doi: 10.1016/S0140-6736(07)60076-2. PMID: 17223478.

16

O BEBÊ NÃO NASCE SOZINHO
CONSTITUIÇÃO E RISCOS PSÍQUICOS À LUZ DAS CONTRIBUIÇÕES PSICANALÍTICAS

Neste capítulo, serão apresentadas algumas contribuições da psicanálise a respeito do nascimento do sujeito psíquico, da importância das primeiras experiências de cuidado no desenvolvimento emocional saudável da criança e alguns sinais importantes de detecção de risco psíquico em crianças em tenra idade.

JÚLIA ZENNI DE C. CAVALHEIRO

Júlia Zenni de C. Cavalheiro

Contatos
juzenni@gmail.com
61 3328 5489

Graduada em Psicologia pelo Centro Universitário de Brasília (2004); especialista em Psicologia Clínica pela Pontifícia Universidade Católica de São Paulo (PUC-SP), 2008; mestre pela Universidade Católica de Brasília (2014); especialização em *Le Psychique Face à La Naissance* pela Université Paris Descartes – Paris 5 – Paris/França (2018); especialização em Intervenção na Automutilação, na Prevenção e Posvenção do Suicídio pelo Instituto Vita Alere-SP (2021). Psicóloga na Secretaria de Saúde do Distrito Federal e supervisora clínica do ambulatório infantil e de adolescentes da Clínica de Saúde Mental – ANANKÊ. Atua em consultório, realizando atendimentos em bebês, crianças, jovens e adultos.

Onde tudo começa

Na roleta genética, meninas chegam em lugar de varões e vice-versa; altos e esbeltos dão lugar a baixos e gordos; cabeludos são carecas; calmos e dóceis podem se revelar chorões inconsoláveis, enfim, é impossível que haja coincidência substancial entre uns e outros. Os filhos vêm para desbancar nosso narcisismo e se recusam a ser o *mini me* esperado. Fazer o luto do bebê sonhado faz parte da experiência de todos os pais em maior ou menor grau e é absolutamente necessário, pois permite o ajuste entre o sonhado e o real e abre espaço para que se conheça quem chegou e para que venhamos nos apaixonar por ele. Estranhar o bebê que chega, em maior ou menor grau, faz com que esta relação possa ser construída de forma inédita, por meio dos cuidados diários [...] Todos os bebês devem ser adotados por alguém, sejam filhos biológicos ou não (IACONELLI, 2019, p. 21-22).

A criança, antes mesmo de falar, é falada. Nesse sentido, quando um bebê nasce, ele já chegou há tempos e nascerá como sujeito em um processo construído entre ele e um Outro. Talvez alguns estejam se perguntando o porquê desse "Outro" com letra maiúscula. A resposta advém das contribuições psicanalíticas, em especial, lacanianas. Jacques Lacan grafou com "O" aquele que, antes mesmo de conhecer o infans, ocupou-se de localizá-lo na história familiar, ofertando significações e os cuidados primários[1] (LACAN, 1995[1956-57]).

Trocando em miúdos, esse Outro seria alguém – de carne e osso, sim! – que se ocupa desse bebê. É necessário frisar que os cuidados com este que acaba de chegar extrapolam a manutenção vital. Trata-se de algo maior do

---

1 Na verdade, Lacan grafa o Outro com A maiúsculo, tendo em vista sua língua de origem (francês) – "Autre/autre". Na tradução, utilizamos Outro/outro, sendo este último para indicar os semelhantes, os "outros personagens" da história que se ocupam desse bebê ou fazem parte de seu ambiente.

que suprir as necessidades básicas. Um bebê se faz na relação com o Outro, não sobrevivendo na ausência deste último.

A criança e a Psicanálise

O bebê humano, enquanto infans, implica não só o não falante, como também um ser que não sabe que tem necessidades e precisa de um outro para realizar essa nomeação.

A mãe[2] é o primeiro Outro, pois é a pessoa que se ocupa do bebê e tem interesse em satisfazer suas necessidades. À medida que o interpreta, ela posiciona o bebê no discurso (e no seu desejo), dando a esta emissão sentido e significado. [...] *a mãe falará com e por este bebê, atribuindo a ele um lugar no espaço dialógico* (MAIA, 2011, p. 222).

> [...] no período inicial com seu bebê, os pais transmitem o campo simbólico ao filho, por meio da construção de suas hipóteses e das respostas que este lhes contempla, supondo o sujeito que descobrem pela especificidade do que ele quer quando chora, quando se mostra desconfortável, do que lhe agrada ou do que lhe faz sorrir (VORCARO; ANTONELLI, 2021, p. 23).

Além da importância desse Outro, desses cuidados e cuidadores primordiais na inscrição de marcas simbólicas e psíquicas no bebê, há que se destacar que este último é alguém nada passivo em toda essa interação.

O bebê é competente! É ele quem orienta o olhar que o vê. Ao se dar a ver, as manifestações desse bebê são reconhecidas, nomeadas e inseridas na trama geracional, do desejo e do investimento. [...] *o bebê precisa de um outro que suponha no seu grito um pedido endereçado* (CATÃO, 2021, p. 75).

Partindo da ideia de que o infans é alguém presente e ativo nesse seu processo de constituição, é possível afirmar que, se por alguma razão algo não vai bem com esse bebê, torna-se imprescindível um olhar mais atento para essa relação entre cuidadores primordiais-bebê.

Quando algo não vai bem: os entraves

Ao considerar o nascimento do bebê em consonância com o nascimento de um sujeito, a psicanálise entende a importância das experiências iniciais,

---

2 Nestes termos, a mãe não diz respeito à genitora, mas qualquer indivíduo que desempenhe junto ao bebê a função de maternagem e cuidados primordiais.

da relação com os cuidadores primordiais, da plasticidade neuronal e do momento frutífero de inscrições psíquicas.

O advir do sujeito está atrelado intimamente com os efeitos dessas primeiras inscrições e detectar o que não vai bem favorece uma intervenção a tempo de mobilizar a estruturação e o desenvolvimento da criança.

Trata-se, assim, de poder identificar e reconhecer sinais patógenos antes que eles possam configurar um quadro psicopatológico.

Assim, intervir com bebês para os quais este engaste ao desejo do Outro não operou ainda, seja por contingências da vida que produziram um desencontro precoce entre ele e a mãe, seja porque o seu real orgânico lhe impõe maiores empecilhos para que se produzam tais inscrições, exige do clínico dar lugar à produção de um salto forte e ao mesmo tempo precisamente delicado para acender entre a mãe e o bebê a fagulha do desejo, ao mesmo tempo em que se dá borda a esse fogo, para que ele aqueça, mas não arrebate (JERUSALINSKY; MELO, 2020, pp. 24-25).

Risco psíquico: alguns sinais e pontos de atenção

Entendendo toda a complexidade da constituição do sujeito, assim como a possibilidade de entraves nesse processo, é possível pensar em alguns pontos de atenção.

Cabe destacar que a ideia não é propor um checklist ou que os pontos a seguir ressaltados sejam tomados como roteiro diagnóstico. Não se trata de critérios patológicos ou sinais psicopatologizantes[3].

É bem verdade que temos disponíveis algumas escalas, protocolos, inventários etc. que podem ser utilizados na avaliação e identificação de sinais de risco em crianças. Entretanto, o foco desse trabalho não é discutir e aprofundar nos instrumentos em si, mas, a partir deles e do conhecimento a respeito do desenvolvimento infantil, poder reconhecer quais sinais estariam envolvidos – ou poderiam ser indícios – de que algo não vai bem no desenvolvimento do bebê e da criança bem pequenas.

---

[3] Optou-se, ainda, pela não utilização do termo indicadores a fim de afastar qualquer possibilidade de viés diagnóstico.

De acordo com Boarati, Pantano e Scivoletto (2016), configuram sinais de alerta:

1º ano de vida	Falta de contato visual e de apego
	Atraso na aquisição de habilidades motoras
	Agitação e irritação extrema
	Qualidade ruim do sono
	Baixo ganho ponderoestatural
	Afeto plano, movimentos repetitivos
	Baixa interação social e brincadeiras estereotipadas
Infância[4]	Atraso no desenvolvimento da comunicação verbal e não verbal
	Hiperatividade, incapacidade de parar quieto
	Falta de habilidade social e de estabelecer relações de empatia
	Agressividade intensa
	Crises de birra que pioram ao longo do tempo
	Incapacidade de lidar com frustrações e com a crítica
	Isolamento social e perda de interesses (anedonia)
	Regressão das aquisições já estabelecidas
	Demora em desenvolver o controle esfincteriano
	Recusa alimentar e alteração do padrão de sono
	Recusa em se afastar de figuras de referência
	Estranhamento exagerado de pessoas pouco familiares

---

4 Optou-se por apresentar apenas as fases referentes à primeiríssima infância tendo em vista a proposta temática desse trabalho (BOARATI; PANTANO; SCIVOLETTO, 2016).

É preciso acrescentar que, de maneira geral, grande parte dos sinais de risco ou índices de sofrimento psíquico previstos em escalas e instrumentos concerne a aspectos que envolvem:

- Brincar: é possível pensar no ato de brincar em si mesmo, assim como na qualidade do comportamento. Enquanto pontos a serem destacados nesse aspecto, tem-se: uso inapropriado dos objetos; ausência do brincar; interesse momentâneo pelos brinquedos, assim como seu uso inabitual, particular ou bizarro; ausência de faz-de conta e jogos simbólicos (dar comidinha, fazer papinha e oferecer a um boneco ou interlocutor etc.); dificuldade em trocar de objetos; interesse apenas na parte do objeto, fixação por alguns brinquedos/objetos; organização de brinquedos e objetos de acordo com critérios particulares, dentre outros.
- Relação com o outro e interação social: é possível elencar o agir como se não escutasse ausência de interesse pelo outro; reação exacerbada na presença de alguém conhecido; incapacidade de iniciar uma troca; passividade; falta de interesse ou ausência de curiosidade pelo semelhante; falta de contato visual ou dificuldade de manutenção da troca de olhares; desvio do contato; resistência à mudanças; utilização do outro como objeto (puxar o outro pela mão para conseguir o que deseja); isolamento; ausência de aproximações espontâneas; desorganização emocional ao ser contrariado ou frustrado; mudança repentina de humor; risos desmotivados; excitação motora e verbal etc.
- Aspectos cognitivos e aprendizagem: é possível mencionar: ausência de interesse pela aprendizagem a perda do interesse com facilidade; insistência importante em alterar ou permanecer em alguma atividade; não demonstra o que já sabe até que surja uma necessidade primária ou interesse específico; habilidades inesperadas; conhecimento além da média de sua faixa etária; aquisições no campo da aprendizagem, sem auxílio de outrem; reconhecimento de letras e aquisição de leitura precocemente etc.
- Comunicação e linguagem: é possível citar atrasos importantes na aquisição da linguagem verbal; mutismo; particularidades na entonação (por exemplo, a fala robótica); ecolalia (i.e, repetição dos últimos sons); repetição de palavras ou frases que podem ou não ter função comunicativa; desassociação linguagem e expressão facial, entre outros.
- Sono e alimentação: seletividade ou padrão alimentar rígida; dificuldade na mastigação; ingestão que extrapola os alimentos (i.e. insetos, papel, terra etc.); comer de maneira grosseira; rituais no momento de se alimentar (por exemplo: esfarelar, separar os alimentos); ausência ou agitação do sono; sono irregular; dependência de outrem na hora de dormir; trocar o dia pela noite etc.

É prudente insistir que **esses sinais não constituem critério diagnóstico em nenhum momento** e que, na presença de associação de alguns desses traços, é fundamental que a criança possa ser avaliada clinicamente por profissional qualificado.

Ressalta-se que, em uma avaliação, todos esses pontos precisam ser tomados em consonância com a idade da criança, não desconectada de seu ambiente familiar, social e cultural.

Considerações finais

Diante de todo o exposto, é possível afirmar que um bebê nunca nasce pronto. Vai, com ele/nele, nascendo um sujeito, uma mãe e um pai. Essas primeiras relações são fundadas em uma dependência inicial desmedida. Os cuidados, as trocas, o alimentar vão fazendo borda e significando um ser e abrindo as portas para o advir de um sujeito. Nasce um corpo, nasce o psíquico e, com ele, as vias de estruturação.

Compreendendo a importância dessas primeiras experiências, assim como assumindo a posição ativa do bebê na interação, é possível compreender que nem sempre as coisas saem da maneira esperada e muitas são as situações que podem comprometer esse enlaço, levando ao sofrimento e a quadros de risco psíquico.

Este trabalho procurou demonstrar a importância das vivências iniciais na constituição do sujeito, assim como apresentar alguns pontos de atenção importantes. Intenta-se que seja possível instituir uma práxis de olhar atento ao bebê e seus pais, com vistas a minimizar o sofrimento destes e a instauração de quadros psicopatológicos importantes ou graves no futuro.

Referências

BOARATI, M. A.; PANTANO, T.; SCIVOLETTO, S. *Psiquiatria da infância e adolescência: cuidado multidisciplinar*. Barueri: Manole, 2016.

CAVALCANTE, M. C. B. Gesto e voz: envelope afetivo de acesso ao simbólico na matriz relacional mãe-bebê. In: OLIVEIRA, E. F. L.; FERREIRA, S. S.; BARRETO, T. A. *As interfaces da clínica com bebês*. Recife: Ninar - Núcleo de estudos psicanalíticos, 2011.

CATÃO, I. A clínica pulsional do bebê: a voz e a intervenção oportuna. In: BARBOSA, D. C. (Org.). *A clínica psicanalítica de crianças e bebês: relatos de uma práxis*. Alagoinhas: Editora Balbucio, 2021.

IACONELLI, V. *Criar filhos no século XXI*. São Paulo: Contexto, 2019.

JERUSALINSKY, J.; MELO, M. de S. de. As grandes questões que os mais pequenos levantam diante do cânone da psicopatologia. In: JERUSALINSKY, J.; MELO, M. de S. de (Org.).*Quando algo não vai bem com o bebê: detecção e intervenções estruturantes em estimulação precoce*. Salvador: Álgama, 2020.

LACAN, J. *O Seminário, livro 4: a relação de objeto* (1956-57). Rio de Janeiro: Jorge Zahar, 1995.

MAIA, J. C. A Interação mãe-bebê autista: como se dá? In: OLIVEIRA, E. F. L.; FERREIRA, S. S.; BARRETO, T. A. *As interfaces da clínica com bebês*. Recife: Ninar - Núcleo de estudos psicanalíticos, 2011.

SPITZ, R. Á. *O primeiro ano de vida*. São Paulo: Martins Fontes, 1998.

VORCARO, Â. M. R.; ANTONELLI, L. M. Psicanálise e prematuridade: o tempo em cena. In: BARBOSA, D. C. (Org.). *A clínica psicanalítica de crianças e bebês: relatos de uma práxis*. Alagoinhas: Editora Balbucio, 2021.

17

PENSANDO A ESCOLA COMO ESPAÇO DE DESENVOLVIMENTO HUMANO PARA CRIANÇAS E ADOLESCENTES

Após dois anos com as escolas fechadas, aulas à distância, rotina alterada e isolamento social, o futuro permanece aberto e imprevisível. Contudo, a escola não pode ficar de fora, precisa se preparar para receber, acolher e desenvolver as pessoas de maneira integral para atuar nesse novo mundo. Assim, torna-se necessário pensar a escola como espaço de desenvolvimento humano para crianças e adolescentes, levando em consideração o constructo da inteligência emocional e suas competências, que têm sido evidenciados em muitos estudos e pesquisas.

JULIANA APARECIDA FONTES

Juliana Aparecida Fontes

Contatos
Instagram: @jufontespsicopedagoga
35 99199 1480

Mãe, mulher, esposa, educadora, psicopedagoga, neuropsicopedagoga e servidora municipal do setor da educação. Mestre em Educação, graduada em Pedagogia, pós-graduada em Psicopedagogia, Altas Habilidades/Superdotação, Neuropsicopedagogia, com especialização em Problemas de Aprendizagem e Gestão Educacional. *Screener* em Síndrome de Irlen, mediadora do Programa de Enriquecimento Instrumental níveis I e II. Com atualização em temas como distúrbios de aprendizagem, Síndrome de Irlen, dislexia, psicanálise, autismo e deficiência visual. Idealizadora do Projeto CrêSer, que visa desenvolver o potencial humano por meio do desenvolvimento das habilidades cognitivas, socioemocionais, criando possibilidades de autoconhecimento, autoria e de aprendizagens significativas, projeto que acredita que cada ser é capaz de ser melhor a cada dia. Atualmente, trabalha como psicopedagoga clínica, palestrante, formadora e professora do ensino superior.

Cada vez mais, vivemos em um mudo tecnológico, repleto de estímulos, informações e transformações. De acordo com o relatório da Global Digital (2020), divulgado pela agência We Are Social, em parceria com a HootSuite, os brasileiros passam, em média, 9 horas e 14 minutos na internet, sendo que 3 horas e 39 minutos são gastos nas redes sociais.

De acordo com o relatório, pode-se concluir que os aparelhos eletrônicos são úteis ao trabalho, facilitam a comunicação, contribuem na resolução de problemas e proporcionam inúmeras formas de lazer, mas, por outro lado, o uso exagerado das tecnologias pode causar problemas de saúde, como dores musculares, alterações na visão, problemas de audição, insônia, desordens alimentares, déficit de atenção, baixo nível de retenção de informações, perda de foco e da memória, transtornos de ansiedade, depressão, baixa autoestima, dificuldades de socialização, inibição da criatividade, intolerância, entre outros problemas para a saúde física e mental de crianças e adolescentes.

Nos tempos em que estamos vivendo, o que se tem pensado em relação à educação e ao desenvolvimento humano? Sendo que, para sobreviver em nossa sociedade, todo e qualquer indivíduo necessita desenvolver uma grande variedade de habilidades, que vão além das que se referem às aptidões acadêmicas, como de linguística e matemática, mensuradas em testes de coeficiente intelectual (QI).

Além de que, para que uma pessoa possa ser bem-sucedida em sua vida, entende-se que é preciso que todas as suas habilidades funcionem bem, assim como ressalta Sternberg (2003): ser excepcional em uma habilidade de pensamento talvez não seja suficiente para ter sucesso na vida.

Pensando nisso, quais habilidades estamos nos referindo? Qual é o papel da educação e do ambiente escolar para o desenvolvimento humano?

Primeiramente, vamos falar de inteligência emocional e quais habilidades estão envolvidas nesse conceito. Posteriormente, trataremos de como a educação e o espaço escolar podem ser fundamentais para o desenvolvimento integral do ser humano.

Inteligência emocional e suas habilidades

A inteligência emocional (IE) é um conceito que tem sido discutido incansavelmente e, atualmente, nomeada como "a inteligência do século XXI". Ficou conhecida em 1995 com a publicação do livro *Inteligência Emocional*, de Daniel Goleman (1995), que popularizou o conceito e ampliou a discussão sobre a questão da relação entre o sucesso na vida cotidiana e os altos índices de coeficiente intelectual (QI).

Foi definida por Mayer, Salovey e Caruso como a habilidade de perceber, expressar, compreender e regular emoções:

> A IE é a capacidade de raciocinar sobre emoções, e delas orientar o pensamento. Envolve a capacidade de perceber acuradamente as emoções, acessar e gerar emoções de forma a guiar o pensamento, entender as emoções e o conhecimento emocional e refletidamente regular as emoções para promover o crescimento emocional e intelectual.
> (MAYER; SALOVEY; CARUSO, 2004, p. 197).

Salovey (*apud* GOLEMAN, 1995, p. 55) concebe a IE em cinco domínios. O primeiro é **conhecer as próprias emoções**, autoconsciência, "capacidade de controlar sentimentos a cada momento é fundamental para o discernimento emocional e para a autocompreensão", que consiste em conhecer as próprias emoções, saber o que está sentindo. O segundo, **lidar com as emoções,** autorregulamentação, "capacidade de confrontar-se, de livrar-se da ansiedade, tristeza ou irritabilidade que incapacitam", que é a capacidade de controlar suas emoções. Terceiro, **motivar-se:** "a capacidade de entrar em estado de "fluxo" (SALOVEY *apud* GOLEMAN, 1995, p. 56) possibilita excepcionais desempenhos , que se baseia em identificar as suas preferências e criar impulsos para alcançar os objetivos traçados. O quarto domínio, **reconhecer emoções nos outros**, a empatia, que significa reconhecer as emoções dos outros e se colocar no lugar das pessoas avaliando se gostaria de ser tratado da mesma forma. Para Goleman (2012, p. 67), "as pessoas empáticas estão mais sintonizadas com os sutis sinais do mundo externo que indicam o que os outros precisam ou o que querem". Quinto, **lidar com relacionamentos**, as habilidades sociais, que consistem em lidar com as emoções dos outros e interagir com sucesso, cooperar e trabalhar visando atingir objetivos comuns, compartilhar informações, criar proximidade com as pessoas. "São as aptidões que determinam a popularidade, a liderança e a eficiência interpessoal" (SALOVEY, *apud* GOLEMAN, 1995, p. 56).

Segundo Goleman (1995), as lições emocionais que aprendemos na infância, em casa, na escola, modelam os circuitos emocionais, o que significa que as fases da infância e da adolescência são etapas cruciais para determinar os hábitos emocionais básicos que irão governar a vida adulta, mas o autor salienta que os circuitos cerebrais envolvidos no processo de aprendizagem são flexíveis e que as habilidades emocionais podem ser aprendidas e melhoradas em crianças e adolescentes desde que estejamos dispostos a ensiná-las.

A escola como espaço de desenvolvimento

Sabendo que a criança se beneficia com a possibilidade de identificação, de diferenciação, de pensamento e de criatividade a partir de uma relação apropriada com os adultos e que, em uma sociedade como a nossa, na qual os estudantes passam muitas horas de suas vidas na escola, torna-se relevante pensar como o ambiente escolar, as pessoas envolvidas no processo de ensino, aprendizagem, podem promover o desenvolvimento humano, visando a saúde mental e física dos estudantes, assim como de todos os envolvidos nesse processo.

A aprendizagem humana é, acima de tudo, relacional, ou seja, ocorre nas interações entre as pessoas. Sendo assim, para aprender, é necessário estabelecer vínculos saudáveis entre o ensinante, o aprendente e os objetos do conhecimento. Portanto, a escola é um local privilegiado de encontro, de interlocução, de questionamento, de construção e transformação do conhecimento.

Conhecimento não só nos livros, mas nas experiências de cada um. Encontro não só de saberes, mas, principalmente, de pessoas, nas suas diversidades e nas suas riquezas pessoais e culturais. Um contato amoroso entre seres que preenchem a vida (ABED, 2002, p. 23).

Nesse sentido, para Abed (2014, p. 7), "transformar o espaço escolar não é uma opção: é uma consequência inevitável do 'efeito dominó' em que estamos inseridos". O momento é de humanizar o ensino, resgatar o ser humano em todos os seus aspectos, tornando a aprendizagem mais significativa.

> Integrar é "tornar inteiro, completar", é re-unir (unir de novo) o que na realidade nunca foi separado, foi apenas pensado em separado. Tornar inteiro é resgatar a unicidade, recompor as células, restituir o ser.
> (ABED, 1996, p. 6)

Dessa forma, a função da escola vai muito além da transmissão do conhecimento, pois é urgente e necessário fortalecer nas crianças, adolescentes e jovens com variadas competências, a fim de possibilitar que eles construam uma vida produtiva e feliz em uma sociedade caracterizada pela velocidade das mudanças.

Motivação, perseverança, capacidade de trabalhar em equipe e resiliência diante de situações difíceis, respeitar os direitos e deveres dos cidadãos, acatar as regras estabelecidas para a convivência, saber expressar-se com clareza, preocupando-se com a compreensão do outro, cooperação e colaboração, são algumas das habilidades socioemocionais imprescindíveis na contemporaneidade e para o futuro.

Segundo Silberman (*apud* BURNS, 2014), os alunos precisam aprender muito mais do que as habilidades básicas: a educação deveria preparar os estudantes para um trabalho que ainda não existe e cuja natureza não pode nem mesmo ser imaginada.

> Isso apenas pode ser feito ensinando-os como aprender, dando a eles o tipo de disciplina intelectual que irá capacitá-los a aplicar a sabedoria acumulada do homem a novos problemas assim que eles surgem – o tipo de sabedoria que irá capacitá-los a reconhecer novos problemas assim que eles surgem.
> (SILBERMAN, *apud* BURNS, 2014, p. 23).

Estudos têm apontado que as habilidades são experimentadas em cada fase do desenvolvimento e são aprimoradas na medida em que são vivenciadas. Mostram, ainda, que algumas classes de habilidades sociais parecem ser mais primordiais para a saúde e estão compreendidas como um estado de bem-estar físico, psicológico e social. Assim, um repertório de habilidades sociais bem desenvolvido tem sido apontado como um fator de promoção da saúde e da qualidade de vida (DEL PRETTE *et al.* 2015).

Cabe aqui conhecer as habilidades sociais que devem ser trabalhadas para melhorar as potencialidades de crianças e adolescentes.

Habilidades socioemocionais: conhecer para desenvolver

Segundo Del Prette e Del Prette (1999), as habilidades sociais constituem classes específicas de comportamentos presentes no repertório de um indivíduo, aprendidos ao longo da vida, que lhe permitem lidar de forma competente com as demandas de situações interpessoais, favorecendo um relacionamento saudável e produtivo com outras pessoas.

Hoje em dia, pode-se considerar que há um certo consenso de que as habilidades socioemocionais estão organizadas em cinco grandes domínios: os chamados *Big 5*.

Os domínios levantados são resultados obtidos por análise fatorial realizada sobre respostas de amplos questionários com perguntas diversificadas sobre comportamentos representativos de todas as características de personalidade que um indivíduo poderia ter. Quando aplicados a pessoas de diferentes culturas e em diferentes momentos no tempo, esses questionários evidenciaram ter a mesma estrutura fatorial latente, dando origem à hipótese de que os traços de personalidade dos seres humanos se agrupariam efetivamente em torno de cinco grandes domínios (SANTOS; PRIMI, 2014 *apud* ABED, 2014, p. 114).

Os cinco domínios propostos nos *Big 5* são:

- **Openness (abertura às experiências):** consiste em estar disposto e interessado pelas experiências, apresentar curiosidade, imaginação, criatividade, prazer pelo aprender;
- **Conscientiousness (conscienciosidade):** baseia-se em ser organizado, esforçado e responsável pela própria aprendizagem, perseverança, autonomia, autorregulação, controle da impulsividade;
- **Extraversion (extroversão):** significa orientar os interesses e energia para o mundo exterior, autoconfiança, sociabilidade, entusiasmo;
- **Agreeableness (amabilidade-cooperatividade):** denota atuar em grupo de forma cooperativa e colaborativa, tolerância, simpatia, altruísmo;
- **Neuroticism (estabilidade emocional):** constitui demonstrar previsibilidade e consistência nas reações emocionais, autocontrole, calma, serenidade.

De acordo com os estudos realizados pela Mind Lab Brasil[1], desde 2009, é possível observar a acentuada inter-relações entre habilidades socioemocionais e a proficiência dos alunos em Língua Portuguesa, Matemática e Ciências. Com os resultados das pesquisas, percebeu-se que a aplicação de um programa na escola com foco em desenvolvimento de habilidades aumentou a proficiência de alunos de 5º, 6º e 9º anos. Consequentemente, torna-se evidente que as habilidades socioemocionais estão intrinsicamente imbricadas com as habilidades cognitivas.

Considerações finais

Os processos de ensino e aprendizagem atuais necessitam englobar não somente os aspectos cognitivos, mas também os emocionais, o que se mostra

---

[1] Mind Lab Brasil – No Brasil desde 2006, foi fundada em Israel em 1994, é líder mundial em pesquisa e desenvolvimento de tecnologias educacionais inovadoras para o aprimoramento de habilidades e competências cognitivas, sociais, emocionais e éticas.

essencial para desenvolver plenamente o aluno como indivíduo e como ser que interage em sociedade.

Cabe ressaltar que a escola, a sala de aula, pode ser um lugar de resgatar a multiplicidade de aspectos inerentes a qualquer vivência humana.

> O professor não pode só ensinar. Ele deve ver dentro da alma, para ajudar a criança na sua cura. Ele deve formar a personalidade, não pelo ensino, mas falando à sua alma, ao seu espírito, a sua inteligência, com compreensão, humildade e respeito.
> (MONTESSORI, *apud* ANESE, 2021)

Torna-se necessário deixar claro que a escola não é um espaço terapêutico, de diagnóstico e cura, a relação entre professor e estudante não é clínica. A atuação pedagógica apresenta limites e o que é de responsabilidade do professor é o compromisso com a construção do conhecimento, sustentada pelo desenvolvimento de competências e habilidades que viabilizam e revestem a aprendizagem de profundos significados (ABED, 2014, p. 103-104).

Sendo assim, para desenvolver as habilidades socioemocionais na escola, é preciso investir no professor para que ele construa em si as condições para realizar a mediação da aprendizagem de forma consciente e responsável, reconhecendo e atuando nas múltiplas inteligências e nos diferentes estilos cognitivo-afetivos dos seus alunos e de si mesmo, escolhendo e utilizando, de maneira intencional, ferramentas que facilitem o desenvolvimento global dos estudantes, proporcionando oportunidades para que a criança possa praticar e, consequentemente, aprender e utilizar as habilidades desenvolvidas na resolução dos problemas do dia a dia.

Referências

ABED, A. *O jogo de regras na psicopedagogia clínica: explorando suas possibilidades de uso.* São Paulo: PUC-SP. Pós-graduação em Psicopedagogia. Monografia, 1996. Disponível em: <https://recriar-se.com.br/site/?s=O+jogo+de+regras+-na+psicopedagogia+cl%C3%ADnica%3A+explorando+suas+possibilidades+-de+uso>. Acesso em: 10 ago. de 2022.

ABED, A. *Recursos metafóricos no processo ensino-aprendizagem: um estudo de caso.* Programa de Pós-graduação em Psicologia. São Paulo: Universidade São Marcos, 2002. Disponível em: <https://recriar-se.com.br/site/?s=Recursos+-metaf%C3%B3ricos+no+processo+ensino-aprendizagem%3A+um+estudo+-de+caso>. Acesso em: 10 ago. de 2022.

ABED, A. *O desenvolvimento das habilidades socioemocionais como caminho para a aprendizagem e o sucesso escolar de alunos da educação básica*. São Paulo: UNESCO/MEC, 2014.

ANESE, R. *Avaliação e a autonomia da criança na educação infantil: estudo de caso em uma escola de orientação montessoriana*. Universidade Regional Integrada Do Alto Uruguai E Das Missões, Frederico Westphalen, 2021. Disponível em: <https://ppgedu.fw.uri.br/storage/siteda4b9237bacccdf19c-0760cab7aec4a8359010b0/dissertacoes/discente149/arq_1636550084.pdf.>. Acesso em: 14 mar. de 2022.

BURNS, D. E. *Altas habilidades/superdotação: manual para guiar o aluno desde a definição de um problema até o produto final*. Curitiba: Juruá, 2014.

DEL PRETTE, Z. A. P.; DEL PRETTE, A. *Psicologia das habilidades sociais: terapia e educação*. Petrópolis: Vozes 1999.

DEL PRETTE, Z. A. P. *et al*. Habilidades sociais ao longo do desenvolvimento: perspectivas de intervenção em saúde mental. In: MURTA, S. G.; GRANÇA, L.; SANTOS, K. B. (Eds.). *Prevenção e promoção em saúde mental: fundamentos, planejamento e estratégias de intervenção*. Novo Hamburgo: Sinopys, 2015.

GOLEMAN, D. *Inteligência emocional*. Rio de Janeiro: Objetiva, 1995.

GOLEMAN, D. *Inteligência emocional*. Barcelona: Editorial Kairós, 2012.

MAYER, J. D.; SALOVEY, P.; CARUSO, D. R. Emotional intelligence: theory, findings, and implications. *Pyschological Inquiry*, v.15, n.3.

MONTESSORI, M. *A criança*. Rio de Janeiro: Nórdica, 1984.

SANTOS, D.; PRIMI, R. *Desenvolvimento socioemocional e aprendizado escolar: uma proposta de mensuração para apoiar políticas públicas*. São Paulo: Instituto Ayrton Senna, 2014.

STERNBERG, R. J. *Inteligência plena: ensinando e incentivando a aprendizagem e a realização dos alunos*. Porto Alegre: Artmed, 2003.

18

O ENSINO DE LIBRAS
UM AUXÍLIO NEUROAFETIVO NO PROCESSO DE LETRAMENTO

Neste capítulo, podemos encontrar justificativas para a efetividade do ensino de LIBRAS como recurso positivo para a aquisição do domínio da leitura e da escrita, além de ser um projeto para transformar o olhar da sociedade no que tange a inclusão social na prática e no cotidiano.

JULLYE NUNES

Jullye Nunes

Contatos
njullye@gmail.com
Instagram: @neuro_piscojullye
21 97489 4839

Pedagoga graduada pela Universidade do Sul de Santa Catarina, UNISUL, especialista em Neurociência Pedagógica pela Universidade Cândido Mendes e em Neuropsicopedagogia Clínica pela CENSUPEG. Formada em LIBRAS pelo Instituto Pedagógico de Apoio à Educação do Surdo de Sergipe – IPAESE.

O processo de ler e escrever não é nato ao ser humano. Precisamos nos dedicar e afrontar as circuitarias neurológicas para que consigamos decodificar letras, sílabas e fonemas.

"Falar é fácil, mas ler já é um pouco mais difícil. A linguagem escrita, exatamente por não dispõe de um aparato neurobiológico preestabelecido. Ela precisa ser ensinada, ou seja, é necessário o estabelecimento de circuitos cerebrais que a sustentem, o que se faz por meio de dedicação", como explicam Cozenza e Guerra (2011).

São muitas as emoções que invadem as cabecinhas infantis durante essa descoberta e inúmeras tentativas dos profissionais de Educação em acalentar tais inquietudes.

Segundo Pince (2002), aprendizagem emocional é uma parte integral da aparente aprendizagem cognitiva, acontecendo em um contexto dinâmico, relacional e emocional inconsistente.

Relvas (2017) complementa, dizendo que os processos cognitivos e emocionais quase sempre dirigem o crescimento com sucesso das capacidades cognitivas. A emoção vai dando forma à cognição e à aprendizagem. As crises emocionais, naturais ao desenvolvimento ou específicas da criança, vão influenciar de forma crônica a evolução desta mesma aprendizagem.

Mas o que a Língua Brasileira de Sinais tem a ver com isso?

Segundo André Codea (2019), quando aliamos um conceito cognitivo a uma ação, aquele é aprendido de forma mais rápida e mais afetiva. E, assim, podemos usar o corpo de forma efetiva para realizar uma ação que, em teoria, seria puramente mental.

Ao apresentarmos letras para as crianças, propomos um momento de raciocínio intenso para que analisem as linhas usadas para construir o grafismo, o nome da letra, o fonema da letra, em quais palavras podemos encontrá-las, as tantas formas que podemos achá-las dentro de um universo de grafias e muitas outras informações. Com objetivo de fazer com que as crianças memorizem e compreendam, lançamos mão de músicas, alfabetos móveis, letrinhas coladas na parede, joguinhos diversos com vogais e consoantes, mas, ainda assim, a criança é vista como receptora de informação e podada de atuar como protagonista da própria construção de aprendizado.

A grande capacidade de aprender faz com que o comportamento do ser humano seja extremamente variado. Dessa forma, a aprendizagem põe em jogo uma relação inteligível entre o indivíduo e o seu meio, isto é, colocar uma relação inteligível entre condições externas de modo a estimular a capacidade que o indivíduo tem de se apropriar dos valores culturais tradicionais junto com outros em seu meio e, mediante um trabalho sistemático e metódico, modificar seu comportamento, estabelecendo a aprendizagem.

Ao serem expostos ao sinal da letra apresentada, temos a criança como seu próprio recurso de aprendizagem e memorização. Ela poderá recorrer a si mesma quando se encontrar em resgate da informação. Ao executar o sinal, ela possibilita uma associação entre aprendizado cognitivo, motricidade, memória vívida do momento da exposição da aula e a emoção que a fez concretizar tal aprendizagem, mantendo o cérebro ativo e promovendo conexões sinápticas (comunicação entre dois neurônios) sadias para aprendizagem.

"Não é a quantidade de estímulos, mas a qualidade dos estímulos que o cérebro recebe"(RELVAS, 2017, p. 21).

Repetição, ação, reação

Todos já ouvimos a tradicional frase: "A prática leva à perfeição". O que você entende com isso? Acredita que seja o melhor caminho quando falamos de alfabetização e letramento?

De fato, há atividades de precisamos repetir, repetir e repetir, como coreografias, estilos de nados, amarrar os sapatos etc.

Mas no processo de aprendizagem é diferente. Precisamos repetir sem perder a emoção, repetir com o mesmo objetivo, mas com recursos diferenciados. Isso valoriza todas as maneiras e canais de aprendizagem. Atingimos crianças auditivas, visuais, cinestésicas e neuroatípicas. Por exemplo, ensinar os nomes dos animais com jogo da memória, com circuitos para correlacionar imagens, com pesquisas em revistas, com brincadeira de contornar silhuetas de sombras de animais de plástico etc. Conceito bem diferente de um caderno de caligrafia, uma leitura mecânica de vocabulários preestabelecidos por professores, livros ou sistemas de ensino.

Por que repetir é importante?

Para Relvas (2017, pag. 127), os exercícios mentais promovem o fortalecimento da memória, que é processada da seguinte forma: a memória é causada pela alteração na capacidade de transmissão sináptica de um neurônio como resultado da atividade neuronal prévia.

Um exemplo prático é o que acontece no processo de aprendizagem da criança até completar o ciclo de alfabetização.

Primeiro, ela aprende a brincar com a bola, logo depois aprende a falar a palavra "bola", mais à frente aprende que bola começa com a letra B, depois que a palavra começa com a sílaba BO e, por fim, compreende processo de formação de palavras e escreve a palavra completa: BOLA.

O que aconteceu no cérebro dela para que esse aprendizado fosse consolidado?

As informações chegam ao córtex e percorrem um circuito sináptico e cada informação nova vai contribuindo para a formação da memória.

As informações acerca da bola, sejam elas cores, momentos de brincadeira, tamanhos de bolas, letras etc., passam e repassam pelo mesmo circuito sináptico de maneira que, quando solicitado que a criança escreva uma frase sobre bola, somente com o pensamento será possível acessar todas as informações. Esse processo se chama LEMBRAR, conforme explica Relvas (2017). Lembrar é ter o circuito sináptico tão facilitado que apenas o pensamento ativa esse circuito. Isso é memória. Então, é facilitar o percurso sináptico por conta desse percurso já ter sido percorrido previamente.

Então, a repetição por meios de exercícios mentais fixa a memória. Não é repetir como papagaio, mas dar significado a essa repetição.

Práticas inclusivas com crianças incluídas

Já se perguntou por que inserimos a Língua Inglesa para crianças pequenas?

Por que há aula de Inglês na escola se não há estrangeiros em sala, mas esperamos ter crianças surdas para inserir o conceito de LIBRAS?

O ensino da segunda língua é primordial quando pensamos em inserir outra cultura, outras vivências e "preparar a criança para o mundo". Mas essa preocupação não atinge as necessidades básicas de saber acolher pessoas da mesma nacionalidade com maneira diferente de se comunicar.

Além dos benefícios já vistos em ensinar LIBRAS para crianças, vamos pensar na qualidade de seres humanos que teremos daqui alguns anos?

Saber apenas o alfabeto em LIBRAS não é o melhor caminho para que haja comunicação entre surdos e ouvintes, mas garante que haja uma conversação básica e soletrada suficiente para ajudar, acolher e fazer a diferença frente a situações que pessoas deficientes sofrem no dia a dia por exemplo, comprar uma roupa, ter problemas com caixas eletrônicos, não saber o ônibus adequado para chegar ao destino, entre inúmeros outros exemplos.

Ensinar LIBRAS vai além de uma segunda língua, é preciso que a criança entenda a função social de saber se comunicar. Isso gera afeto e emoção.

Para Wallon (2008), a emoção torna-se um instrumento de sobrevida, que surge pela escassez. A dimensão afetiva ocupa lugar central na gênese do saber; é simultaneamente social e biológica. Transmuta-se do estado orgânico para o estado cognitivo.

> *[...]Desejamos apresentar a possibilidade de um sonho – aliás, um bom educador é aquele que ajuda a produzir sonhos – que parece utópico, mas existe a possibilidade de viabilizar-se pelas mãos amorosas em ação. Esta utopia é a humanização e a amorosidade a e pela educação; uma educação com e por amor, uma educação que vise muito além da formação do fazer, mas uma educação do Ser.*
> ALVES

Que nossos sonhos deixem de ser utópicos.
Com muita esperança,
Jullye Nunes.

Referências

CODEA, A. *Neurodidática*. Rio de Janeiro: Wak Editora, 2019.

COSENZA, R. M.; GUERRA, L. B. *Neurociência e educação: como o cérebro aprende*. Porto Alegre: Artmed, 2011.

CUNHA, E. *Práticas pedagógicas para inclusão e diversidade*. Rio de Janeiro: Wak Editora, 2018.

RELVAS, M. *A neurobiologia da aprendizagem para uma escola humanizadora*. Rio de Janeiro: Wak Editora, 2017.

19

AJUDANDO AS CRIANÇAS A ENTENDEREM SUAS EMOÇÕES

Nosso papel como pais e educadores é apoiar as crianças a reconhecerem e a lidarem com suas emoções e sentimentos para que possam atravessar, com mais tranquilidade e amorosidade, os obstáculos e desafios do seu dia a dia, lidando de forma mais leve com as circunstâncias que surgirão ao longo desta linda jornada chamada VIDA.

LUCEDILE ANTUNES

Lucedile Antunes

Contatos
www.lantunesconsultoria.com.br
lucedile@lantunesconsultoria.com.br
Linkedin: www.linkedin.com/in/lucedile-antunes/
Instagram: @lucedileantunes
11 98424 9669

Engenheira de pessoas, especialista no desenvolvimento de *soft skills*, que são as habilidades comportamentais e humanas necessárias para qualquer profissional. Palestrante, mentora e *coach* credenciada internacionalmente pelo ICF – *International Coach Federation* e, acima de tudo, apaixonada pela evolução das pessoas. Fundadora da L. Antunes Consultoria & Coaching, idealizada com a missão de desenvolver indivíduos e empresas, visando potencializar os resultados pessoais e profissionais. Coautora de diversos livros e artigos sobre desenvolvimento humano e organizacional. Idealizadora do livro *Soft Skills Volume 1 – Competências essenciais para os novos tempos*, e do livro *Soft Skills Volume 2 – Habilidades do futuro para o profissional do agora*, publicados pela Literare Books International, com destaque na lista dos mais vendidos pela Amazon e ambos eleitos *best-sellers* pela revista VEJA.

A educação das crianças, com certeza, é algo bastante desafiador em nosso dia a dia. Como mãe da Julia, de 14 anos, e do Raphael, de 3, e especialista no desenvolvimento de *soft skills*, quero, neste capítulo, compartilhar minhas experiências para inspirar a sua jornada, seja você pai, mãe, educador, cuidador ou o adulto responsável, buscando compreender o que está por trás de cada emoção e como apoiar a criança nas reflexões e descobertas para que identifiquem suas próprias emoções com mais tranquilidade e acolhimento. Meu propósito também é o de contribuir para a formação de adultos mais bem-resolvidos emocionalmente.

O mundo corporativo

Nos meus últimos anos, atuando na área de desenvolvimento humano, observo muitos profissionais no ambiente corporativo sofrendo ou provocando sofrimento no seu entorno e, dessa forma, causam toxidade, muito possivelmente porque existe dentro deles uma criança interior ferida.

Noto que as pessoas estão cada vez mais sendo levadas pelo ritmo frenético da vida, não se permitindo fazer pausas para analisar seus comportamentos e as consequências que eles podem gerar em si mesmas e em sua volta.

Alguns dados preocupantes

Segundo a *International Stress Management Association* no Brasil (Isma-BR), a população brasileira tem sofrido bastante com questões emocionais.

Cinquenta e cinco por cento dos entrevistados afirmam que enfrentam problemas significativos de saúde, conforme pesquisa conduzida pela *Você S/A*, realizada em setembro/2021.

Segundo a Organização Mundial da Saúde (OMS), o Brasil é um dos países mais ansiosos do mundo e está entre a lista dos que apresentam mais casos de depressão.

Trago esses dados apenas para contextualizar a importância de cuidarmos de nossas crianças para termos adultos mais conscientes.

A Antroposofia e os setênios

Uma das teorias que me encantam é a dos setênios, que faz parte da Antroposofia, ciência espiritual moderna desenvolvida pelo filósofo e cientista austríaco Rudolf Steiner (1861-1925).

De acordo com a Antroposofia, cuja base é o estudo do ser humano de forma mais ampla e integral, a vida é composta por fases chamadas de setênios, representadas por ciclos de 7 anos, que nos trazem, em uma espiral ascendente de crescimento e aprendizado, desafios de maturidade e desenvolvimento.

Para Steiner, a vida é dividida em três fases de amadurecimento: biológico (até os 21 anos), psicológico (de 21 a 42 anos) e espiritual (acima de 42 anos).

Quando chegamos a este mundo, somos como um livro com páginas em branco, e o nosso primeiro período formativo, que vai do nascimento aos 7 anos, é considerado um dos mais importantes períodos para a formação da nossa personalidade, pois o nosso contato com o exterior ocorre por meio das experiências vividas com a nossa família, e muito do que a criança vivenciou ficará registrado em seu inconsciente.

Por exemplo, se tivemos uma infância na qual a crítica foi muito presente, muito provavelmente formaremos a crença de que não somos capazes, pois a referência que prevaleceu na primeira fase da educação foi os julgamentos e medos, gerando possivelmente inseguranças sobre as nossas capacidades e potenciais. Já se nossa infância foi pautada em regras muito rígidas, é inevitável que, na fase adulta, tenhamos problemas de comunicação e negociação, pois ficaram enraizados no inconsciente a rigidez, os extremos, trazendo para o agora dificuldades de compreender pontos de vista diferentes e flexibilidade ao negociar.

Portanto, quando as experiências são ruins e até traumáticas, vemos surgir um adulto ferido, que nega uma parte de sua existência e, assim, não consegue se desenvolver integralmente.

Na contramão, as pesquisas conduzidas por Carol Dweck, psicóloga norte-americana e renomada pesquisadora da Universidade de Stanford, em 2017, apontam que crianças merecidamente elogiadas na infância tendem a confiar mais em si e se tornam adultos motivados e curiosos, sempre com um desejo enorme de aprender coisas novas.

Quando a criança tem uma experiência positiva no seu primeiro período formativo, ela será um adulto muito mais bem-resolvido emocionalmente.

As crianças já nascem com todas as informações necessárias para se desenvolver, mas necessitam de amor e de um ambiente que as acolha e permita que possam expressar a sua essência.

É como uma semente que cai em um solo e para que dê muitos frutos e se torne uma grande árvore, ela precisa ser regada, adubada e receber o amor necessário para florescer.

Portanto, o meu desejo é que possamos ser esse adulto que aduba e nutre suas crianças, para ajudá-las a reconhecer e a lidar com as suas emoções, com uma grande dose de amorosidade.

As emoções e os sentimentos

Antes de iniciarmos a nossa exploração sobre o mundo das emoções, vamos conceituar o que, de fato, é uma emoção. Trata-se de uma energia acumulada que nos leva a ter uma ação, ou seja, é um conjunto de respostas químicas e neurais que surgem quando o cérebro sofre um estímulo ao ser exposto a algum tipo de situação. O que refaz essa cota diariamente é o sono, daí a importância de proporcionarmos às nossas crianças boas horas de descanso.

Já o sentimento é uma resposta à emoção, ou seja, refere-se a como você se sente diante de tal emoção. Então, temos apenas cinco emoções consideradas universais: amor, alegria, medo, tristeza e raiva, que se desdobram em uma infinidade de sentimentos. Por exemplo: a tristeza pode gerar um sentimento de desprezo, decepção ou solidão. Já a alegria pode despertar a sensação de se sentir aceito ou muito confiante.

Recomendo que você assista com as crianças ao filme *Divertida Mente*. Isso mesmo! Essa animação, produzida pela Disney, apresenta as emoções de uma maneira muito leve e didática, permitindo que você explore o tema com elas.

E, para aprender a gerenciá-las, é necessário compreender o significado que está por trás de cada uma dessas emoções; afinal, todas elas contêm uma informação privilegiada.

Devemos sempre estimular muito a criança a expressar as suas emoções e nunca as reprimir. A repressão emocional pode ocorrer em decorrência do crescimento em um ambiente onde pouco ou nenhum espaço foi dado para vivenciar e manifestar o que está sentindo. Em muitas famílias, existem crenças de que expressar emoções pode ser algo vergonhoso ou até mesmo um sinal de fraqueza.

Frases como: "pare de chorar", "não seja bobo", "você não pode ter medo", "menino não chora", entre outras, acabam tendo um efeito muito nocivo. Sabemos que os pais ou educadores o fazem em uma intenção positiva, porém é importante termos consciência dos impactos que isso pode causar.

Por isso, a importância de os adultos serem essa ponte que mostrará como se expressar e lidar com as emoções. Quando a criança não tem esse apoio e orientação, ela pode desenvolver estratégias que se concentram em evitar ou inibir emoções tidas como negativas.

Uma criança cujas necessidades foram ignoradas, invalidadas ou negligenciadas, e foi criticada ou punida por expressar seus sentimentos, possui maior probabilidade de reprimir suas emoções na fase adulta.

Entendendo o significado de cada emoção

Tristeza: está muito relacionada a algo que se foi, e é chegado o momento de se desapegar. Pode ser provocada, por exemplo, pelo simples fato de a criança ter perdido um brinquedo e se entristecer, pois ainda tem um apego grande por ele, até algo mais significativo como a fase de adaptação da escolinha, quando começa a chorar por causa da dificuldade de se desprender dos pais.

Portanto, nosso papel como educadores é mostrar às crianças que nada na vida é permanente, ou seja, algumas coisas vêm e outras irão, e enfrentar a tristeza é aceitar que a vida nos trará muitos ganhos, mas também perdas. Trabalhar essa aceitação permitirá que a criança saiba lidar de forma mais leve com os desafios.

Gostaria de ressaltar que passar pela tristeza faz parte, e não deve ser evitado. Essa emoção possui vários níveis de intensidade, que vão desde um estado de desapontamento até a angústia, um estágio mais intenso. Portanto, o adulto deve estar atento se este estado de tristeza na criança estiver se prolongando muito. Se isso ocorrer, é preciso buscar a ajuda de um profissional especializado.

Medo: ele existe para sinalizar que você precisa se preparar. Eu digo que é nosso grande visionário porque vê as necessidades e riscos futuros e nos dá um sinal. Por esse motivo, quando a criança sentir medo, é importante ajudá-la a entender o que está por trás dele.

Por exemplo: se a criança tem medo de entrar na piscina, o nosso papel como adulto é ajudá-la a descobrir a razão desse receio. Então, podemos facilitar esse processo, conduzindo-a a se preparar, reconhecendo o que causa o medo – temperatura da água, profundidade, sensação de algo novo que não conhece etc. –, e, com isso, ela vai fazendo pequenas experimentações até ganhar confiança e segurança para realizar a ação de entrar plenamente na piscina.

Quando o medo é excessivo, pode causar bloqueios e ativar memórias negativas. Já uma criança que não tem medo de nada também é muito perigoso, pois ela pode tomar ações de forma imprudente, sem noção das consequências.

Devemos ensiná-la que, quando sentirem medo, é como se um alarme tocasse para avisar que ela deve desenvolver as melhores táticas e estratégias para agir e seguir.

Raiva: está relacionada muito possivelmente a alguma expectativa da criança que não foi atendida, ou ela sente que o outro invadiu o seu espaço ou seu território, levando a uma reação de birra, explosividade, uma atitude vingativa ou até mesmo se colocando no papel de vítima.

Por exemplo, uma cena na qual uma criança pega o brinquedo de outra, naturalmente vem a energia da raiva, pois o sentimento é de se sentir invadido. Nossa atitude como adultos é ensinar a criança a usar essa energia negativa para um lado construtivo, por exemplo, criando algo novo em função da sua dor ou indignação. Uma maneira seria estabelecer uma regra de compartilhamento de brinquedos, por exemplo.

Alegria: representa uma sensação de vitória. De ter completado uma etapa ou tarefa. É a superação de eventos cotidianos alcançados de forma individual ou coletiva. Por isso é muito importante incentivar a criança a comemorar cada conquista. Isto irá reforçar nela o *mindset* de crescimento, o pensar positivo e acreditar que vai dar certo.

Amor: é a energia de troca, de se abrir para o outro, de criar alianças e se conectar. Quando a criança se sente amada, é como se estivesse conectada por um fio com outras crianças e adultos. Para a norte-americana Barbara Fredrickson, uma das maiores autoridades em emoções, o amor conecta as pessoas que se sincronizam em um fluxo emocional e emerge em função dos gestos, da bioquímica e das descargas neurais. Portanto, vivenciá-lo é fundamental para a saúde e o bem-estar.

Um dos protagonistas que geram a conexão do amor e do afeto está no nosso cérebro e é o chamado hormônio da oxitocina. Ele age tanto no cérebro quanto no restante do corpo, estimulando a criança a se sentir mais confiante e aberta a conectar-se com as demais crianças e adultos.

Pesquisas revelam que, quando a mãe e/ou o pai interagem afetivamente com a criança, olhando-a nos olhos, abraçando-a, sorrindo e brincando com ela, os níveis de oxitocina sobem sincronicamente tanto na criança como no adulto, propiciando-lhes novos micromomentos de amor.

Seus próximos passos

Agora que sabemos o que cada emoção significa, vamos aprender algumas habilidades importantes para desenvolvê-las nas nossas crianças.

Autoconsciência: estimule a criança a **observar** e a **reconhecer** o que está sentindo.

Você pode dizer a ela: Como você está se sentindo?

- Triste?
- Com medo?
- Com raiva?
- Alegre?

Lembre-se do que nós aprendemos neste capítulo e reflita, se for:

- **Tristeza:** talvez a criança precise se desapegar de algo que já se foi.
- **Medo:** será que essa emoção não está querendo dizer para a criança que ela precisa buscar entender melhor a situação que gerou o medo?
- **Raiva:** será que a criança não está precisando estabelecer limites nas relações? Quais regras foram quebradas? Que expectativas não foram atendidas?

Uma vez que você compreendeu a informação que a emoção está lhe passando, seu próximo passo é **Acolher**. Procure estimular a criança a respeitar também o seu momento e dar tempo para assimilar e digerir tudo o que está passando.

"Respeitar seus limites é fundamental!"

Você não precisa estar feliz o tempo todo. Você é um ser humano, e não um robô.

Há ocasiões em que um pouco de tristeza ou de medo são essenciais para encarar e lidar com as dificuldades e desafios que irão surgir ao longo da vida da criança.

É necessário passar por cada sentimento para evoluir e aprender.

> O segredo está em equilibrar as emoções e não permitir, por exemplo, que elas dominem e paralisem a criança.

Aprendizados finais

As memórias são fixadas pelas emoções. Todas as emoções passadas ao longo do dia geram sentimentos que ficam registrados em nosso cérebro.

Não existe sentimento melhor ou pior. Apesar de preferirmos, é claro, os momentos alegres de nossa vida, cada emoção tem a sua importância e é necessário vivenciá-las para gerar aprendizados.

A forma como você enxerga o mundo e lida com as emoções molda os seus comportamentos!

Fonte: https://br.freepik.com/fotos-gratis/as-criancas-asiaticas-estao-jogando-quebra-cabeca--bloco-de-plastico-jogo-criativo_3762451.htm#query=c[...]centrada

Desejo do fundo do meu coração que você possa ser um agente transformador na vida de muitas crianças.

Com carinho!

Lucedile Antunes

Referências

COSENZA, B. *Conheça as 5 principais emoções humanas*. Vittude Blog. Disponível em: <https://www.vittude.com/blog/conheca-as-emocoes/> Acesso em: 12 jul. de 2022.

DUHIGG, C. *O poder do hábito*. São Paulo: Objetiva, 2012.

DWECK, C. *Mindset: a nova psicologia do sucesso*. São Paulo: Objetiva, 2017.

FREDRICKSON, B. *Amor 2.0*. São Paulo: Nacional Editora, 2015.

STEINER, R. *Os primeiros anos da infância*. São Paulo: FEWB/Antroposófica, 2013.

20

CRIANÇAS SÃO HIPNOTIZÁVEIS!

Você sabe tirar o melhor proveito disso? A hipnose é utilizada corriqueiramente no nosso dia a dia com as crianças. Entender como deve ser usada pode fazer toda a diferença na saúde e na felicidade dos nossos pequenos a longo prazo. Neste capítulo, você encontrará explicações sobre essa potente ferramenta. Adotar um caminho respeitoso, que ajuda a promover a tão valorizada inteligência emocional, está nas nossas mãos.

LÚCIA DESIDERI

Lúcia Desideri

Contatos
www.luciadeju.com.br
luciadeju@gmail.com
Instagram: @LuciaDeJu
Facebook: www.facebook.com/LuciaDeJu/
Telegram: t.me/LuciaDeJuMulheresMaes

Fisioterapeuta graduada pela UNICID (2004), com pós-graduação na UNIFESP e mestrado em Neurociências e Comportamento pela USP (2011), hipnoterapeuta OMNI desde 2013, ano em que se tornou responsável por trazer o *HypnoBirthing* para o Brasil. Começou a atuar como doula na mesma época, acompanhando centenas de famílias durante a gestação, parto e pós-parto. Criadora do primeiro curso de hipnose voltado para profissionais da assistência obstétrica (desde 2016). Seu diferencial é poder unir os mundos da mente e do corpo de forma gentil por meio da aplicação da hipnose no ambiente da família. Praticante de meditação e apaixonada por desenvolvimento infantil, enxerga a incrível oportunidade que a chegada de um novo membro à família traz para evolução de cada ser humano envolvido em sua criação.

> *Para ter algo que você nunca teve, é preciso*
> *fazer algo que você nunca fez.*
> AUTOR DESCONHECIDO

A cena não é muito legal, mas é comum: a criança cai, se machuca e o adulto de referência se prontifica a "resolver" rapidamente a situação. Diz que não foi nada ou pega no colo e faz alguma graça. Fala animadamente sobre o que aconteceu (como se o tombo tivesse sido divertido, por exemplo) ou passa a mão no local do impacto para diminuir a dor. E, às vezes, até dá um beijinho na região atingida, prometendo um efeito analgésico.

É fácil desviar a atenção dos pequenos. Sabemos disso e a maioria de nós já utilizou esse recurso pelo menos uma vez. Quanto mais nova é a criança, menos bagagem ela tem, menos lembranças e, portanto, menos crenças. Elas observam o mundo com curiosidade. Elas se interessam por coisas novas o tempo todo. Elas acreditam que podem mais, que não têm limites. Elas não possuem muitos preconceitos. E elas confiam muito em seus cuidadores. E olha só: essas são as principais características das pessoas hipnotizáveis!

Parece esquisito relacionar criança à hipnose, mas faz sentido quando sabemos exatamente do que se trata essa técnica. Hipnose nada mais é do que uma estratégia de foco de atenção. De forma prática e resumida, podemos dizer que toda vez que direcionamos o nosso olhar para uma única coisa (sensação, pensamento, sentimento, imagem, tarefa etc.), estamos hipnotizados. É útil e usamos essa ferramenta o tempo todo no nosso dia a dia. Quanto mais focados estamos, mais o objeto do foco cresce em importância, tamanho e crença. Colocamos a nossa atenção no trabalho de forma tão intensa que o barulho dos colegas ao redor não atrapalha. Mergulhamos tão intensamente na entrega de um projeto que somos capazes de transpor atividades primordiais como comer ou dormir por alguns dias ou horas.

O mesmo acontece ao assistir televisão. É possível que fiquemos tão envolvidos com o enredo de um filme que deixamos de sentir o cheiro do bolo queimando no forno. E o interessante é que, no momento que nos lembramos dele, passamos a sentir o cheiro de queimado pela casa toda. É simples assim alterar percepções corporais, pensamentos e sentimentos.

Quando entendemos como essa estratégia funciona, podemos facilmente manejá-la para explorar a máxima potência de cada ser. Saber disso foi o impulso para o meu mergulho no mundo da neurociência e hipnose, depois de anos experimentando o poder da mente com a meditação. E é sobre essa ferramenta, aplicada compulsoriamente no cuidado infantil, que você vai ler neste capítulo.

Eu gostaria que todos fizéssemos escolhas conscientes sobre o que realmente fazemos com o nosso poder de potencializar experiências. Proponho uma reflexão sobre os seus desejos para você, sua criança e toda a nova geração. Nas próximas linhas, eu te convido a refletir sobre o que você está fazendo hoje como adulto referência de sua criança. E a perceber que a mudança de um único hábito pode mudar uma vida inteira. Ou muitas.

Onde você está?

Depois de anos atuando como fisioterapeuta, doula e educadora perinatal, conheci a hipnose. Melhorar a qualidade da experiência da gestação, parto e pós-parto passou a ser o meu objetivo e diferencial. Mas o medo da dor e dos riscos do parto (ainda perpetuados na nossa sociedade), fez-me adicionar outra forma de aplicação da hipnose: "limitar experiências negativas". Ora, se é possível não sentir o cheiro de queimado se alastrando pela casa, também é possível diminuir ou anular a intensidade da dor de uma mulher permeada por diversas crenças pessimistas sobre o parto.

E foi com essa outra abordagem também em prática que eu adentrei ao mundo do desenvolvimento infantil. Todas as palavras e atitudes ao redor do meu filho foram observadas com atenção desde o dia em que ele nasceu. Inclusive e, principalmente, as minhas! Era natural para mim prestar atenção nos detalhes. Eu aprimorei essa capacidade profissionalmente porque percebi que faz muita diferença. E porque a imensa maioria dos adultos que ajudo com sessões de hipnoterapia apresenta a raiz de suas questões nas profundezas da infância.

Os maiores problemas que os adultos enfrentam hoje, estão relacionados à forma como fomos enxergados quando pequenos e às experiências que foram exploradas ou limitadas. Insegurança, ansiedade, depressão, imediatismo, relacionamentos abusivos, síndrome do impostor, obesidade, vícios, compulsões e outras questões relacionadas à falta de maturidade emocional compõem a lista enorme dos prejuízos que levam a nossa geração a gastar muito tempo e dinheiro. Se toda vez que uma criança se frustra ela recebe comida para se acalmar, faz sentido que ela continue usando esse recurso na vida adulta, mesmo tendo consciência da necessidade de comer de forma equilibrada para manter-se saudável. Se todos os choros são ignorados sob o pretexto de evitar que sejamos manipulados pela criança, é compulsório que ela se sinta inadequada ou insegura até a maioridade.

"Não vemos as coisas como são; vemos as coisas como somos" (NIN, 1961).

Todos sabemos como é penoso lidar com as lágrimas e queixas dos pequenos. Eu adicionei um tipo de orientação parental ao meu campo de atuação quando percebi que todos nós estamos cheios de boas intenções, mas comumente seguimos replicando a educação cheia de restrições emocionais que recebemos. Tanto os limites inadequados quanto a falta de atualização e cuidado com o vocabulário, por exemplo, contribuem para a criação de um ciclo vicioso de vulnerabilidade e doença.

A descrição daquela cena do início deste capítulo é um elenco de exemplos de como frequentemente limitamos as experiências de nossas crianças. Soluções rápidas como diversão, comida, analgésico, quebra de padrão (com movimento ou som, por exemplo), telas e prêmio são grandes distraidores. E é através deles que nossos pequenos muitas vezes são retirados do importante processo de amadurecimento.

O machucado, tanto quanto a frustração, a tristeza ou a dificuldade dos pequenos, são as oportunidades que eles têm de aprender a lidar com emoções que seguirão fazendo parte de suas vidas para sempre. O que eles esperam de nós não é exatamente uma solução. A partir de 2 ou 3 anos, é possível inclusive perceber a criança ainda mais irritada quando alguém tenta encaixar a peça que ela não conseguiu no seu lugar ou simplesmente devolver o objeto que ela estava protestando por terem tirado da mão dela.

Nesse momento, ela está clamando por ajuda, sem dúvida! Mas o que ela espera do adulto de referência não é diferente do que esperamos de um amigo quando estamos explodindo por uma emoção intensa. O choro é um desabafo.

A criança também deseja ser ouvida e precisa que alguém de sua confiança valide seus sentimentos. Ela precisa de alguém que a aceite mesmo em uma crise emocional. Todos queremos isso, desejamos ser aceitos por completo! Os pequenos têm sede de pertencimento. E logo procuram no olhar do adulto de referência a confirmação de que estão adequados com aquela emoção e atitude.

De modo geral, temos mais facilidade em acolher outro adulto nessa situação. Estar "pleno(a)" é impossível para quem não entende o que a criança está precisando naquele momento de explosão. Ainda são poucos os cuidadores que se mantêm envolvidos e tranquilos durante um choro ou birra. A maioria de nós está hipnotizada por crenças antigas e não pela necessidade dos pequenos.

Convido você a rever suas últimas atitudes com sua criança: você soluciona ou apoia o aprendizado dela? Você se coloca ao lado dela e se mantém disponível? Você consegue manter sua calma durante o tempo que o(a) seu(-sua) pequeno(a) precisa ou essa atitude tem um tempo máximo (ou lugar/circunstância etc.) para você? Você poderia ser um espelho de calma para o(a) seu(sua) filho(a) nesse momento? Sua criança conclui o choro por si, de dentro para fora, ou sempre é resgatada desse lugar?

O olhar antigo faz diferença

Basta percebermos o início de um choro (ou ameaça dele) para sermos invadidos por um misto de sentimentos. O medo de incomodar as pessoas ao redor ainda é um dos campeões nos espaços públicos, sobretudo aviões e restaurantes. Parece que temos uma certa responsabilidade a mais sobre o bem-estar alheio quando temos crianças sob nossos cuidados. A vergonha de não ter conseguido evitar o fato ou o choro (ou mesmo contê-los) também lidera o combo em lugares assim. Ter controle é sinônimo de status na nossa sociedade, ainda que todos saibamos que ele é uma ilusão.

A correria do dia a dia também é uma adversária. É preciso mais tempo para ensinar do que para "resolver" uma situação. E é no corre-corre que acionamos o piloto automático de fazer tudo sem refletir sobre as consequências a longo prazo.

O choro pode nos irritar e, consequentemente, nos tornar irracionais pelo alto nível de decibéis. Mas também pode estar conectado com a dor da nossa própria criança ferida do passado. É bastante difícil dar o que não recebemos. Isso resulta de uma reflexão sobre as atitudes dos nossos cuidadores e a clareza de que encontrar os vazios não significa procurar culpados.

Talvez você já tenha conhecimento sobre isso, mas esteja esbarrando na dificuldade de fazer diferente. Sair da zona de conforto e ficar na vitrine da família ou do grupo de amigos não é fácil. Ser alvo de críticas enquanto aposta as suas fichas no futuro do seu filho é, sem dúvida, bastante desafiador. E é solitário na maioria das vezes porque, além de não ter referência de resultado e de como fazer, não existe o bônus de aprender com os erros alheios e se perdoar pelos equívocos comuns.

Propor uma solução imediata parece irresistível para evitar a cascata de eventos "difíceis" que está por vir. Até porque replicar o que aprendemos quando crianças, o que já conhecemos ou vemos com maior frequência ao nosso redor, é extremamente mais fácil. Parece-nos até natural. Acontece como um impulso... um outro olhar demanda no mínimo a leitura de um livro como esse.

Existem vários motivos para seguirmos com essas atitudes, mas é importante percebermos também que existe um juízo de valor nessa situação. E ele é apenas do adulto, não da criança. Somos nós que rotulamos o tombo como um evento negativo. Somos nós que acreditamos que coisas desagradáveis devem ser eliminadas da vida dos nossos pequenos. E é aí que mora o perigo: julgar a capacidade do outro (pela nossa ou por dó), além de ser arrogante, pode tirar do outro a oportunidade de aprender e crescer integralmente. Tentar eliminar a dor ou a manifestação dela no universo do desenvolvimento infantil é limitar também o crescimento do ser.

Você tem motivos para escolher diferente

É recente na história a descoberta de que somos seres sensíveis física, mental e emocionalmente desde a vida intrauterina. A ciência avança nos mostrando a relação entre os primeiros mil dias de existência (da concepção até o bebê completar 2 anos) e a predisposição a doenças, distúrbios e tendências, como obesidade e diabetes, por exemplo. Felizmente, estamos finalmente ampliando nosso olhar e torna-se incontestável a importância de uma boa base para a formação de um ser humano saudável em todos os âmbitos.

A mudança no olhar promove uma enorme transformação em dois aspectos. O alcance é imenso quando pensamos no que podemos proporcionar para nós, para nossos pequenos e, consequentemente, para o mundo que eles irão habitar. E inclui a alteração de uma vasta gama de atitudes. Ao mesmo tempo, muitas técnicas e métodos se resumem e se simplificam com esse novo foco de atenção dos cuidadores.

É necessário refletir e se atualizar a partir de evidências científicas. É preciso olhar para dentro, para trás e muito mais para frente, para o futuro. É urgente prestar mais atenção ao que importa para nós em detrimento do que os outros acham relevante. É significativo considerar mais a criança à nossa frente do que o nosso entorno. É essencial entender e mudar o olhar para os pequenos.

Enxergar as crianças (desde nenéns) como seres conscientes e importantes na sociedade faz toda a diferença. Essa é a chave para uma nova geração mentalmente saudável e feliz. E, sim, podemos e devemos ajudá-las a se sentirem importantes, como elas realmente são.

Permitir o choro como a expressão de um sentimento é indispensável nessa ótica. Quando a criança ainda não tem capacidade para se acalmar sem ajuda, ela usa o pranto como um recurso de comunicação e alívio emocional. Como se fosse um desabafo mesmo.

A criança precisa vivenciar o caminho de liberação do início ao fim. Conforme ela experimenta esse tipo de situação diversas vezes, ela vai aprendendo a identificar uma emoção intensa que precisa sair, bem como colocar para fora tudo o que está sentindo. É assim que os pequenos aprendem as importantes habilidades para lidar com seus sentimentos de forma construtiva e madura ao longo da vida. A resolução do problema vem depois desse desafogo.

Se limitamos, interrompendo esse processo a qualquer passo, eles não aprendem a lidar com seus próprios sentimentos. E o pior: a emoção é apenas adormecida, não vai embora. Sabemos que, em algum outro momento, e, às vezes, até na forma de um sintoma, uma fobia ou um vício, ela vai se apresentar para tentar finalmente concluir sua saída.

Ajudar a criança nesse processo é contribuir para sua autonomia emocional para além da infância. Eliminar possíveis vulnerabilidades é um sonho para quem sabe que não é eterno na vida dos filhos. É um investimento a longo prazo, mas todos colhemos frutos desde o início. É bonito ver como os pequenos conseguem aos poucos se posicionar mais claramente e, inclusive, ensinar outros adultos sobre isso. Cientes do enorme poder que temos nas mãos, já que somos hipnotizadores quando somos adulto referência, podemos acertar mais!

Usando a hipnose na prática

Em primeiro lugar, procure se manter hipnotizado pela ideia de que você tem o poder incrível de permitir o crescimento da sua criança. Com seu apoio empático em momentos desafiadores, você entregará um imenso presente para o futuro de todos. Lembre-se de que, quando um pequeno manifesta uma emoção, ele precisa de você e aquela expressão não tem nada de pessoal, além do fato de ele te considerar uma pessoa de extrema confiança. Pode se sentir orgulhoso(a) por isso, é um ótimo sinal.

Se desejar, abuse dos conceitos que aprendeu de hipnose e foque a sua mente em uma frase que te ajuda a não perder esse olhar, mesmo se o mix de emoções começarem a turbilhar por aí. Uma afirmação positiva como "eu sou capaz de fornecer a ajuda que meu(minha) filho(a) precisa" ou "eu recebo o apoio que entrego à minha criança" pode ser útil. Isso vale para visualizações: crie uma imagem mental de você nesse cuidado precioso e empático. Escreva ou desenhe algo que representa sua imagem. Espalhe em vários pontos da sua casa se for necessário para te ajudar a lembrar desse recurso com frequência.

Especificamente no momento da crise, lembre-se de que manter a calma (por dentro e por fora) é importante. Você já sabe que somos capazes de conduzir reações sem pronunciar nem mesmo uma palavra, certo? Respire fundo algumas vezes se for necessário para se acalmar. E procure se ater ao seguinte caminho, dando foco ao que realmente importa, a criança:

Acolha seu pequeno como se estivesse ouvindo um amigo que precisa desabafar uma emoção cabeluda, como a perda de alguém querido ou a descoberta de uma doença grave. Será necessário estar bem próximo, com olhar atento e disponível. Imagine-se assistindo à cena de fora e admirando a sabedoria desse processo natural. O amadurecimento não depende de você, mas seus aplausos ou vaias são capazes de mudar a interpretação do artista. Pare o que estiver fazendo, é importante estar totalmente presente – a criança é muito hipnotizável, qualquer coisa extra pode distraí-la aqui.

Valide os sentimentos dela. Não precisa nomear necessariamente, mas pode dizer que sente muito, que a ama, que você está com ela e outras coisas desse tipo que encaixem no momento. Dizer "eu sei/percebo que é difícil para você" ou "eu te entendo" são pérolas nesse momento. Mas tudo bem se você não lembrar ou não souber o que falar. Desde que esteja acolhendo o pequeno, o silêncio vai bem também. Foco no acolhimento.

Ofereça conforto com colo, carinho, abraço ou alguma outra forma que o pequeno aprendiz prefira. Se você sempre o olha atentamente, em pouco tempo é capaz de identificar qual a preferência dele para ser consolado. Siga ajudando-o a dar atenção aos próprios instintos, é natural extravasar a emoção.

Fique com a criança até o choro passar. Até lá, permaneça ajudando-a a manter o foco na tarefa importantíssima de liberar a emoção. Tenha paciência: cada indivíduo e situação requer um tempo específico. Não cabe a nós avaliar ou datar, inclusive porque não sabemos se aquela manifestação está limpando mais do que o evento recente.

Verifique se ainda existe necessidade de propor soluções quando o transbordo terminar. Geralmente, a criança se sente aliviada, para de chorar e muda de assunto com naturalidade. Muitas vezes, não cabe mais resoluções, mas, se for o caso, procure instigar a criança a pensar sobre possíveis caminhos com perguntas investigativas. Aqui também vale mantê-la naturalmente hipnotizada pelo próprio processo.

Todo episódio bem-conduzido (não importa a razão de ter começado) reforça a construção da maturidade do ser. Ao final de cada um, a criança terá aprendido que os sentimentos vêm e vão, sem nenhum pesar. E, que são amadas e importantes mesmo, uma vez que estivemos ao lado delas, aceitando-as independente do sentimento que elas carregavam.

Deixe a técnica da distração para redirecionar os pequenos apenas nas atividades que eles não devem realizar. É certo que ficar dizendo "não" para as mil peripécias que eles inventam enquanto exploram o mundo é cansativo para todos e certamente limitante. Repensar o vocabulário com o foco de atenção na capacidade desse ser em formação também é uma ótima forma de utilizar a hipnose, pode começar aos poucos.

A transformação proposta aqui seria mais facilmente alcançada se o mundo inteiro já fosse ciente de tudo isso sobre as crianças. Todos teriam olhares empáticos nos momentos de choro e explosões emocionais e talvez até seria possível compartilhar a tarefa de acolhimento com outros adultos. Mas, para que isso aconteça algum dia, precisamos começar de alguma forma. Está nas nossas mãos construir o novo, abandonando o velho.

Mudanças são um processo, não um evento. Tudo bem se você esquecer, "errar" ou até se precisar chorar para desabafar às vezes. Uma conversa, uma explicação e um pedido de desculpas funcionam muito bem e seus filhos inclusive aprendem com esse exemplo.

"Os sonhos não determinam o lugar onde iremos chegar, mas produzem a força necessária para nos tirar do lugar em que estamos" (CURY, 2003).

Guarde este lembrete: todas as pessoas merecem respeito, independentemente do tamanho delas! Que possamos ser exemplo e inspiração para o que queremos ver no mundo. A causa é nobre.

Referências

CURY, A. *Pais brilhantes, professores fascinantes*. Rio de Janeiro: Sextante, 2003.

NIN, A. *Seduction of the Minotaur*. Denver: A. Swallow, 1961.

21

COMO SE TORNAR PARTE INTEGRANTE DO NOSSO UNIVERSO PARALELO

Este capítulo descreve relatos de crianças com problemas de aprendizagem, com o objetivo de alertar os pais para situações que nos exigem um posicionamento diferente para conseguirmos resultados positivos, por meio do fortalecimento dos laços de compreensão e incentivo de todos os envolvidos, no processo de desenvolvimento humano.

MÁRCIA MARTINS BOULHOSA

Márcia Martins Boulhosa

Contatos
marciamartins.aprendizagem@gmail.com
instagram: @marciamartins.aprendizagem

Mãe de Renato Martins Boulhosa, minha inspiração para escrever. Neuropsicopedagoga clínica, institucional e hospitalar; especialista em Neurociência da Aprendizagem, avaliação psicológica e psicodiagnóstico. Apaixonada por desenvolvimento infantil.

Para se tornar um membro do nosso universo infantil, primeiramente, precisamos nos despojar de todos os nossos conhecimentos e crenças.
Isso não significar abrir mão de buscar conhecimentos novos e muito menos esquecer os que já possuímos, mas sim estarmos abertos ao ouvir as crianças em suas experiências, seus desejos, planos e dificuldades; e, somente depois, acessar os nossos conhecimentos.

Este é o ponto de partida para uma caminhada promissora e cheia de alegrias.

Outro momento importante é o processo de avaliação, de forma delicada, nada convencional, sem transparecer a seriedade do momento. As aplicações de testes cognitivos são muito importantes e auxiliam muito a nós, neuropsicopedagogos.

No entanto verifico que a observação clínica não poderia estar restrita a algumas sessões. Isso porque os resultados seriam bem diferentes se a criança tivesse familiaridade com os jogos e intimidade com o avaliador – sem falar do momento sentimental do avaliado. Não há como separar essas situações e basear os testes como destino final.

Acredito que o ideal seria partir da intervenção para depois formar uma base sólida de relatórios avaliativos.

Meus pacientes vêm confirmando a validade desse método. À medida que interagimos e a partir das sessões iniciais, venho percebendo que os resultados poderiam ser diferentes das negativas apresentadas anteriormente.

Por meio de minhas observações, mergulho no universo individual de cada criança com jogos de emoções, para conhecer um pouco mais sobre cada uma e somente depois aplico alguns testes que analisam as dificuldades, com o objetivo de traçar uma proposta de aprendizagem com base na forma mais fácil para cada criança. Nesse momento é que precisamos abrir mão de nossas crenças para acessar o universo individual e obter sucesso na aprendizagem. E se esse processo for combinado com a parceria de pais, educadores e outros profissionais, então o resultado, sem dúvida nenhuma, será além do esperado.

Nosso universo paralelo

Inicio este capítulo com o seguinte questionamento: quem nunca vivenciou, na infância, uma situação desconfortável em sua vida escolar?

Somos seres imperfeitos e mesmo que você não admita, se for tentar lembrar, pode encontrar um fato desses que tenha marcado a sua infância.

Lembro-me de muitas situações em que eu era a melhor da turma, algumas vezes, a primeira e única a responder. Porém, também me lembro das minhas dificuldades em coisas consideradas simples pela maioria.

Por meio desses relatos infantis de meus pacientes, observo acontecimentos repetitivos, que geram sentimentos de incapacidade e incompreensão e isso me motiva e impulsiona a escrever para tentar alcançar o maior número de leitores possível; e desvendar um pouquinho desse mundo ao qual me sinto parte, por conhecer muito bem.

Tenho certeza de que após a leitura desses relatos, você verá algumas situações cotidianas vividas por essas crianças com um olhar diferenciado.

Pai, mãe, cuidador, professor, gostaria muito que vocês refletissem sobre as dificuldades que existem para todos, pois elas só mudam os tipos. Sempre seremos bons em algo. Por outro lado, teremos dificuldades para realizar alguma tarefa.

Conheço adultos que não conseguem colocar um café sem derramar. Outros muito agitados e, também, os que falam sem parar. Alguns claramente com dificuldades para se relacionar, os quais são bem-sucedidos em suas ocupações, ocupam posições de liderança, se destacam e até fazem sucesso.

Então, será que nossas crianças não merecem um pouco da nossa compreensão e paciência na aprendizagem, até mesmo por estarem iniciando as suas vidas?

Os relatos a seguir descrevem situações recorrentes e comuns do cotidiano de algumas crianças, que poderiam ajudar na compreensão do dia a dia. Espero esclarecer e contribuir de alguma forma.

Déficit de atenção (A. L. M., 6 anos):

> Papai, você sabia que naquele dia que o senhor me presenteou com uma caixa de chocolates, esperando uma reação de felicidade, e eu nem percebi o presente. Eu não estava sendo ingrato, não, só estava distraído com meus brinquedos... Desculpe, eu não quis magoá-lo.
> E no outro dia, em que eu perguntei por que as crianças precisavam comer doces e você se aborreceu. Eu estava só curioso e gosto de buscar as razões para tudo.
> Pois é, às vezes estou distraído, muito distraído, mas posso melhorar muito com alguns joguinhos... Poderíamos tentar?
> Posso chegar ao topo do meu desenvolvimento e vou longe se você me ajudar.

TDAH (M. T. M., 10 anos):

Mãe, quando eu chegar em casa e estivermos com visitas na sala e eu não cumprimentá-las, não estou sendo mal-educado, só estou com muitos pensamentos que me distraem. Por favor, me ajude a lembrar logo na porta. Sabe mãe, insista, uma hora conseguirei fazer sozinho.
Não me chame de mal-educado... Por favor. Até mesmo porque a senhora que me educou. E olhe, não fale sobre os meus insucessos na minha frente. Isso me deixa constrangido. Muito menos diga que tenho problemas, irei me achar responsável por isso e não tenho culpa nenhuma.
Lembre-se sempre: você, mãe, não é perfeita e, às vezes, até se descontrola e grita. Eu só te observo...
Mas adulto pode tudo, não é?
Às vezes eu gostaria de apressar o tempo. Para poder errar sem culpa, como os adultos.

Síndrome de Asperger (R. T. M., 8 anos):

Pai, tenha calma quando eu me sacudir, fizer brincadeiras sem sentido na sua visão. Estarei me sentindo bem dessa forma e, às vezes, quero chamar a sua atenção. Mesmo quando a minha brincadeira ficar cansativa, chata e repetitiva no seu ponto de vista. Preciso que você me aceite, sou assim mesmo. E preciso do seu amor incondicional nessa hora, pois lembre-se de que eu não preciso mudar pra ser amado.
Quando se aborrece no trânsito, eu também sinto vergonha de você. Você fica igual a mim e nem percebe. Mas ninguém estranha, porque depois que viramos adultos, parece que tudo pode mesmo. Então é só uma questão de tempo.
Seria tão bom se nós nos aceitássemos... Assim poderíamos brincar com as nossas particularidades, o que você acha?
Tenho uma listinha:
— Não preciso de rótulo, tenho nome e sou seu filho, posso superar situações com o seu apoio. Lembre-se que só estou começando a minha vida, tenho muito a conquistar.
— Me ensine e depois pergunte.
— Me acompanhe, me pergunte e me conheça.
— Estamos juntos nessa, conte comigo também.
— Preciso estar com a autoestima boa para ter bons resultados.
— Preciso trabalhar foco, concentração, obediência, comportamento, entre outras coisas. Tem muita gente legal querendo me ajudar, profissionais que estudam pra isso.

DPAC (S. M. R., 8 anos):

Certa vez, eu não compreendi o comando da questão e não consegui resolvê-la. Pra minha surpresa, a minha professora, ao invés de me auxiliar, puxou a minha orelha.
Fiquei muito chateada com isso e pedi ajuda pra minha mãe e ela foi à escola resolver. Senti muito orgulho da minha mãe!

TOD (P. V. D., 9 anos):

Minha mãe me chamou pra conversar sobre as minhas dificuldades com uma amiga dela, professora. Durante a conversa, ela começou a competir comigo, porque eu disse que ela não compreendia o universo infantil.
Então ela começou a me perguntar coisas de advocacia. Sinceramente fiquei voando. A gente não se entende mesmo.
Gostaria de passar longas horas pra aprender mais sobre esse universo dela e falar um pouco do meu, mas ela nunca tem tempo. Trabalha muito.
Às vezes não me desculpo, como forma de defesa. É mais fácil admitir a minha tolice do que a minha dificuldade.
Eu necessito que você reforce as minhas atitudes boas, preciso treinar autocontrole e mais ainda a minha empatia. Você pode me ajudar e muito.
Quando eu rir de alguém que tem deficiências de mobilidade, uma perna mais curta, por exemplo, convide-me a fazer tudo com uma perna só. Assim poderei exercitar a minha empatia na prática.

Dislexia (F. S. C., 10 anos):

Fui convidada pela minha professora de inglês a ler em público. Como me saí mal, fui mandada pra fora de sala. Isso se repetiu com a professora de português e tirei zero na prova.
Além do mais, esqueço o conteúdo e passo por constantes constrangimentos.
Enxergo as palavras de uma forma diferente, isso dificulta muito a minha leitura. Mas tenho me esforçado bastante para superar.

Discalculia (A. T. M., 9 anos):

Matemática sempre foi um problema pra mim, desde o fazer bolinhas, riscar bolinhas na subtração e coordenar meus dedos para fazer contas. Se meus professores pudessem estudar outras formas de me ensinar, talvez eu alcançasse o método deles depois de aprender no meu. Seria uma parceria incrível se eles alcançassem as minhas referências anteriores de informações arquivadas. Desde a ordem dos dedinhos de 1 ao 10.

Devemos nos lembrar de nossa própria infância. Em determinado momento fomos julgados por não entender ou saber algum assunto, e com certeza ouvimos algo desagradável ou doloroso ao ouvido de uma criança. E, sem coragem de defesa, nos fechamos em nosso mundinho de tristeza e incompreensão.

Crianças precisam de vocês, adultos, não os cobrem tanto. Contribuam, perguntando se aquele assunto já lhe foi ensinado. Porque ninguém nasce sabendo e muitas vezes a dúvida do seu filho é sua culpa, devido à falta de esclarecimento ou definição.

O problema é que quando crescemos nos achamos superiores, sim, adquirimos algum conhecimento e muito orgulho, o que nos tira a pureza das crianças e o prazer em ensiná-las para depois cobrá-las.

Isso serve também para nós, educadores. Precisamos nos questionar sobre os nossos métodos de ensino, se estão sendo eficazes. Afinal, não há aprendizagem sem um método eficiente, que alcance o entendimento do aluno ou pelo menos que seja repassado da forma correta, se esgotando em tentativas.

Crianças estão prontas para aprender, com força de vontade dependente do seu estímulo. Se receberem acolhimento e confiança poderão alcançar os melhores resultados.

Seus filhos gostariam muito de ouvir as dificuldades de aprendizagem da sua infância e mais ainda de ouvir as dificuldades que vocês conseguiram superar. Isso pode estabelecer um elo de confiança e esperança entre vocês.

Não coloque as suas expectativas de realizações não executadas nos seus filhos. Busque a sua satisfação profissional e intelectual, caso seu filho não alcance alguma meta, depois de você ter tentando ajudá-lo por diversas vezes. Não o culpe e muito menos se preocupe.

Muitas pessoas, que trabalhavam com uma simples venda, alcançaram a prosperidade financeira e profissional. Estudo é muito importante, só não mais importante que ser feliz, diga ao seu filho que seu objetivo é fazê-lo feliz, com ou sem diploma. E que você o apoiará em sua caminhada. Caindo, levantando, aprendendo, errando, sorrindo com os erros cometidos, vivendo e sendo felizes!

Biografia

Mãe, neuropsicopedagoga como formação de coração após a mudança de carreira da área tecnológica para a área educativa, para auxiliar o filho em suas dificuldades.

Assumindo o verdadeiro propósito de Deus em minha vida, hoje posso me considerar uma pessoa completa e realizada, como ser humano e profissional, pois o Senhor é quem nos leva aos melhores caminhos.

Cheia de gratidão e feliz por estar cumprindo a minha missão na Terra, que é mostrar a todos que podem evoluir em habilidades cognitivas, comportamentais e como seres humanos, que todos temos pontos fortes e fracos, algumas crianças extremamente talentosas em áreas específicas, que podem se tornar referências em suas futuras profissões.

Que nem tudo é um diploma em mãos, até mesmo porque as profissões são diversificadas e nem todas o exigem.

Mas acima de tudo, que nós, profissionais, pais, e todos os envolvidos na evolução de crianças, precisamos esgotar as nossas tentativas de alcançar a aprendizagem para a vida escolar e pessoal. E buscar um propósito de vida nos planos do Senhor, nosso Deus. Que nos enviou para uma causa e com toda a certeza nos capacitará para ela.

22

A IMPORTÂNCIA DO AFETO NO PROCESSO EDUCATIVO DA CRIANÇA

A abordagem do tema traz à baila pontos importantes a serem considerados no que tange a prática de uma educação fundamentada no afeto, tais como: a formação da afetividade na criança, desde a sua vida intrauterina, presente nas fases de desenvolvimento do ser e na construção gradativa da sua cognição e habilidades socioemocionais evoca uma reflexão sobre o papel da família e da escola na formação do sujeito aprendente; traz também algumas notas sobre a importância da acolhida escolar, pois a escola, em muitas realidades, torna-se um lugar mais importante do que a própria casa de muitas crianças. Evidencia-se a afetividade como elemento essencial no desenvolvimento formativo e educativo da criança, possibilitando um aprender saudável que acomoda as emoções, autoestima, autoconfiança, além de desenvolver as habilidades socioemocionais, equilibrando o gerenciamento dos relacionamentos inter e intrapessoais.

MARIA ANETE MARÇAL REIS

Maria Anete Marçal Reis

Contatos
marcal.terapia@gmail.com
Instagram: @marcalanete
Facebook: anetemarcal
71 99201 1821 / 71 99272 3837

Pós-graduada em Psicopedagogia Clínica e Institucional pela Faculdade São Bento da Bahia, especialista em Psicoterapia infantojuvenil pela Faculdade de Ciências da Bahia – FACIBA, licenciada em Pedagogia pela Universidade Federal da Bahia – UFBA, graduanda em Psicologia pela União Metropolitana de Educação e Cultura – UNIME, pesquisadora pelo Centro de Investigação, Defesa e Educação da Infância – CRIETHUS/FACED/UFBA, possui artigos publicados em âmbito nacional e internacional.
http://Lattes.cnpq.br/5470638269386124.

A questão da afetividade no processo de formação do sujeito, tanto no desenvolvimento cognitivo quanto no processo de aprendizagens, vem ao longo da história sendo tema de debate de muitas áreas como a psicologia, pedagogia, biologia, antropologia, dentre outras.

Desde a vida intrauterina, o bebê necessita de afeto para que possa equilibrar-se no ambiente do útero e no campo da emoção. A preocupação de dar afeto aos pequenos deve ser estimulada e praticada principalmente na família e na escola. Não pode haver separação entre amar e educar, os dois atos devem ser elementos essenciais de uma prática pedagógica afetiva e positiva.

A afetividade deve acompanhar todo o processo de crescimento e desenvolvimento cognitivo da criança. Por isso, não podemos dissociar razão e emoção: se aprendeu racionalmente, porém foi envolto emocionalmente de sentimentos de afeto, tanto pelos pais, familiares quanto pelos professores e demais pessoas do convívio da criança.

A criança espera encontrar na escola um ambiente acolhedor, tal qual o da sua família. Porém, em casos em que na família há ausência de afeto, mesmo assim é na escola, especialmente na pessoa da professora ou professor, que ela irá reclamar atenção e afeto.

Desse modo, faz-se necessário que o educador atento a essas prerrogativas proporcione um clima sempre afetuoso no espaço da sala de aula. E não somente na sala de aula, como em todo o espaço escolar, pois é inadiável que pratiquemos uma pedagogia afetiva se queremos, de fato, transformar o mundo por meio das crianças.

Afetividade na aprendizagem escolar

A escola constitui-se como o ambiente visto pela sociedade para aprender, mesmo sendo apenas um dos vários lugares onde a aprendizagem acontece. Porém, os pais esperam da escola que ela própria, composta por todos os seus membros, eduque os seus filhos para a vida social. De acordo com Chalita

(2001, p. 225): "O processo educacional transcende os muros de uma instituição de ensino. A escola não é a única responsável pela educação." Assim, é possível entendermos que, embora a escola não seja o único lugar para que a educação aconteça, ela sempre será vista como o lugar do aprender.

A criança, quando chega ao espaço escolar, espera ser acolhida de forma afetuosa, essa primeira experiência torna-se fundamental para a sua adaptação e sentimento de pertencimento ao ambiente escolar. Principalmente nas primeiras séries, lá na Educação Infantil, a questão da não adaptação ao ambiente escolar pode constituir um problema grave que leva o aluno a sentimentos de tristeza, angústias, abandono, gerando insegurança e sensação de inadequação ao lugar.

A participação de todos os funcionários da instituição, não somente da equipe pedagógica, torna-se necessária e essencial. O alinhamento das ações, dos objetivos e procedimentos adotados por toda a comunidade escolar faz toda a diferença.

A escola tem o papel de promover condições por múltiplas vias de aprendizagem para as crianças. Deverá partir do pressuposto de que ela não é uma ilha isolada, porém, envolta por muitos fatores: sociais, culturais, econômicos, políticos, religiosos e funciona também, como espaço sociocultural que forma sujeitos para interagir com o outro, respeitando a diversidade de cada um, no todo.

A finalidade da educação escolar é a de formar cidadãos plenos, capazes de entender o movimento cíclico das coisas, da natureza, da sociedade e da própria vida.

A educação do futuro, com certeza, será aquela capaz de formar seres pensantes, mas, sobretudo críticos, seres capazes de liderar a si mesmos e a serem protagonistas do seu próprio itinerário formativo.

A afetividade na família

A família tem o papel de acolher a criança e promover a individuação e pertencimento, independente de qual tipo de família a criança pertença. A família tem que viabilizar relações pautadas na afetividade e no adequado desempenho das respectivas responsabilidades, pois devem educar os filhos para a sociedade. A educação familiar, em hipótese alguma, poderá ser substituída pela educação escolar, ambas são necessárias para a formação da criança, porém a família não pode se eximir do seu papel educativo, que é fundamental para a construção desse sujeito aprendente.

A criança busca, em sua família, o alicerce no qual possa depositar total confiança; ela busca como ponto de referência os pais e/ou responsáveis por ela. O ambiente familiar deve, então, proporcionar a esta criança condições favoráveis para que possa desenvolver-se de modo saudável em todas as dimensões: física, psicológica e espiritual.

Portanto, uma criança que cresce em um ambiente de discórdias e conflitos pode sofrer as consequências no processo de desenvolvimento, na formação da personalidade, poderá apresentar comportamentos agressivos e irritadiços, dentre outros. Por isso, os pais devem proporcionar aos seus filhos (biológicos, adotivos, de criação ou de coração), uma educação afetiva, fundamentada em gestos afetivos concretos: abraços, beijos, elogios, incentivo diário, palavras de motivação e proteção ética e moral.

Uma educação doméstica calcada no amor é de suma importância para o desenvolvimento infantil, pois os filhos têm a necessidade de se sentirem queridos, amados, pertencidos àquele lar, têm que sentir que foram desejados, mesmo sendo planejados ou não. A solução para um bom êxito na educação dos filhos, sem dúvida, está na forma, no modo, no jeito de conduzir a relação. Segundo Tiba (2007, p. 51):

Os pais têm que ser coerentes entre si e não permitir que os seus filhos façam em casa o que não poderão fazer na sociedade; ao contrário, devem exigir que já façam em casa o que terão de fazer fora de casa. Têm que ser constantes, isto é, uma vez dito um não, este não deve ser mantido, não se transformando mais tarde em um sim. Pois quem quebra a disciplina dos filhos, geralmente são os pais que não aguentam manter um não diante da pressão dos filhos. Castigos não educam.

A família tem uma responsabilidade ímpar no que tange à formação do caráter dos seus membros, principalmente os filhos. Exercer o compromisso de educar para a vida, para os desafios da sociedade, de educar nos valores éticos e morais. De formar um cidadão, consciente de seu papel social, de forjar um ser crítico, que seja capaz de questionar a sua própria existência e ser autor de sua própria história.

Considerações finais

A proposta maior deste capítulo é despertar em nós, pais, educadores, facilitadores, mediadores do processo de aprendizagem, o desejo de atuar na perspectiva da educação afetiva. Pois o que podemos notar é que cresce o número de crianças carentes de afetos, crianças entristecidas, crianças depressivas, apresentando déficits na aprendizagem escolar. É evidente que existem muitas causas para tais dificuldades de aprendizagem, mas consideramos a questão da afetividade como elemento essencial para um crescer saudável.

E pensar em uma educação ideal para as nossas crianças é pensar em uma educação afetiva, na qual o ato de ensinar e aprender, seja promovido em um palco de respeito às diferenças de pensar de cada um, respeito às diferenças culturais, respeito à condição econômica de cada criança. Essas prerrogativas devem ser concebidas para que o desenvolvimento do ser por completo aflore no espaço da sala de aula, precedido pelo espaço do lar. Ambos os lugares devem perpetuar uma aprendizagem significativa, dosada no afeto.

Trazemos também a importância da família para este contexto, pois é lá o primeiro lugar onde este ser inicia a relação de diálogo e convivência com o outro, é na família que a criança aprende a obedecer às regras e limites. A criança irá refletir a educação doméstica que recebeu e, geralmente, é na escola onde os resultados serão notados. Se recebeu uma educação fria, sem afeto, poderá apresentar dificuldades de relacionamento e aprendizagem.

Desse modo, vimos que o professor é esse agente de mudança que poderá promover às crianças, uma educação que extrapole os limites da escola e promova transformação no mundo.

Referências

CHALITA, G. *Educação: a solução está no afeto*. São Paulo: Gente, 2001.

FREIRE, P. *Pedagogia da autonomia: saberes necessários à prática educativa*. São Paulo: Paz e Terra, 1996.

GARDNER, H. *A criança pré-escolar – como pensa e como a escola pode ensiná-la*. Porto Alegre: Artes Médicas, 1995.

GIMAEL, P. C. *Infância vivenciada*. São Paulo: Paulinas, 2013.

ROSSANI, M. A. S. *Pedagogia afetiva*. Petrópolis: Vozes, 2001.

TIBA, I. *Quem ama educa: formando cidadãos éticos*. São Paulo: Integrare, 2007.

23

FUTURANDO VENCEDORES

Neste capítulo, faremos uma abordagem sobre a família do passado, do presente e a que se quer projetar para o futuro. Sendo a família a base, e o futuro as crianças. Educá-las de forma simples, harmônica e integral deve ser a meta primordial dos educadores. Se desejam que as crianças sob a sua tutela sejam vencedoras, têm que investir a curto, médio e longo prazo. Os filhos devem ser para os pais ou responsáveis, na velhice, o que a bengala o é para o cego: apoio e segurança.

MARIA DE LOURDES NERES COSTA

Maria de Lourdes Neres Costa

Contatos
bencao1962@outlook.com
99 99218 2901

Professora em escola pública. Graduada pela UEMASUL (2003). Pós-graduação em Administração e Supervisão Escolar (Faculdades Integradas de Amparo, 2004). Teologia Bíblica – IAENE (2007). Autora do livro *O Belo Verde* (2021). Oradora. Aperfeiçoamento na vida familiar e participação no desenvolvimento da vida de filhos e netos até agora.

Modelo de família ajustado pelo tempo e pela mudança de costumes

Há algum tempo, as famílias eram mais numerosas, compostas de filhos e agregados. O convívio social era sentido na prática. A obediência prestada aos mais velhos e a hierarquia dentro da família era considerada muito importante. Os filhos mais velhos eram espelhos aos mais jovens e os mais novos deviam respeito aos mais velhos.

A educação era baseada na figura do autoritarismo. Nesse contexto, aprendia-se o serviço e a obediência. Às crianças, não era dada a oportunidade de expressarem opiniões. As malcriações eram resolvidas na base da disciplina física e do castigo. Aprendia-se a suplantar o ego e a serem donos de uma personalidade formada a ferro e a fogo.

Surgiram os contraceptivos e o planejamento familiar. O formato de família numerosa foi desaparecendo e também a forma de educar. Em relação ao número de filhos, hoje se resume em 1 ou 2, no máximo 3. Ressaltando que as famílias são livres para terem o número de filhos que quiserem, na maioria dos países do mundo.

O que isso trouxe para a sociedade? Um ser humano mais centrado em si, em satisfazer as suas necessidades ou estar numa constante competição. Vive-se a política do descartável. A criança passou a sentir sua unicidade, saiu da passividade, demonstra sua vontade por meio de comportamentos, entende que pode escolher, argumentar e se posicionar. A escola passou a ser de todos, gerando muitas oportunidades. Surge o ser humano mais egocêntrico, no entanto, com mais diversidade de escolha.

Princípios não mudam. Práticas, sim.

Como suavizar os efeitos da família moderna em relação à educação das crianças a fim de que se tornem preparadas para a vida, autônomas e emocionalmente seguras? Prontas para exercerem a sua cidadania com liberdade e responsabilidade no mundo social enquanto caminham para a maioridade?

Não há um guia prático de como exercer essa educação equilibrada, perfeita e com resultados assertivos e totalmente positivos porque cada família tem uma cultura, cada criança tem características próprias, não se pode moldá-las em uma forma. Isso é uma vantagem para o mundo corporativo, pois a demanda exige pessoas cada vez mais dinâmicas, versáteis.

Surgem, então, as teorias do desenvolvimento da criança. Os estudos feitos sobre inteligências múltiplas, que ajudaram muito os pais ou responsáveis a entenderem por que a criança prefere português a matemática. As escolas se adaptam e buscam aderir a esse conhecimento, facilitando o reconhecimento das habilidades psicomotoras e sociais da criança.

Viver em sociedade com todos os seus ditames, eis a questão. Queremos crianças vencedoras e bem adaptadas. Entender o outro exige competência. Compreender os vários tipos de lares que têm surgido e produzido os mais diversos tipos de pessoas requer sabedoria. Onde começar essa educação sólida?

A base são as famílias. Lares devem ser formados com adultos que se amem, se respeitem, que saibam o que é o sentido de uma união conjugal e as responsabilidades que ela traz.

Uma criança precisa ser desejada, planejada. Se queremos filhos fortes, devemos educá-los para serem fortes em todos os sentidos, desde a concepção.

As crianças e, principalmente, as com deficiências especiais, negras, de classe baixa ou pertencentes a algum grupo de excluídos, por serem mais passíveis de preconceitos, devem ser educadas para terem uma visão positiva de si mesmos. Desenvolver o amor-próprio, uma personalidade saudável a ponto de não permitirem que nada os rebaixe, que também se deem o direito de desfrutar de todas as prerrogativas que lhes são concedidas pelo Estado, pela família, pela lei, para todos. Sem, contudo, prejudicar o seu semelhante. Quem é forte por dentro não se abala com nada que venha de fora, pois tem consciência da sua identidade. Aprendeu a ver as coisas a partir de uma visão analítica e funcional.

Criança tratada com afeto, incentivada, valorizada, com constantes diálogos, desenvolvem uma personalidade inteligente, capaz de conviver bem com desapontamentos e contrariedades, tendem a ser mais seguras e equilibradas.

Um cidadão é construído quando tem contato com as primeiras regras sociais, familiares e escolares. As primeiras lições de cortesia são as que ficam se forem constantemente reforçadas.

A segurança emocional de uma criança depende, em grande parte, de quem cuida delas. As crianças escolhem ser próximas de quem lhes supre as necessidades, causando nelas o bem-estar, e fogem de pessoas que as deixam tímidas, constrangidas e pouco à vontade. Criança deve ser respeitada e ouvida.

A educação tem como objetivo ensinar a criança a ter o controle de sua vontade. Violência e medo não educam. As crianças podem aprender, se bem orientadas, a serem donas de suas atitudes, em um efeito de causa e consequência. Entender o sistema de recompensas e cumprir com os acordos estabelecidos. Uma criança que aprende desse jeito terá mais chances na vida.

Personalidade independente

É nas brincadeiras que a criança vai deixando fluir a sua personalidade e o caráter vai sendo moldado. As brincadeiras devem ser um momento de planejamento para a criança. Que brincadeira vem primeiro? Qual a mais adequada para o ambiente? Observe-a principalmente em contato com outras crianças. Ela simplesmente reproduz, enquanto brinca, os modelos que fazem parte da vida dela. Usa a linguagem de convívio com os adultos. Sejamos o modelo que queremos formar nelas. A criança tende a fazer com os outros o que fazem com ela.

Uma menina pode ser terna com suas bonecas e colegas ou ser totalmente indiferente, rude em sua maneira de tratá-los. Um menino pode ser deselegante em uma brincadeira, querer ser sempre o primeiro ou ganhar sempre. Ou pode se tornar tão apático que perder ou ganhar não faz diferença. Liderar ou ser liderado.

Criança que compartilha seus brinquedos, que cede a vez e não fica ressentida, facilmente vai desenvolver a empatia. Dividir é natural para uma criança.

Uma criança escolhe amigos, um brinquedo ou brincadeira, roupas, lugar ou outras coisas de acordo com as características de sua personalidade.

Os joguinhos infantis despertam na criança o emocional de forma verdadeira. Quando ganham ou quando perdem, ajudam a desenvolver a inteligência e a argumentação.

Uma criança pode perfeitamente ir brincar na casa de um coleguinha e trazer coisas de lá, sem, contudo, ter pedido autorização aos donos, com muita naturalidade, mas entenderá se for descoberta, questionada por meio de uma conversa baseada na confiança, finalmente sentir-se motivada a devolver o objeto ao dono e ainda pedir desculpas. Claro que, ao fazê-lo, deverá estar acompanhada de um adulto. Nunca permitir que a criança entenda ou suponha que tem o apoio dos pais ou responsáveis nas atitudes inadequadas, elas também sabem fazer julgamentos e serem capciosas. E não se deve humilhá-la por isso. É apenas uma fase.

Crianças são pedaços de nós. Facilmente se tornam discípulas. Uma criança não pode ser deixada livre para se alimentar ou dormir. Alimentação, sono e exercícios são prerrogativas para um bom crescimento, não uma válvula de escape. Não deve ver televisão ou brincar com o celular sem restrições. Já que o objetivo é que ela tenha o governo de si, toda restrição deve ser bem explicada, utilizando de forma categórica o sistema de causas e consequências.

As escolhas de uma criança precisam de supervisão e questionamento. Por que você quer isso? Você acredita que isto seja bom para você? E, ao fazer a criança desistir de suas escolhas ou optar por elas, que seja em nome da saúde física, emocional e social. Ao desistir, que você já tenha outra solução. Não queremos gerar crianças desmotivadas, sem iniciativas. Se objetivamos que a criança faça escolhas cada vez mais acertadas, precisamos dar a ela ferramentas certas ou similaridades que a projetem para o futuro.

Muitas opções de escolha formam crianças confusas, frustradas e ansiosas. Sempre duas opções para facilitar a escolha. Deixe que a criança crie, espere, que tenha contentamento. Que dê valor ao dinheiro. Falar com ela sobre a vida financeira familiar. Recompense-a pelos trabalhos domésticos.

As atitudes de uma criança devem corresponder à sua idade, salvo se a criança for um gênio ou demonstrar habilidades acima da média. Aí, no caso, não vai querer fazer coisas que crianças normalmente fazem.

Crianças gostam de contar suas aventuras. O mínimo que um tutor pode fazer diante de uma criança que se expressa sem medo e desenvoltura é se admirar e se encantar. Quando um adulto conta aos pequenos sobre suas aventuras de criança, elas se identificam, sentem-se parceiras da vida.

Às vezes, as crianças trazem da escola cartinhas, lembrancinhas de alguma data comemorativa, e o destinatário deve recebê-las com carinho e agradecer como se fosse a mais cara dádiva que esteja recebendo. Elas são proféticas, mais tarde serão substituídas por reconhecimento, cuidados e preocupações com o bem-estar dos seus pais ou responsáveis.

É indispensável desenvolver sinestesia em uma criança. Crianças precisam de atenção e de atividades lúdicas que lhes consumam as energias. É preciso despertar nas crianças as habilidades herdadas ou adquiridas e ainda levá-las a perceberem movimentos, texturas, cheiros, gostos, cores, sabores e a percepção de um mundo real que lhes anime à descoberta através de estímulos é gratificante.

A música sensibiliza, ajuda a criança a trabalhar suas inquietudes pessoais. Um instrumento musical, artes manuais ou marciais ajudam muito no desenvolvimento das crianças. Não estamos dizendo aqui que os pais ou responsáveis devam fazer o que não está ao alcance, mas o que for possível, deve se dar oportunidade.

A tecnologia, a internet, os games, os filminhos, os eletrônicos estão roubando a sensibilidade e a criatividade das nossas crianças. Nada contra, pois se esses recursos forem usados com orientação e supervisão, são úteis. Voltar no tempo e apresentar à sua criança brincadeiras antigas e construir, com ela, brinquedos com material reciclado, ajuda a criar memórias positivas e afetivas.

Sentimentos são aprendidos.

Aprendem a amar cuidando de um animalzinho, de uma plantinha. Partilhando. Bom saber que outros também têm necessidades, inclusive os pais ou responsáveis. Há pais que se orgulham em dizer: eu tiro da minha boca e dou para os meus filhos. Eu fico com fome, mas eles ficam de barriga cheia. Quando crescem, este adulto termina colhendo na pele o que plantou na mente deles com sua atitude de "tudo só para eles".

Deixe-as sonhar dentro da racionalidade e possibilidades. Uma criança pode desejar voar como um pássaro. Ela não tem a estrutura de um pássaro, mas poderá ser um piloto de avião, um paraquedista, um astronauta. Pode não ser um peixe, mas poderá trabalhar, no futuro, em um submarino, ser um mergulhador. Não as impeça de crescer.

Idade para perguntar, idade para saber a verdade, em uma linguagem simples e adequada. Se ela perguntar se fadas existem, duendes, Papai Noel, fada do dente ou outra fantasia, seja claro, sempre levando a criança a construir seu pensamento em relação às suas informações, sempre perguntando se você se fez ser entendido. Mostre os dois lados, sempre fundamentando suas respostas. Potencialize a sua criança.

"O caminho das pedras"

Pensando em pais ou responsáveis que querem desenvolver na sua criança um caminho preventivo para o futuro, damos aqui uma sugestão, um mapa educacional. Uma resposta à pergunta: O que você quer ser quando crescer? O que deve fazer para atingir seus objetivos? Conduza, então, essa criança com planejamento, flexibilidade e visão acurada da vida.

O mapa deve ser dinâmico e pedagógico. Criar paradas, premiar determinada realização ou idade. Deve ser desenvolvido dentro das realidades social, geográfica e financeira da família. Pode ser visível a todos ou um segredo entre os pais ou responsáveis.

O nome, os cursos, as atividades são apenas sugestivos. O mapa deve valorizar as etapas da criança, a cultura do país, o credo da família, valores. "Educar uma criança é um trabalho conjunto entre escola e casa. Todos possuem papéis importantes e indispensáveis" (frases do bem).

Mapa estudantil de Crisálida:

Ano	Idade	
2034	18 anos	🏫 – 🏍️ – 🎁
2033	17 anos	3º ano do Ensino Médio – 📓 – 📚 – 🏃 – 🎓
2032	16 anos	2º ano do Ensino Médio – 📓 – 📚 – 🏃
2031	15 anos	1º ano do Ensino Médio – 📓 – 🎁 – 📚 – 🏃 – 🚗
2030	14 anos	9º ano – 🇬🇧 – 📚 – 🏃 – 🎓 – 🚗
2029	13 anos	8º ano – 🇬🇧 – 💻 – 📚 – 🏃 – 🚗
2028	12 anos	7º ano – 🇬🇧 – 💻 – 🎁 – 📚 – 🏃 – 🚗
2027	11 anos	6º ano – 🇬🇧 – 🎹 – 📚 – 🏃
2026	10 anos	5º ano – 🇬🇧 – 🎹 – 🚗 – 📚 – 🏃
2025	9 anos	4º ano – 🇬🇧 – 🎹 – 📚 – 🏃 – 🎓
2024	8 anos	3º ano – 🇬🇧 – 🎹 – 📚 – 🏃
2023	7 anos	2º ano – 🎹 – ⭐ – 📚 – 🏃
2022	6 anos	1º ano – 🎹 – ⭐ – 📚 – 🏃
2021	5 anos	Pré III – 🎹 – 🎓
2020	4 anos	Pré II.
2019	3 anos	Pré I.

 Música

 Inglês

 Presentes especias

 Reforço

 Curso especializado de português e matemática

 Artes manuais

 Informática básica e avançada

 Habilitação

 Leituras

 Atividade física

 Intercâmbio

 Certificados

 Faculdade particular ou pública estadual/federal

212 | O mundo da criança

Frases motivacionais: "Lembre-se que as pessoas podem tirar tudo de você, menos o seu conhecimento." (Albert Einstein)

"A vida é combate, que os fracos abate, que os fortes, os bravos só pode exaltar." (Gonçalves Dias)

"Agrada-te do Senhor e Ele satisfará aos desejos do teu coração. Honra ao teu pai e tua mãe, para que se prolonguem os teus dias na terra que o Senhor teu Deus te dá." (Bíblia Sagrada)

Finalizo aqui as minhas considerações sobre o desenvolvimento infantil, com o desejo de ter lhe ajudado a crescer como pais ou responsáveis na educação de sua(s) criança(s). Na certeza de que, enquanto o galho está tenro, você pode torcê-lo para todos os lados, então, seja firme, constante, justo e pronto para mudar de rumo de acordo com o favorecimento dos ventos.

Sucesso!

24

PRIMEIRA INFÂNCIA
CONEXÃO FAMÍLIA E ESCOLA

Bem-vindo a este admirável mundo novo. A criança, ao nascer, já tem suas primeiras impressões, as quais marcarão sua vida para sempre. Como nós, escola e família, podemos educar para conectar e humanizar, proporcionando as melhores vivências desde o nascimento? Quais serão as necessidades presentes e futuras das crianças? Como educá-las para que sejam donas de seus atos, conscientes de seu posicionamento e de seu lugar no mundo?

MARLENE SILVA

Marlene Silva

Contatos
psicologamarlenesilva5@gmail.com
Instagram: @eumarlenesilva
@serpaisermae

Natural de Minas Gerais. Empresária, psicóloga e pedagoga e, há mais de 20 anos, desenvolve trabalhos nas áreas clínica e escolar. Mãe de dois filhos e vive hoje a expectativa de ser avó. Sua graduação em Pedagogia se deu em razão de atuar no ramo educacional, fez especializações na área da Psicologia – Psicossomática, Gestão de Pessoas e Psicologia do Esporte. Seu propósito de vida é fazer a diferença, de forma positiva, na vida das pessoas, proporcionando desenvolvimento pessoal e interpessoal. Tem a escuta empática e o acolhimento para nortear todo o trabalho com alunos, professores e família dos alunos. O Projeto Escola de Pais acontece mensalmente como espaço de escuta de temas pertinentes ao desenvolvimento infantil, agregando mais desenvolvimento e o ampliar da consciência para essas famílias. O projeto serpai&sermãe é aberto à comunidade.
Você pode conhecer mais sobre seus trabalhos por meio das redes sociais.

*Para entender o que o outro diz, não basta entender suas palavras,
mas também seu pensamento e suas motivações.*
LEV VYGOTSKY

Vamos juntos adentrar nesse admirável mundo novo?

Eu, como empresária, mantenedora, pedagoga e psicóloga de uma instituição de ensino de primeira infância há 20 anos, venho articulando os dois campos do conhecimento: psicologia e a pedagogia para humanizar sem romantizar a educação infantil, observando a história de cada criança e focando na singularidade, inserindo-a no coletivo com a finalidade de lhes proporcionar o melhor desenvolvimento para descobrir o mundo e que ele seja realmente admirável. Faço este convite para você, pai, mãe, educador, para, juntos, refletirmos e buscarmos ações mediante esta falta de conexão e humanização que se instala em nossa sociedade, reconectar através do sentimento é urgente e essencial para a vida. A visão Walloriana destaca que a afetividade é central na construção do conhecimento e da pessoa nas interações sociais.

Seguindo a fala do psicólogo Fraimam (2019), em seu livro *A Síndrome do Imperador*, "não posso compactuar com um modelo de educação que tem destruído a saúde mental e emocional de tantas famílias." "Não posso observar calado a guerra que se instalou entre tantas famílias nas relações com as escolas, que se sentem hoje atacadas e desprezadas." Também não posso deixar de escrever nas páginas a seguir sobre a importância de se ter esta conexão e de como realizá-la com as famílias, sendo esta intervenção pedagógica e psicológica uma maneira de humanizar este processo.

Memórias significativas na infância

A infância só acontece uma vez. Passando esta fase, ela jamais voltará e, assim, a teremos somente nas memórias. Por isso, nós, educadores e pais, devemos proporcionar vivências significativas para nossas crianças, sendo o amor a base para criar essas memórias afetivas! Como diz Içami Tiba: "Quem ama educa!". Onde falta o amor, nada floresce.

Quais memórias você guarda da sua infância? Você já proporcionou a experiência desta memória para seus filhos e/ou seus alunos?

As experiências vividas é que moldam nosso cérebro e tudo o que experimentamos na primeira infância (que compreende a idade de 0 a 7 anos) é que vai determinar a nossa vida adulta.

Por exemplo: se uma criança vive em um meio onde todos à sua volta são pessoas negativas, ela tende a construir uma visão de um mundo também negativo. Se ela vive onde as pessoas achem normal palavras ásperas ou a desmotivação é uma constante, qual a possibilidade desta criança se sentir motivada nos estudos, nas amizades ou em qualquer outra iniciativa saudável?

Se o meio for limitado e sem perspectivas, a criança vai interiorizando este mundo que, de certa forma, não é saudável para ela e, se essas vivências estiverem ancoradas sobre fortes emoções, essas experiências serão absorvidas como verdades absolutas e únicas, podendo estar sendo formadas em suas redes neurais crenças limitantes, as quais irão influenciar negativamente o seu desenvolvimento, podendo prolongar-se por outras fases da vida.

Por isso, crie memórias, com vivências que despertem emoções boas e jamais rotule uma criança, pois os rótulos a descrevem, e não o comportamento dela, passando uma mensagem errada no ato de educar.

Seja no contexto familiar ou escolar, faça da infância de seus filhos e alunos uma conexão saudável para a vida adulta, que ela possa ter recordações positivas desse admirável mundo novo e, quando crescer, ao acessar suas memórias afetivas, possa ter grandes tesouros guardados e que foram vividos nesta fase tão gostosa, que precisa ser recheada de imaginação. Se queremos preparar as crianças para relacionamentos saudáveis, precisamos proporcionar relacionamentos saudáveis a elas desde a primeira infância. Espero que minhas colocações e observações estejam fazendo a diferença positiva para você adentrar neste admirável mundo novo que é a primeira infância.

Os apaixonados e os indiferentes

Aqui devemos observar se neste admirável mundo novo temos os apaixonados ou pessoas indiferentes articulando suas ações. Goleman (1995) coloca em seu livro *Inteligência Emocional* que "para alguns a inteligência emocional é esmagadora, para outros ela nem existe".

Pois bem, acredito que nesse espaço da primeira infância deveria ser o mundo dos apaixonados pelo que fazem. Daqueles que têm a educação permeando na corrente sanguínea, a mesma que faz bombear o coração diariamente e que, após um dia exaustivo de trabalho, vai para casa descansar e, como num passe de mágica, no outro dia, já está lá pronto para trabalhar novamente! Como vocês conseguem? Os apaixonados pela educação têm uma reserva de energia especial, como assim? Aquela energia que o pai ou mãe diz que a criança tem de "sobra", inclusive ela tem de ir para a escola é para gastar mesmo. É essa energia que os apaixonados transformam em reserva especial; ela faz toda a diferença, utilizada diariamente para colocar o seu plano pedagógico em prática!

O educador se apropria dessa "sobra" de energia para dar um significado maior no seu trabalho e na vivência da criança, pois ela funciona como um combustível para esse propósito de vida. Os apaixonados pelo que fazem colocam o propósito de vida em suas realizações.

A mágica que acontece está na troca feita em cada conexão das atividades – sim, existem trocas durante as risadas despertadas pelas músicas, gestos, histórias engraçadas, *mindfulness* e comemorações de pequenas conquistas diárias e até mesmo de recordar momentos especiais com abraços apertados, os quais recebemos incondicionalmente. Trata-se de um misto de estímulos que existem no contexto escolar que os apaixonados pelo que fazem chamam de qualidade de tempo e este provoca a química da felicidade e do bem-estar, liberados pelos hormônios endorfina, oxitocina, dopamina, serotonina, cultivados e renovados durante novas conexões feitas nas trocas de energia. Esses apaixonados pelo que fazem sabem aproveitar esse tempo, transformando-o sempre em tempo de qualidade, algo que os pais apaixonados por serem pais também sabem fazer com os filhos em casa. Esses pais também criam essas reservas especiais dessas "sobras" de energia das crianças e, assim, são felizes um dia após o outro. Claro que podem ocorrer conflitos, mas a reserva especial de energia irá suprir e ajudar a vencer todo e qualquer um deles, será visto como um fortalecedor para a vida.

Ao longo de 20 anos trabalhando com a primeira infância, desfrutei e desfruto dessa reserva de energia especial todos os dias. Você pode me perguntar: "Educar dá trabalho?" Sim, mas não educar dá muito mais... se você utilizar essa energia da reserva especial, fará toda a diferença e, sem perceber, se tornará um profissional/pai/mãe resiliente e ainda mais apaixonado pelo que faz!

Espero que a leitura destas páginas possa lhes proporcionar um "gosto" a mais por estarem na vida desses pequenos que tanto merecem serem amados incondicionalmente!

Sigo diariamente a fala do psicoterapeuta Jung, que diz: "Ao tocar uma alma humana, seja apenas uma outra alma humana."

Acredito (e acredite você também), que você veio a este mundo para a fazer diferença positiva na vida de cada criança/aluno que lhe é confiado como um presente de Deus, e isso realmente é um presente Dele, ninguém se coloca na presença do outro por acaso, como agora, você está lendo as páginas deste livro, que fala exatamente do mundo da criança. Então te pergunto: "Qual é o mundo que você está proporcionando para essa criança? Baseia-se na infância que você vivenciou? Você teve uma infância feliz?"

Ressignificar a sua criança interior é primordial para despertar a criança que está dentro de você, pedindo para ser feliz novamente ou ter experiências ruins ressignificadas. Acredito que, por esse motivo, você trabalhe ou teve a oportunidade de ter filhos, para amar e ser amado e de ser transformado por eles. Cabe a você permitir e valorizar esta transformação, porém, se a sua criança interior estiver ferida, ela tende a ferir toda e qualquer outra que dela se aproximar. Sendo assim, busque o autoconhecimento, ressignifique a sua vida, desenvolva a empatia primeiro com você, começando pela sua criança interior. Permita-se ser feliz sendo pai/mãe. Profissional da educação, ressignifique sua função. Seja apaixonado pela sua criança interior e por todas as outras que a vida lhe oportunizar, para transformar a sua vida para melhor, na verdade, em alguém muito melhor!

Dicas que podem ajudar na escolha assertiva de uma boa escola

Quanto ao ambiente escolar, a primeira reflexão que sugiro como iniciativa desse processo de busca pelo melhor espaço é a seguinte: o que eu espero que meu filho aprenda ao entrar na primeira infância neste admirável mundo novo?

Após a reflexão, a sugestão é: faça uma lista de observações do que você gostaria que seu filho aprendesse, e digo que esta lista funcionará como um GPS para a sua escolha.

Nas visitações, os pais devem ser os "olhos" do filho. Assim, quais são os pontos mais importantes para se observar? Vários! Como é colocado na prática a proposta pedagógica, a abordagem utilizada e se ela é aplicada no dia a dia com os alunos. Como verificar? Você pode observar nos registros das atividades colocadas em murais, paredes, cadernos e portfólios. Observe o comportamento dos alunos no ambiente escolar ou quando estiverem saindo da escola. Hoje, as redes sociais são grandes aliadas para ajudar nesta escolha. Caso a escola tenha o psicólogo escolar, ele é o profissional mais adequado para ouvir suas dúvidas, e como a escola trabalha com as emoções, quais projetos são desenvolvidos que abordam este preparo para a vida.

Adaptação escolar

Como conduzir uma boa adaptação escolar? A sugestão é que reservem um tempo na sua agenda para que seja tudo tranquilo e de forma gradativa, para você e seu filho. Não terceirize esse processo. Por ser um ambiente novo, pode gerar uma certa insegurança, cabendo aos pais oferecer essa proteção, e isso é um ato de amor. Converse com o seu filho sobre sua escolha.

Dicas: aproveite o caminho de ida para a escola, mostre a ele por onde estão passando, dizendo o que vê. Isso proporcionará uma maior leveza, baixando a possível ansiedade gerada no trajeto até chegar à escola. Na saída da escola, jamais presenteie-o com brinquedos, doces ou outro objeto material, o mais correto é você elogiar, visto que o elogio gera vários benefícios, um deles é fortalecer as qualidades da criança, promovendo autoconfiança e segurança, trabalhando, assim, as habilidades da inteligência emocional, promovendo mais conexão entre pais e filhos.

Como ficam as emoções neste admirável mundo novo? Euforia, medo, raiva, rejeição, abandono, ansiedade, alegria, amor, angústia, um misto de emoções e sentimentos, não é mesmo?

Mesmo que tudo possa ser encantador e admirável, estar com pessoas até então desconhecidas, estar longe dos pais, mudança na rotina, pode, sim, gerar certo estresse, por isso um olhar clínico e uma escuta empática apurada são muito válidas por parte dos pais e escola. Apresento a seguir o modelo de uma brincadeira que você poderá usar para escutar o seu filho. A brincadeira do "adaptamômetro". Como funciona? É uma régua que mostra as carinhas dos emojis, ou seja, as emoções. Para brincar, peça à criança para escolher um emoji que expresse como ela se sente quando está na escola.

Este "adaptamômetro" funciona como um elo para o diálogo. Ter a escuta proporcionará um elo e ajudará seu filho a ter mais tranquilidade e segurança para expressar o que sente, mas atenção: tenha uma escuta apurada, pois a criança pode "manipular" para se beneficiar de algo, visto que ele encontrará neste espaço de aprendizagem social, regras e combinados.

O processo de adaptação também é para os pais. Precisam do espaço da escuta nesse processo. A comunicação é a base para alinhar informações e os pais também precisam ser ouvidos com a escuta empática, sendo um grande auxílio para equilibrar a emoção de ter o filho na escola, proporcionando mais consciência das expectativas x realidade por parte dos pais. Espero ter contribuído e auxiliado no entendimento deste admirável mundo novo que é a primeira infância, e o quanto é valido o "olhar clínico" para a escolha da instituição de ensino, principalmente se ela valoriza as competências socioemocionais, o pensar, o sentir e o agir de alunos, do corpo docente e dos pais. O tempo de qualidade promove conexão e humanização, e este tempo de qualidade deve acontecer no ambiente escolar e em casa também. E, para estar de fato com a criança, é necessário um sentimento que venha do coração, não só ter afeto, mas ser afeto e afetar positivamente este admirável mundo novo que é a criança.

Referências

FRAIMAN, L. *A síndrome do imperador.* São Paulo: Autêntica FTD, 2019.

GALVÃO, I. *Henri Wallon: uma concepção dialética do desenvolvimento infantil.* 7. ed. Petrópolis: Vozes, 2000.

GOLEMAN, D. *Inteligência emocional.* São Paulo: Objetiva, 1995.

TIBA, I. *Quem ama, educa.* 21. ed. São Paulo: Gente.

25

O ENTORNO IMPORTA PARA CRIANÇA

Significado de importar: trazer de fora para dentro, movimento para dentro.
Este capítulo tem o objetivo de gerar reflexão sobre o impacto das relações e das experiências vividas pela criança na sua formação como indivíduo, trazendo à responsabilidade todos os que fazem parte do entorno da criança e promovendo a ampliação da consciência sobre a educação.
Educar é do tamanho da complexidade humana!

MURIEL MARINHO

Muriel Marinho

Contatos
muriel.fmv@gmail.com
LinkedIn: www.linkedin.com/in/murielmarinho/
Instagram: murielmarinho_rj

Administradora pública e de empresas graduada pela Universidade Federal Rural do Rio de Janeiro – UFRRJ (2006); com Curso de Extensão em RH, George Brown College, Toronto, Canadá (2006); MBA em Gestão de Negócios pela Fundação Getulio Vargas – FGV (2009); formação em Mediação Pedagógica (2017) e Tutoria (2019), Instituto Colônia do Saber; especialização em Neuroeducação e Primeira Infância, Cerebrum Brasil e Universidade de Pernambuco – UPE (2020); pós-graduação em Psicopedagogia Clínica e Institucional, Child Behavior Institute – CBI of Miami e Universidade Celso Lisboa (2021); formação em Visualização/Constelação Familiar com base no Pensamento Sistêmico Complexo com Certificação Internacional Metaforum (2021).

> *Um princípio da pedagogia, o qual mormente os homens que propõem planos para a arte de educar deveriam ter ante os olhos, é: não se devem educar as crianças segundo o presente estado da espécie humana, mas segundo um estado melhor, possível no futuro, isto é, segundo a ideia de humanidade e da inteira destinação. Esse princípio é de máxima importância.*
> IMMANUEL KANT

A criança constrói a sua estrutura sobre o tripé família, escola e meio social. Esse tripé forma o seu contexto. Dele, ela absorve tudo a que está submetida, e isso traz uma complexidade pelo fato de ainda não ter maturidade para entender determinadas situações e nem para elaborar o impacto da situação ou da informação que chega até elas. Por isso é tão importante ter um adulto que seja capaz de perceber o que a criança está trazendo dentro dela para dar o suporte que ela necessita.

Independentemente da qualidade do entorno, é dele que a criança irá obter referências, reproduzir ações, fazer associações, aprender o que é observado, internalizar e construir uma estrutura intelectual e emocional. Os acessos que o entorno possibilita para a criança serão a base para o seu desenvolvimento.

A família é o primeiro grupo social do qual a criança faz parte. É a partir dele que ela começa a perceber o mundo e a se reconhecer como indivíduo. É no ambiente familiar que a criança sente suas primeiras emoções, tem suas primeiras experiências e se sente pertencente a um grupo. Esse primeiro grupo ao qual ela faz parte estabelece padrões emocionais, motores e cognitivos. Esses padrões são fundamentais no estabelecimento da personalidade da criança e no seu direcionamento em relação à aprendizagem e ao comportamento.

A escola é o segundo grupo social que a criança faz parte. Nele, ela começa a perceber as diferenças, a sua individualidade e a estar em situação de vulnerabilidade, no sentido de estar explorando um novo ambiente com novas relações. Até esse momento, ela só conhecia uma realidade e uma forma de convívio. Agora, a criança está submetida a novas experiências que a permitirão não só observar, mas também comparar e ter suas percepções.

O meio social é o terceiro e mais amplo grupo de que a criança faz parte. Nele, há referências culturais, de comportamento, de interação e limitação ou oportunidade de acesso à informação e qualidade de vida. Dentro dessa amplitude, a criança começa a perceber que faz parte de algo maior. Passam a perceber os outros núcleos familiares, o funcionamento da comunidade e as regras a que todos estão submetidos.

Dentro dessa visão, família e escola precisam ser complementares e promover a união dos seus valores para fortalecer características-base para suportar o desenvolvimento da criança como indivíduo. A família e a escola são os núcleos mais íntimos de convivência da criança e são os maiores responsáveis no processo de construção da autoestima, da autonomia, da confiança, do equilíbrio emocional, da afetividade e da aprendizagem.

Muitas crianças, quando ingressam na escola, chegam com o emocional fadigado pela desestrutura familiar. Existem diversos motivos para essa situação: econômico, violência, pais ausentes, abuso (físico e emocional), falta de referência (não há um responsável definido para criança), entre outros mais específicos. Essa realidade precisa estar como foco nas unidades escolares, pois o emocional está diretamente relacionado com o fracasso escolar.

A escola possibilita à criança ver o mundo sob outra perspectiva. É no ambiente escolar que ela tem a oportunidade de socialização e experiências variadas. Esse espaço se torna um conjunto formado por diversos contextos que se confrontam e se adaptam, permitindo a aprendizagem de convivência e contribuindo na formação da criança para que se torne um adulto socialmente ativo.

O papel da escola se tornou muito mais abrangente. Sua responsabilidade não é mais só transmitir o conteúdo curricular estabelecido e avaliar o aluno de forma sistemática e arquivar o seu desempenho de forma protocolar e fria. Sua atuação deve estar atenta ao aluno, levando em consideração a complexidade humana, que envolve o físico, o biológico, o psíquico e o ambiente ao qual está exposto.

A escola como instituição representante e participante da evolução da prática de ensinar e educar, tem a autoridade e a responsabilidade de promover uma educação mais consciente, estabelecendo um trabalho que desenvolva habilidades para formar indivíduos autônomos, emocionalmente equilibrados e integrados socialmente.

Escola e família precisam estar alinhadas no entendimento de suas responsabilidades, pois atuam direta e ativamente no processo de transição do mundo infantil e juvenil para o adulto. Ambas precisam ser complementares em termos acadêmico e afetivo. A escola deve possibilitar em seu espaço a manutenção do convívio afetivo e a família, a continuidade da aprendizagem. Da mesma forma, também devem atuar como agentes monitoradores em situações em que haja a necessidades de resgatar os valores e as responsabilidades deixados de lado por uma ou outra parte.

Os núcleos, escola e família, apesar de sua unicidade, se fundem em prol de um objetivo prioritário em termos educacionais para abranger a complexidade do desenvolvimento humano e integrar-se a uma unidade maior, que é o meio social. Pois o meio social se constrói e se transforma através do trabalho fundamental que esses dois núcleos têm sob sua responsabilidade.

A partir dessa organização, pode-se perceber que família, escola e meio social funcionam como uma engrenagem e que, para manter o seu bom funcionamento, cada uma deve executar o seu trabalho de forma contínua e conjunta. A sociedade formada não perde a sua responsabilidade. Ela deve permanecer como agente monitorador para que o trabalho não seja interrompido nem perdido.

O provérbio africano de grande sabedoria e que é bastante conhecido embasa essa ideia: "Para criar uma criança é preciso uma aldeia inteira." Sim, é preciso!

Todos são responsáveis pelo desenvolvimento adequado das crianças. Não importa a qual grupo se faz parte: família, escola ou sociedade. Quando a criança não tem o suporte adequado ou é negligenciada, a família não é a única responsável. Todos que têm o conhecimento da situação estão deixando essa criança sem amparo. Ela está sendo negligenciada por todos. Ela não está sendo priorizada por todo o seu entorno.

Querer estabelecer de quem é a maior responsabilidade é tirar o foco do que importa para a criança, é deixar a negligência permanecer. Uma aldeia (sociedade) bem-intencionada e consciente de seu papel, deve trabalhar para estabelecer ou restabelecer o bom funcionamento da engrenagem para que nenhuma criança deixe de ser assistida. O trabalho conjunto, alinhado e focado no que importa para criança é o que suporta as adversidades e imprevistos de suas vidas.

As famílias estão mudando, o formato da educação está mudando, a forma como as crianças são vistas está mudando, os conceitos de vida e de mundo estão mudando, mas alguns conceitos antigos não podem ser esquecidos. O conceito de aldeia deve permanecer e a consciência de que é preciso união para fazer o melhor para cada criança deve ser ampliada e fortalecida.

Seguindo no propósito de fazer o melhor para oferecer um desenvolvimento adequado para as crianças, trago a observação de que é necessário ter objetivos bem definidos, rigor na qualidade do trabalho, acompanhamento e avaliação criteriosa. O atendimento, acolhimento ou qualquer suporte e assistência à criança não podem gerar a ela mais desestrutura e vulnerabilidade a qual já está submetida.

Em outubro de 2009, a importância da atenção à primeira infância para a promoção de uma cultura de paz foi destacada por especialistas do Brasil, da França e do Canadá, em audiência pública realizada pelas Comissões de Educação, Cultura e Esporte (CE) e de Assuntos Sociais (CAS). O diretor do Centro de Excelência para o Desenvolvimento da Primeira Infância da Universidade de Montreal (Canadá), Richard Tremblay, chamou a atenção para a necessidade de os programas voltados para as crianças serem avaliados a partir de critérios rigorosos, pois programas mal-executados podem gerar nas crianças atendidas uma tendência maior de problemas na vida adulta do que em crianças que não tiveram atenção especial. Segundo Tremblay, programas bem-feitos apontam para o crescimento saudável e sucesso escolar das crianças atendidas e também benefícios econômicos (AGÊNCIA SENADO, 2009).

Ainda dentro de uma visão ampla da educação, no documentário *O Começo da Vida* (2016), foram mostradas realidades de extrema vulnerabilidade em que o suporte a essas famílias tem muita importância para que a desestrutura familiar consiga ser combatida e que se quebre o ciclo do repasse dessas condições de geração em geração. No documentário, fica claro que os pais amam os seus filhos e, mesmo os que tiveram uma infância igualmente ruim ou até pior, querem fazer mais e melhor por seus filhos, mas o cenário que os cercam (o entorno) é limitador e os impedem de impulsionar seus filhos em uma nova direção.

Para garantir um desenvolvimento de qualidade para as crianças, é necessário oferecer apoio às famílias e conscientizá-las de que o ambiente familiar precisa ser uma extensão da escola, de forma que o processo da aprendizagem não seja rompido. Mesmo que na prática não seja simples manter essa continuidade por diversos fatores que impossibilitam estruturar e organizar o ambiente familiar de forma adequada, é necessário esforço e empenho por parte das famílias, escolas e órgãos ou instituições de apoio social para promover a adequação e a sincronia dos principais espaços de convívio e desenvolvimento das crianças, que são o familiar e o escolar.

O documentário chama atenção para essa mentalidade quando cita que: "(...)a ciência diz que não se pode ajudar as crianças sem ajudar os adultos que cuidam delas. Crianças não são ajudadas por programas, mas por pessoas." As pessoas que compõem o entorno da criança precisam estar cientes de que suas ações influenciam diretamente na qualidade de suas experiências vividas e do seu desenvolvimento pleno.

Para enriquecer a presente reflexão, acho válido incluir uma vivência prática do tripé família, escola e meio social. A diretora Érica Fernandes, com 19 anos na área de educação e 7 anos como diretora-geral do Espaço de Desenvolvimento Infantil Professora Mitolina, contribuiu para essa reflexão com um material que relata a realidade observada e experimentada por ela e sua equipe de profissionais de educação e de apoio do EDI.

O material enviado pela diretora relata a seguinte realidade: o EDI está inserido na comunidade do Muquiço, em Guadalupe, Rio de Janeiro (RJ). A maior parte das famílias é beneficiária de programas sociais e mora na própria comunidade, que apresenta grande carência socioeconômica, grande índice de violência e um dos menores IDH do Rio de Janeiro.

A maioria das famílias não é convencional, possuem diversas estruturas. A parcela de alunos que convive com o pai e a mãe diariamente não é muito grande. As famílias são numerosas e os membros da moradia se alternam com frequência. Geralmente, todos partilham do mesmo ambiente e, por esta razão, as crianças estão propícias a vivenciar situações inadequadas para sua faixa etária. Grande parte dos responsáveis são bem jovens e as crianças, geralmente, ficam sob responsabilidade de parentes mais velhos e com baixa escolaridade.

Dessa forma, a maioria dos alunos só vivencia programas culturais, como passeio ao zoológico, cinema, teatro, visitas ao planetário, quando essas atividades são oferecidas pelo EDI. O único lazer de que geralmente desfrutam são as brincadeiras nas ruas e becos da própria comunidade. Para muitos, o EDI é o espaço onde a infância realmente acontece, onde têm a oportunidade de vivenciar novas experiências, ter contato com os livros, com as histórias e conhecer novos lugares.

Infelizmente, a maioria desses responsáveis enxerga a educação infantil de forma assistencialista, não entende o papel do professor e profissionais que atuam nessa modalidade de ensino. É necessário estar continuamente os conscientizando de que a educação infantil é o alicerce da educação de uma criança e precisa ser valorizada.

O EDI Mitolina realiza projetos que envolvem as crianças e os seus responsáveis. Um deles é a reunião de conscientização, que tem o objetivo de diminuir os impactos negativos no desenvolvimento da criança por entender que o trabalho realizado em conjunto contribui significativamente no progresso da criança.

Ao finalizar o capítulo com a realidade do EDI Professora Mitolina, é possível confirmar que o entorno importa para criança e que, como dito no documentário, crianças são cuidadas por pessoas. Isso reforça a necessidade de fortalecer a relação entre família e escola e tornar as pessoas que têm responsabilidade direta no desenvolvimento das crianças capazes de exercerem a função com qualidade.

Rerências

AGÊNCIA SENADO. *Especialistas defendem atenção à primeira infância para uma cultura de paz.* Brasília, 2009. Disponível em: <www12.senado.leg.br/noticias/materias/2009/10/28/especialistas-defendem-atencao-a-primeira-infancia-para-uma-cultura-de-paz>. Acesso em: 12 jul. de 2022.

CUNHA, E. *Afeto e aprendizagem.* 4. ed. Rio de Janeiro: Wak, 2017.

NISTI, M.; LOBO, L.; RENNER, E. *O começo da vida.* Apresentação: Fundação Maria Cecília Souto Vidigal, Bernard Van Leer Foundation, Instituto Alana e UNICEF. 2016 (96 min).

26

COMO AJUDAR AS CRIANÇAS A SOLUCIONAREM SEUS PRÓPRIOS PROBLEMAS E ENTENDEREM SUAS EMOÇÕES

Por que vivemos repetidamente problemas nas relações afetivas, dificuldades financeiras, adoecimento físico e mental? Como descobrir a verdadeira origem de nossos problemas? Somos mesmo conduzidos inconscientemente para problemas e dificuldades por nossa criança interior? É possível curar os traumas de infância e os traumas transgeracionais? Como tornar consciente, aprender e viver modelos de relação afetiva saudáveis, *mindset* de prosperidade e conquistar saúde integral?

ROBERTO DEBSKI

Roberto Debski
CRM/SP 58806 – CRP/06 84803

Contatos
www.robertodebski.com.br
rodebski@gmail.com
YouTube: DebskiRoberto
Facebook: Roberto Debski Roberto
Instagram: @robertodebski
LinkedIn: Roberto Debski
13 3225 2676 / 13 997857193

Médico (1987); psicólogo (2005). Especialista em Homeopatia e Acupuntura: Associação Médica Brasileira e China Beijing International Acupuncture Training Centre (1997). Pós-graduado: Atenção Primária à Saúde APS – Fundação Unimed (2015); *Master trainer:* Programação Neurolinguística, INAP (1999) e Metaforum (2008); *Master coach:* Sociedade Latino-americana de Coaching (2010). Formação em Constelações Familiares: Instituto Brasileiro de Consciência Sistêmica, IBRACS (2016). Facilitador e formador IBRACS desde 2017; Formação em Constelações Estruturais: Instituto Geiser / SySt Basic Training com Guillermo Echegaray, (2017). Clínica Ser Integral, Medicina Integrativa (1999). Unimed Santos Medicina Preventiva: criador dos treinamentos Meditação, Emagrecendo com Saúde, Cessação do Tabagismo e ANDE (*coaching* para gerenciar Ansiedade, Depressão e Estresse) desde 2008, médico da APS. Blog Somos Todos Um STUM: https://www.somostodosum.com.br/clube/meu-clube/artigos.asp. PROJETO CALMA® (Curar Ansiedade com Leveza Meditação e Atitude - 2016).

O objetivo deste capítulo, ajudar as crianças a solucionarem seus próprios problemas e entenderem suas emoções, é, provavelmente, sem qualquer exagero, um dos maiores desafios existentes para a humanidade, questão fundamental para a vida de cada pessoa.

Deveria ser a tarefa primeira de todos os pais, educadores, governantes, líderes e profissionais da saúde, em todas as esferas.

Afinal, ajudar as crianças e proporcionar-lhes ferramentas e habilidades cognitivas, emocionais, sociais, comportamentais e sistêmicas para que aprendam e consigam entender e solucionar suas dificuldades e gerir suas próprias emoções é caminho seguro e efetivo para que possam viver plenamente suas vidas e crescerem como adultos potentes, amorosos, sábios e realizados no que escolherem fazer.

Essas crianças crescerão para viver sem medo, com ousadia e criatividade, respeito, ética, gratidão e equilíbrio para experienciar relações afetivas saudáveis, lidar tranquila e responsavelmente com a sua sexualidade, com o dinheiro e a prosperidade, trabalhar com efetividade e proatividade, ter saúde física e mental.

E não é exatamente isso o que, no fundo de nossas almas, desejamos aos nossos filhos, às crianças de todos os cantos, ao futuro das gerações? Que elas sejam melhores para o mundo, para que o mundo possa ser, cada vez mais, um lugar melhor para elas e para se viver?

Há muitos autores, como Hellinger, Karpman, Vygotsky, Pearls, Bowlby etc., nas áreas da sociologia, pedagogia, comportamento, psicologia e da sistêmica trabalhando incansavelmente para descobrir as maneiras mais efetivas de agir precoce e preventivamente a fim de atingirmos este ideal.

Segundo o médico alemão e constelador sistêmico Stephan Hausner, "os filhos só podem ser crianças se os pais forem adultos".

Porém, somos pais e educadores humanos, bem-intencionados, mas também, imperfeitos, falhos, enviesados, assim como foram nossos pais e educadores, e todos que vieram antes destes.

Desafortunadamente, graças a este fato, levamos adiante visões, crenças, valores, atitudes e padrões disfuncionais que prejudicaram e continuam a afetar a nossa vida e a de várias gerações.

Até que consigamos ser cada vez mais eficientes neste ideal de conquistar a educação e parentalidade consciente e saudável, preventiva, que promova o desabrochar e o desenvolvimento de nossas crianças em adultos mais preparados, precisaremos de muito mais compreensão, abertura para a mudança, tempo, dedicação e sabedoria.

Mas e o que fazer com aquelas crianças que já vivenciaram experiências sofridas, muitas vezes desde a vida intrauterina, não tiveram uma educação e criação amorosas e saudáveis, sofreram traumas que deixaram sequelas e dificuldades em lidar com a vida e suas exigências, e agora são adultos que repetem o mesmo padrão?

Essas pessoas somos nós mesmos!

Nós trazemos conosco nossa "criança interior" adoecida, ferida, que não consegue confiar em si e nos outros, ter autoestima, se sente carente, dependente e traumatizada, e, pior, por não termos consciência disso, deixamos essa criança em sofrimento dirigir nossas vidas, nossas relações, nossa maneira de lidar com os problemas. O resultado se mostra inevitavelmente um caos.

Nossa criança interior tão sofrida está viva, presente e atuante em nossas memórias corporais, não acessíveis à nossa consciência, pois muitos destes traumas ocorreram antes dos cinco anos de idade.

Pouco ou nada nos lembramos de fatos ocorridos até essa idade, já que somente a partir daí nós desenvolvemos estruturas cerebrais que nos capacitam evocar memórias.

Sendo assim, não conseguimos nos lembrar ou identificar memórias precoces com precisão, e muitas lembranças que temos da infância são implantadas através de falas de nossa família de origem.

Vale ler Laura Gutman, psicoterapeuta argentina, em suas obras, especialmente o livro "O poder do discurso materno".

Inconscientemente, seguimos replicando essas dinâmicas e padrões disfuncionais de nossa criança interior ferida transgeracionalmente, transformando-nos em adultos que geram guerras e compartilham ódio, adoecendo uns aos outros e vivendo relações abusivas, tornando-nos adictos, criando padrões de dependência e codependência, vivendo no medo e na escassez, sofrendo e fazendo sofrer, levando adiante um "amor doente", fora de ordem, incapazes de viver com leveza e transmitir um "amor saudável".

Como lidar com essa realidade, qual a solução para lidar com essa dor e, enfim, viver plenamente, como curar nossa criança interior?

Compartilho da ideia, com Sartre que, independentemente do que aconteceu, sempre, a qualquer tempo e idade, podemos fazer algo para transformar nossas experiências, aprender, fazer diferente e ter novos resultados, impactantes e muito mais saudáveis.

Sartre disse "Não importa o que a vida fez de você, importa o que você fez do que a vida fez de você".

Milton Erickson, o criador da hipnose ericksoniana, aceita pela Psicologia, enunciou que "Nunca é tarde para se ter uma infância feliz". Talvez, sem modificar sua criatividade, genialidade ou relevância, essa frase tenha sido dita por Richard Bandler ou Tony Robbins, expoentes da PNL.

Bert Hellinger, através de seus estudos de décadas, baseadas em diversos campos de conhecimento na filosofia e psicologia, nos deixou como legado uma verdadeira e efetiva "ciência dos relacionamentos" baseada em leis naturais da Vida, às quais chamou de Ordens do Amor. São estas o Pertencimento, a Ordem (ou hierarquia) e a Compensação (ou equilíbrio de troca nas relações).

Ele foi o criador das Constelações Familiares Sistêmicas, campo crescente de atuação presente nas áreas da Pedagogia, do Direito e da Saúde.

Segundo Hellinger: "As exigências (dos filhos) aos pais vão contra à Vida, ao desejo de evoluir, de ser criativo. Somente podemos evoluir graças aos nossos pais terem sido imperfeitos. As dificuldades são a fonte da força que nos faz agir e evoluir."

Nossos pais foram humanos, falhos, e podem, sim, ter nos abandonado, desconsiderado, rebaixado, deixado traumas, podem ter sido agressivos, abusivos, egoístas e até mesmo ter nos prejudicado e ferido, em diversos graus.

Muitos de nós não conseguimos mesmo, já adultos, superar essa dor, vinda daqueles de quem esperávamos tudo, víamos como perfeitos, amávamos incondicionalmente com o olhar e a pureza do coração infantil.

Porém, o caminho da cura deve se iniciar a partir do principal, do essencial que todos os pais nos transmitiram, a nossa Vida!

A Vida chegou ao filho através dos pais, e não há nada cujo valor seja maior que a própria Vida.

Não há como retribuir a Vida, de nenhuma maneira. Os filhos nunca poderão pagar em retorno o que receberam, a oportunidade de viver.

A Vida é imensa, é nossa chance, única e real.

Claro que todos os pais deveriam ter sido capazes de amar, cuidar, acolher, nutrir, educar os filhos para a vida, mas essa realidade não é a de todas as pessoas.

Para alguns pais, só foi possível transmitir a Vida, nada além disso. Alguns morreram, outros foram embora, outros só tinham dor e sofrimento para dar.

Cada um de nós com sua própria carga e destino.

Porém, a Vida é igualmente a realidade de todos nós.

Recebemos nossa Vida e somente nós é que temos de dar conta dela.

Há filhos que, mesmo tendo recebido tanto, surpreendentemente ainda se sentem credores dos pais.

Exigem ainda hoje dos pais, o afeto que julgam não ter recebido, ou não receberam mesmo, cobram atenção, amor, carinho, proteção.

São eternos pedintes dos pais e da Vida. Nada nunca será o suficiente para eles.

Quando entram em uma relação, cobram dos outros, inconscientemente, o que julgam que os pais não deram.

Nas suas almas, não veem um parceiro, um amigo, ou mesmo um governo, mas uma mãe ou um pai que esperam que lhes supra as carências de sua emoção infantil.

Filhos não devem cobrar seus pais pelo que acham que não receberam.

Nossos pais nos deram tudo o que podiam ter dado, fizeram o melhor que podiam.

Precisamos lembrar que a Vida é abertura, possibilidade, e ela chegou até nós.

Enquanto os filhos continuarem cobrando, não se libertarão, permanecerão prisioneiros de suas emoções.

Terão dificuldades nos seus relacionamentos, nas profissões, com a saúde, com a prosperidade, não terão sucesso.

A Vida não fluirá em harmonia, e a causa é essa dificuldade em aceitar seus pais, e aceitar a Vida com ela é.

Os pais não são criaturas divinas e perfeitas. São como nós, de carne e osso, humanos, imperfeitos, também carentes.

Nossos pais viveram seus próprios problemas e dificuldades nas relações com seus próprios pais, que também passaram por essas situações com os seus. Não se trata de justificar atos maldosos ou faltas, mas de reconhecer, entender e nos conscientizarmos que a dinâmica doentia vem sendo repetida. Só assim poderemos iniciar o caminho de mudança.

O destino de muitos pode ser árduo, pesado, devemos respeitar e deixar com cada um o que é seu, e ficar com o que é nosso.

Devemos honrar, que é reconhecer quem são, e reverenciar, que é agradecer pela Vida que recebemos, os pais e todos nossos antepassados, dos quais viemos, e que nos constituem.

Somos 50% pai e mãe, e toda nossa família está em nós, em cada célula, em nosso DNA, a história de cada um deles, seus sofrimentos, perdas e alegrias.

Excluí-los, negá-los ou julgá-los é negar e julgar a nós mesmos e, como consequência, bloquear o livre fluir da Vida.

Não significa que devemos gostar ou aceitar agressões, desmandos ou abusos. Quando isso acontece, devemos, quando adultos dar limites precisos e, por vezes, nos afastar para cuidar de nossa sanidade física e emocional.

Um movimento da alma que faz a Vida voltar a caminhar é aceitar com gratidão tudo o que recebemos, e dizer "Sim" à Vida e aos pais.

Se são pais doentes, aceito que assim são, não me cabe mudá-los, tomo a Vida, e sigo adiante construindo minha existência.

Frases sistêmicas a serem ditas e sentidas desde a alma: "Foi o suficiente, vocês foram os pais certos para mim. Vou para a vida, com gratidão".

E é fundamental complementar: "O que eu não tive, eu mesmo providenciarei para mim, como adulto".

A Vida pode voltar a fluir quando reconhecemos, respeitamos e seguimos essas Ordens ocultas do Amor.

A fim de ampliar essa releitura de nossas vidas, trago o polêmico místico e filósofo indiano Osho que tem a si atribuída outra impactante frase, a qual nos dá a ideia do caminho de solução e cura para essa dinâmica que adoece nossa criança interior:

"Um nascimento foi dado a você por seus pais, o outro nascimento está esperando. Ele tem de ser dado a você por você mesmo. Você tem que paternizar e maternizar a si mesmo".

Necessário ler diversas vezes essas frases até que entrem em nós e se tornem uma profunda crença que se converta em atitudes transformadoras!

Os traumas infantis, os quais muitas vezes são reflexos sistêmicos de traumas transgeracionais, epigenética e sistemicamente transmitidos, levam as pessoas a repetirem padrões familiares e exercerem funções materna e paterna doentias.

As crianças e jovens, por amor e lealdade sistêmica, assumirão a dor e a doença dos excluídos do sistema, carregando adiante essas disfunções e as perpetuando em seus sistemas familiares até que alguém olhe mais profundamente, através da alma, para essas dinâmicas e saia do padrão herdado, assumindo a má consciência, tornando-se a "ovelha negra" da família.

Várias abordagens na psicologia teorizam a respeito desse tema, por exemplo a "Teoria do Apego" de Bowlby que nos fala sobre o "apego" (ou vínculo) seguro (saudável) ou inseguro (não saudável), gerado a partir de nossa relação com nossa mãe.

Quando desenvolvemos uma relação de vínculo saudável, nosso modelo de relacionamento, ao crescer, será funcional, mas, quando o vínculo não é saudável, podemos sofrer as consequências que podem vir na forma de ansiedade, depressão e doenças psíquicas, e buscaremos, sem resultado, relações que supram essa necessidade de vínculo quando adultos.

Atuaremos inconscientemente de maneira infantil com nossos amigos, companheiros ou filhos, ansiando pela maternagem ou paternagem (vínculo ou apego saudável), que nossos pais não puderam nos dar, apesar de eles terem feito o seu melhor disponível.

Como não é possível que ninguém supra nossas carências infantis, as relações se tornam problemáticas, exigentes, disfuncionais, seguindo o modelo do Triângulo Dramático de Karpman, autor da Análise Transacional, e repetiremos inconscientemente as dinâmicas da Vítima, do Salvador e do Agressor, alternadas e vivenciadas em todas nossas relações.

O movimento saudável, conforme observamos nas Constelações Familiares, para conquistarmos a cura sistêmica é:

"Meu eu adulto agora acolhe e cuida da minha criança interior. Eu serei o pai e a mãe da minha criança e darei a ela o que necessita daqui por diante".

É disso que se trata nosso "segundo nascimento", o que significa necessitarmos "maternizar" e "paternizar" a nós mesmos.

Não é tarefa fácil, porém, olhando além dos nossos pais, para as gerações anteriores a eles, para todo nosso sistema familiar de onde vem a Vida e a sua força, torna-se possível aceitar tudo como é, o destino de todos, tomar nossos pais como são, e, enfim, a vida como ela é e conforme nos coube, sem nada excluir, aceitando nosso destino.

Quando nos "maternizamos" e "paternizamos", a Vida pode chegar com força, assumimos nossa missão, e "adultecemos", com humildade e gratidão, ajudando a curar nosso sistema familiar, encaminhando-o a um lugar mais próspero e saudável a partir de nós e para as gerações seguintes.

Olhamos interiormente e sentimos o Amor e a potência da Vida, percebemos e interiorizamos as bênçãos e a autorização vinda da fonte saudável de nosso sistema familiar para seguir adiante, levando todos conosco em nossos corações.

As constelações sistêmicas, a psicoterapia, e vários métodos para ampliação da consciência, enquanto busca contínua, são ferramentas poderosas para mudar os padrões familiares e ajudar esse sistema a resgatar o amor em ordem para essa e as próximas gerações.

A partir de agora, podemos, enfim, conhecer a verdade que liberta, agir e fazer diferente, mudar nossos resultados, viver como adultos plenos, desfrutando relações saudáveis, prosperidade, saúde do corpo e da mente!

Vamos, juntos, ampliar a consciência, à serviço da Vida!

Referências

AINSWORTH, M. D. S.; BOWLBY, J. *An Ethological Approach to Personality Development*. Disponível em: <http://www.psychology.sunysb.edu/attachment/online/ainsworth_bowlby_1991.pdf>. Acesso em: 19 ago. de 2022.

ERICKSON, M. H.; ROSSI, E. L. *O homem de fevereiro*. Livro Pleno.

GUTMAN, L. A. *O poder do discurso materno: introdução à metodologia de construção da biografia humana*. São Paulo: Ágora, 2013.

HAUSNER, S. *Constelações familiares e o caminho da cura*. São Paulo: Cultrix, 2010.

HELLINGER, B. *Ordens do amor*. Cultrix, 2003.

HELLINGER, B. *A fonte não precisa perguntar pelo caminho*. Atman, 2018.

HELLINGER, B. *Olhando para a alma das crianças*. Atman, 2021.

KARPMAN, S. B. *The New Drama Triangles*. Disponível em: <https://karpmandramatriangle.com/pdf/thenewdramatriangles.pdf>. Acesso em: 19 ago. de 2022.

OSHO. *A jornada de ser humano: é possível encontrar felicidade real na vida cotidiana?* Academia, 2015.

OSHO. *A essência do amor: como amar com consciência e se relacionar sem medo*. Cultrix, 2009.

ZEIG, J. K. *Seminários didáticos de Milton Erickson*. Psy II, 1995.

27

PARENTALIDADE ENCORAJADORA
A IMPORTÂNCIA DE SER GENTIL E FIRME NO PROCESSO DE EDUCAÇÃO DOS FILHOS

Pensando nos desafios da parentalidade, é importante nós, pais, estudarmos para educar nossos filhos. Por meio dessa expansão de consciência, podemos nos tornar pais mais assertivos, contribuir melhor com nossos filhos em seu desenvolvimento e ajudá-los na construção de novas habilidades de vida. Neste capítulo, iremos abordar uma maneira efetiva e diferente de educar nossas crianças por meio da gentileza e da firmeza. Teremos orientações e reflexões sobre o processo de educação das crianças.

RUTH GISELE MENEZES

Ruth Gisele Menezes

Contatos
ruthgisele@hotmail.com
Instagram: @psiruthgiselemenezes
@clippsin
Facebook: psiruthgiselemenezes
Clippsin
81 98849 4950

Mãe dos gêmeos Arthur e Matheus, apaixonada pela maternagem e fã da disciplina positiva; graduada em Psicologia e Serviço Social; psicóloga clínica há 14 anos. Sócia fundadora da Clippsin – Clínica de Psicologia e Neuropsicologia; especialista em Psicologia Clínica (FACHO – Faculdade de Ciências Humanas de Olinda); especialista em Terapia Cognitivo-comportamental da Infância e Adolescência (FAMAQUI – Faculdade Mário Quintana e INTCC); especialista em Neuropsicologia (IDE – Instituto de Desenvolvimento Educacional). Formação em Terapia Cognitivo-comportamental com adultos (Instituto WP); facilitadora do Programa Educação Emocional Positiva (Miriam Rodrigues); facilitadora do Programa Encorajando Pais: práticas clínicas para o atendimento parental (Aline Cestarolli); educadora parental em Disciplina Positiva certificada pela Positive Discipline Association (PDA/USA).

> *O desafio da criação dos filhos consiste em encontrar um equilíbrio entre nutrir, proteger e guiar, por um lado, e permitir que seu filho explore, experimente e se torne uma pessoa independente e única, por outro.*
> JANE NELSEN

Quando pensamos em ser pais, começamos idealizando algumas coisas, por exemplo: a cor do quarto, o enxoval, qual será o nome, onde irá nascer, lembrancinhas, visitas, decoração, entre outras preocupações pertinentes também para o momento que é o da gestação. Porém, quando o filho nasce e de fato nos tornamos pais, nossa vida muda totalmente e nos deparamos com um mundo diferente, cheio de expectativas, desafios, compromissos, responsabilidades e muitas emoções, entre elas: alegria, preocupação, amor, ansiedade, medo, entre outras. E surgem também muitas perguntas e pensamentos, tais como: será que vou dar conta dessa criança? Será que vou ser um bom pai ou uma boa mãe para meu filho? Vou conseguir educar de maneira perfeita? Quando nasce um filho, não temos receitas prontas para educá-los, daí a necessidade de estudar para educar de maneira saudável. Quando somos pais ou cuidadores e temos compromisso com a vida dos nossos filhos, buscamos sempre fazer o melhor e queremos criá-los de maneira que eles possam prosperar e ser felizes. Na condição de adultos, podemos, sim, criar e educar bem uma criança, precisamos colocar afeto na relação, prestar atenção nela e em nós mesmos e o mais importante não é buscar a perfeição, mas o aprimoramento para fazer o melhor. Com isso, já ajuda bastante no bem-estar dos pais e da criança.

Então eu te pergunto: o que você deseja que seu filho se torne na vida adulta? Que valores você pretende deixar para eles?

Educar uma criança para que ela consiga desenvolver habilidades de vida, tais como: inteligência emocional, cooperação, resiliência, empatia, entre outras, é uma tarefa e uma missão bastante desafiadoras para nós, pais. Isso porque não temos manual para pais, receitas prontas, e não temos garantia sobre o futuro dos nossos pequenos.

Cuidar de filhos é uma prática da condição humana, estudar e aprender é importante, porém, não é suficiente para desenvolver uma boa educação com nossos filhos. É necessário também desenvolver habilidades socioemocionais e habilidades que sejam voltadas para o outro. A construção disso é possível através do afeto, desenvolvendo um apego seguro à criança, para que, dessa forma, ela possa se sentir acolhida, protegida e podendo lidar melhor com suas emoções e resolução de problemas.

Confesso que nos cobramos demais e sentimos muitas culpas por achar, muitas vezes, que não estamos desempenhando bem nosso papel de pai ou mãe. Mas te digo que é difícil mesmo esse papel, é difícil disciplinar filhos e reconheço que, muitas vezes, por melhor que a gente possa fazer por eles, as situações cotidianas não saem ou acontecem como a gente gostaria, ou seja, as crianças nem sempre fazem o que gostaríamos ou como deveriam e nós ficamos bravos, contrariados. É difícil disciplinar os filhos, é exaustivo, é cansativo. Mas podemos melhorar bastante essa condição e melhorar a relação com nossos pequenos, construindo, assim, um relacionamento com mais respeito e cooperação mútua.

A disciplina positiva nos traz um mundo de informações importantes para que possamos desenvolver uma parentalidade consciente e respeitosa, em que podemos aprender habilidades que nos ajudarão no processo de educação de nossos filhos. Ela dá ênfase e nos ensina a educar com gentileza e firmeza, evitando, assim, a permissividade e a punição. Como você deve ter percebido, educar não é tarefa fácil, criar filhos felizes, habilidosos, saudáveis e competentes é o que mais idealizamos enquanto pais. Desejamos que os filhos se adaptem à dinâmica familiar e social e possam desenvolver habilidades para a vida.

> *As crianças não desenvolvem responsabilidade quando os pais e professores são muito rígidos e controladores, mas também não se tornam responsáveis quando os pais e professores são permissivos.*
> JANE NELSEN

A sociedade mudou e os filhos também mudaram. Essas mudanças vêm ocorrendo ao longo do tempo e percebemos que as crianças de hoje são bem diferentes das crianças de anos atrás. Podemos observar que elas apresentam mudanças em seu comportamento, com isso, precisamos aprender a fazer diferente dos métodos tradicionais de educação. Métodos controladores e excesso de autoridade podem não garantir oportunidades às crianças de aprenderem alguns valores importantes para a vida, como: respeito mútuo, empatia, cooperação, responsabilidade compartilhada. Reconheço que cada família tem sua forma de funcionar e a sua maneira de maternar e paternar vai sendo transmitida entre as gerações. É importante que nós, pais, possamos observar nossos limites, reconhecer nossos pontos fortes e entender o desenvolvimento infantil como um todo, respeitando as fases, a capacidade e a individualidade de nossos filhos, pois tudo isso irá facilitar e aproximar nós, pais, de nossas crianças.

Estamos vivendo uma época diferente, com mais informações e conhecimentos, e isso facilita questionarmos os padrões tradicionais que foram passados de geração em geração, muitas vezes padrões, inclusive, nocivos para a saúde mental e emocional. Portanto, repensar as práticas educacionais que estamos utilizando é importante, uma vez que temos tantas ferramentas mais respeitosas e que podemos utilizar com as crianças nesse processo de educá-las. Desenvolver um olhar diferente e novo sobre educação, com embasamento teórico e ferramentas práticas, irá ajudar na compreensão dos comportamentos de teu filho e irá contribuir para uma prática mais efetiva, ajudando a entender melhor os desafios do dia a dia.

Nós, adultos, temos obrigação de tratar nossos filhos com respeito, amor e dignidade. Precisamos ser exemplos para poder cobrar deles comportamentos mais adaptativos e saudáveis. A orientação e liderança por parte dos pais são muito importantes e as crianças merecem a oportunidade de desenvolver as habilidades de vida necessárias para serem felizes e saudáveis.

Nós, pais, precisamos encorajar nossos filhos, educá-los com gentileza e firmeza. Gentileza não é permissividade e firmeza não pode ser confundida com autoritarismo e punição. Conforme Rudolf Dreikurs, a gentileza e a firmeza são importantes nas relações dos pais com os filhos. Segundo ele, gentileza é importante para mostrar respeito pela criança e firmeza é importante para mostrar respeito por nós mesmos, de acordo com a necessidade da situação. Esses dois conceitos são importantes dentro da disciplina positiva e ajudam os pais no processo de criação dos filhos, permitindo, assim, o encorajamento das crianças.

Muitos pais ainda acreditam que a punição e a rigidez são os melhores caminhos para educar e eliminar ou diminuir o mau comportamento. Porém, vale ressaltar que até conseguimos eliminar na hora o mau comportamento, pois utilizou-se de autoritarismo, castigos e medo. Mas pergunto a vocês: será que nós ensinamos alguma habilidade diante dessa situação? O que seu filho aprendeu com seu castigo, palmada ou punição? Logo em breve, ele fez a mesma coisa? Pois é, o mau comportamento foi interrompido imediatamente, mas e a longo prazo, quais serão os resultados?

Quando usamos a firmeza com a gentileza e o respeito, ensinamos à criança uma maneira diferente de se comportar e elas se sentem mais motivadas e encorajadas nessa mudança e isso não traz prejuízos na sua autoestima, vergonha ou dor. As crianças precisam se sentir amadas, respeitadas, especiais e únicas, crescerem e desenvolverem o senso de pertencimento e aceitação, e isso ajuda também na conexão familiar.

Jane Nelsen (2015) diz em seu livro *Disciplina Positiva*: "De onde nós tiramos a ideia absurda de que, para levar uma criança a agir melhor, antes precisamos fazê-la se sentir pior?"

Observamos que, hoje, nossas crianças e adolescentes são mais questionadores e nós, pais, precisamos entender que vivemos em um contexto de mundo diferente, em que podemos questionar também antigos padrões utilizados por nossos pais e perceber que não é efetivo educar pelo medo, através do autoritarismo, mas também não precisamos ir para o outro extremo, que é o da permissividade e permitir que a criança ou o adolescente tome o controle da situação e domine os pais, pois estão em processo de desenvolvimento e não possuem competências para tal. Cabe a nós, adultos, orientá-los, mostrando de maneira firme e respeitosa os melhores caminhos.

Segundo Jane Nelsen (2015):

> A disciplina positiva é para pais e professores que apreciam as pesquisas mais recentes que demonstram que punição ou permissividade não são eficazes em longo prazo para ajudar as crianças a desenvolverem as qualidades e habilidades valiosas que servirão em suas vidas e para quem ama as muitas ferramentas de Disciplina Positiva, pois fornecem alternativas gentis e firmes.

A disciplina positiva começa desde o nascimento e dura a vida toda, ela ajuda na relação entre pais e filhos, ensinando caminhos e ferramentas que se baseiam em instruir, preparar, regular emoções e focar em soluções.

Algumas estratégias de encorajamento para os pais através da disciplina positiva e da educação emocional positiva:

- **Acolha as emoções do seu filho e dê nomes a elas** – muitas vezes, o simples fato de dar nome ao que a criança está sentindo e acolher essa emoção já ajuda a criança a entender o que ela está sentindo e ajuda na autorregulação.

- **Não critique o que ele sente, expresse empatia pelos sentimentos de seu filho** – respeite o sentimento da criança, entenda que ela também tem emoções, assim como nós, adultos, e necessitam ser ouvidas e acolhidas.
- **Escute atentamente** – seu filho também escutará quando ele sente que é escutado. Desenvolva a escuta ativa.
- **Exerça o diálogo** – olho no olho, tom de voz são importantes para promover um diálogo e gerar conexão. Permita que seu filho também se expresse.
- **Realize combinados/acordos** – nesses combinados, é muito importante que a criança também fale, seja ouvida, pois elas se sentem importantes participando dos acordos e fica mais fácil elas cumprirem e aceitarem o combinado.
- **Use uma linguagem positiva na relação com seu filho** – palavras de encorajamento: você fez o seu melhor, obrigada por sua ajuda, bom trabalho, eu aprecio sua cooperação.
- **Estabeleça um tempo especial** – as crianças se sentem amadas quando seus pais dedicam um tempo de qualidade com elas, isso é muito encorajador e motivador para as crianças. Planeje esse tempo junto com seu filho.
- **Eduque por meio do exemplo** – dê exemplo, seja exemplo. As crianças aprendem mais pela observação.
- **Coloque-se no lugar do seu filho** – lembre-se de que também já foi criança um dia, que ele está em desenvolvimento, não cobre demais ou gere expectativas em relação a alguns comportamentos, pois seu filho ainda está em processo de desenvolvimento e aprendizagem. Aproveite os erros para ensiná-lo o correto.
- **Abrace seu filho** – esta é uma ferramenta poderosa de conexão, pois o toque libera hormônios de bem-estar, diminui o estresse e ajuda na regulação das emoções desagradáveis de sentir.

Como diz Jane Nelsen: "Segue sendo meu sonho criar a paz no mundo através da paz nos lares." Quando tratarmos as crianças com dignidade e respeito, e lhes ensinarmos valiosas habilidades de vida para formar um bom caráter, elas derramarão paz no mundo.

Eu convido você a pensar de uma maneira diferente, através da disciplina positiva, em relação ao processo de educação de seu filho, desenvolvendo, assim, uma relação de respeito mútuo, compreensão e muito amor.

Nossas crianças precisam se sentir aceitas e amadas e, dessa forma, construiremos uma sociedade diferente.

Referências

CESTAROLI, A. E. *Conectando pais e filhos – práticas encorajadoras para educar crianças e adolescentes*. Rio de Janeiro: Conquista, 2020.

FAVA, D.; ROSA, M.; OLIVA, A. *Orientação para pais: o que é preciso para saber cuidar dos filhos.* Belo Horizonte: Artesã, 2018.

NELSEN, J. *Disciplina positiva.* São Paulo: Manole, 2015.

NELSEN, J. *Disciplina positiva de A a Z: 1001 soluções para os desafios da parentalidade.* São Paulo: Manole, 2020.

RODRIGUES, M. *Educação emocional positiva: saber lidar com as emoções é uma importante missão.* Novo Hamburgo: Sinopsys, 2015.

SIEGEL, D.; BRYSON, T. *O cérebro da criança: 12 estratégias revolucionárias para nutrir a mente em desenvolvimento do seu filho e ajudar sua família a prosperar.* São Paulo: nVersos, 2015.

SIEGEL, D. *Disciplina sem drama.* São Paulo: nVersos, 2016.

28

FAMÍLIA X SUPERPROTEÇÃO
DO CUIDADO À SUPERPROTEÇÃO – DISTINÇÃO DE CONCEITOS E ATITUDES PARENTAIS

Podemos afirmar para os pais ou cuidadores que eles superprotegem seus filhos e que isso é prejudicial para o desenvolvimento e evolução do processo terapêutico? O cuidado familiar, que se configura como fatores de proteção, deve estar presente no desenvolvimento infantil. A problemática surge quando se confunde superproteção com cuidado e amor familiar. Nesse sentido, há uma superproteção que pode se configurar como fator de risco quando possui uma díade com a permissividade. Nesse momento, deve-se realizar orientações parentais que considerem o amor indubitável das famílias, bem como os conhecimentos acerca do desenvolvimento infantil.

**SOCORRO RIBEIRO
E YLOMA ROCHA**

Socorro Ribeiro

Contatos
clinicacomunicar@hotmail.com
Instagram: @clinicacomunicar
86 99988 4519

Fonoaudióloga. Diretora e responsável técnica do Centro de Desenvolvimento Infantil. Mestranda em Saúde Coletiva - UNIFOR. Especialista em Audiologia. Especialista em Gestão de Saúde. Especialista em Intervenções Precoces no Autismo baseado no Modelo Denver. Especialista em Ciências Neurológicas. Certificação em PECS Avançado. Formação Continuada em VB-MAPP. Capacitada em Dificuldades Alimentares no Autismo. Formação continuada em Análise do Comportamento Aplicada - ABA. Idealizadora do projeto Amor Maior para crianças autistas.

Yloma Rocha

Contatos
ylomafernandarocha@hotmail.com
Instagram: @ylomafernandarocha
86 99969 6996

Psicóloga. Pedagoga. Psicopedagoga. Doutoranda em Saúde Coletiva - UNIFOR. Mestre em Saúde Mental e Transtornos Aditivos pelo Hospital de Clínicas de Porto Alegre (UFRGS). Especialista em Dificuldades de Aprendizagem (SP). Especialista em Docência do Ensino Superior. Especialista em Análise do Comportamento Aplicada. Especialista em Neuropsicologia. Formação continuada em ABA. Formação continuada em VB-MAPP. Supervisora clínica no Centro de Desenvolvimento Infantil. Psicóloga dos Centros Estaduais de Tempo Integral do Piauí. Docente no ensino superior. Coordenadora de pós-graduação em Psicopedagogia. Autora do livro *Rompendo silêncios*.

Introdução

No presente capítulo, iremos discutir a problemática acerca da denominada superproteção das famílias no desenvolvimento infantil. Mas o que seria superproteção dos pais? Até onde ela minimiza o desenvolvimento de habilidades sociais ou desenvolvimento de funções executivas? Todos os pais superprotegem?

Com base nas referidas indagações, podemos afirmar que, em linhas gerais, as famílias são superprotetoras, o que precisa ser analisado é como essa superproteção se torna fator de risco para o desenvolvimento de habilidades socioemocionais, autonomia, baixa tolerância à frustração, entre outros.

Nesse contexto, a proteção inicia bem antes do nascimento. Algumas mães se planejam e tomam todos os cuidados de pré-natal, já esperando e aguardando ansiosamente para que tudo ocorra dentro do seu planejamento, sem nenhuma intercorrência.

Após o nascimento, esse elo parece romper fronteiras, amor, cuidados e expectativas a cada desenvolvimento que a criança apresenta. O nascimento de um filho é uma dádiva, algo que transcende a capacidade de o ser humano explicar. Mas e quando algo parece dar errado? Será que podemos autodenominar de errado a condição da criança não apresentar desenvolvimento infantil quando comparado com outras crianças?

Além das técnicas de terapias, é necessário que os profissionais nas diversas especialidades tenham conhecimento de comportamento infantil. Crianças típicas ou atípicas podem apresentar comportamentos inadequados, não necessariamente que isso signifique resultado de superproteção. Trazendo aqui nossos questionamentos para com a criança com desenvolvimento atípico, temos uma responsabilidade maior enquanto terapeutas no acolhimento dessa família. Devemos buscar, assim, compreender os anseios e dar um suporte emocional com treinamentos parentais, não somente para os pais, mas para todos os envolvidos com a criança. Partindo do princípio de que a criança passa o maior tempo com a família, é de suma importância que o ambiente em casa seja saudável e bastante acolhedor. Quando a família está emocionalmente amparada, a criança também apresentará uma regulação emocional e até mesmo sensorial e apresentando, assim, uma evolução no processo terapêutico.

Fatores de proteção x superproteção

O desenvolvimento humano é um processo contínuo, em que os fatores ambientais influenciam no referido processo. A maneira como a família cuida do filho interfere no crescimento dele. O cuidado e o olhar para os marcos do desenvolvimento são primordiais para o desenvolvimento infantil. Porém, a superproteção é distinta de fator de proteção. Superproteção impede o desenvolvimento de habilidades dos filhos (BENÍCIO; SOUZA, 2020).

Atualmente, identifica-se com frequência mães que, por motivos de medo ou outras questões mais internas baseadas até em suas vivências, possuem medo dos filhos se machucarem ou chorarem ou serem frustrados por motivos que fazem parte do cotidiano. Dessa forma, as crianças não têm a oportunidade de desafios que são necessários para manejar conflitos do cotidiano que fazem parte do desenvolvimento e contribuem para o desenvolvimento de estratégias de enfrentamento às adversidades da vida. Essas estratégias devem fazer parte do desenvolvimento humano, confirmando o desenvolvimento sob um aspecto biopsicossocial.

Mães que não deixam os filhos chorarem, correrem, brincarem, entre outras oportunidades sociais, são caracteristicas de mães superprotetoras, emergindo um contexto disfuncional e não corroborando como fatores de proteção para o desenvolvimento do filho. Essas mães ou cuidadoras, em linhas gerais, tiveram motivos para ter esse cuidado redobrado: um aborto ou morte neonatal, dificuldade de engravidar, acidentes, crianças com históricos de doenças ou por não suportarem ver os filhos passarem por momentos de frustração. Em face dessas situações, a mãe superprotetora impede que a criança faça atividades para as quais já possui capacidade física, motora ou cognitiva, comprometendo o processo de maturação (BENÍCIO; SOUZA, 2020).

Nesse sentido, Bowlby (1989) considerou o apego um mecanismo biológico do ser humano, semelhante à alimentação e que funciona como algo interno e transcendente. O papel do apego acontece na vida do ser humano por meio de uma figura de apego, que proporciona sensação de segurança dotada de afetividade. O relacionamento do bebê com os pais é estabelecido por ações que a criança, de modo inato, demonstra pela necessidade de proximidade. Esse afeto, que é formado com o passar do tempo, é garantido pelas capacidades cognitivas e emocionais da criança.

Assim, a literatura concorda que cuidado materno em que não subsidia a autonomia, pode trazer para a criança déficits no desenvolvimento, gerando, assim, crianças inseguras e sem resiliência.

O referido contexto converge para a educação de crianças com deficiência. Notória a necessidade de maiores cuidados. Portanto, não se deve minimizar as oportunidades as quais as crianças típicas possuem acerca do brincar, correr, chorar e frustrar-se.

Deixar o filho se tornar independente é uma forma de subsidiar o desenvolvimento de seu filho. Ensiná-lo a lidar com os colegas e seus conflitos, bem como atividades da vida diária, é uma forma de proteger o filho das adversidades da vida adulta.

Sabe-se que pais, mães ou cuidadores superprotetores pensam no bem-estar dos filhos, querem minimizar situações que julgam ser constrangedoras a eles. Entretanto, quando a criança é superprotegida, cresce dependendo do aval do outro para executar tarefas ou resolver problemas e conflitos. Ademais, minimiza o desenvolvimento da resiliência que se inicia na fase da infância. Muitos apresentam dificuldades em comunicar-se, expressar suas opiniões e criticar.

Estimular a autonomia dos filhos é efetivar um fator de proteção para a criança e seu processo de desenvolvimento. Sabe-se que, enquanto pais, o desejo do cuidar é relevante. Porém, cuidar da autonomia e do processo de reconhecimento de frustração é proteger de forma funcional, conformando como fator de proteção para o desenvolvimento e aquisição de habilidades sociais e emocionais.

Todo esse contexto equivale para todos os tipos de cuidadores ou familiares. Assim, deve-se reconhecer os marcos do desenvolvimento e comprender que vão além de aspectos intelectuais e cognitivos, mas também sociais, emocionais e neurológicos.

Repensar a diferença entre proteger e superproteger é o primeiro passo para minimizar a disfuncionalidade no processo educativo dos filhos. Dessa forma, proteger é algo natural, necessário e pertinente para os filhos. O superproteger se torna como fator de risco quando os pais tiram, dos filhos, distintas oportunidades de vivências na infância que, muitas vezes, fazem as crianças chorarem, mas que são intrínsecas ao processo sócio-histórico do homem.

Destarte, julgar a superproteção não é o caminho, haja vista que tende a ocorrer de forma natural entre as famílias. Cada família é um sistema integrado, com especificidades próprias e vivências subjetivas que sofrem influência do meio e de questões transgeracionais e, como tal, cria mecanismos de defesa, que lhe permite gerir de forma autônoma os seus subsistemas e, assim, ultrapassar cada fase de seu ciclo de vivências de forma assertiva e de acordo com o esperado para cada fase do desenvolvimento.

O conteúdo acerca da proteção ou superproteção relaciona-se com a história de cada pai e mãe, haja vista que irá influenciar a forma como eles irão desenvolver suas competências parentais, que pode ou não ser dotada de cuidados prestados aos filhos (SILVA, 2011).

Sob esse prisma, Silva (2011) distingue três aspectos que podem influenciar a saúde e o desenvolvimento da criança: um ambiente carenciado, conflituoso e hostil, com relações vazias de afeto, e com estilo dominador, incoerente ou permissivo, não proporcionando à criança regras e bases estruturais. Dessa forma, vale ressaltar que, dentro do contexto de permissivo e falta de regras, ele não se configura apenas com pais que não possuem relações de afeto e carinho, mas também com pais que possuem relações afetuosas, mas que se configuram como disfuncionais no momento em que não estabelecem regras e limites aos filhos, configurando-se como superproteção e não proteção.

A proteção emerge de forma natural nos pais. Schaffer (1996) defende que, em ambientes familiares harmoniosos, em que os pais são calorosos e manifestam uma disciplina firme, os filhos desenvolvem um elevado autoconceito.

Portanto, denominar os pais de superprotetores enquanto são protetores, como deve ser toda família, é não reconhecer o papel real da família. Precisamos reconhecer o contexto da família e dos filhos para que os terapeutas não levantem hipóteses julgadoras acerca dos cuidados, educação e fatores de proteção.

As práticas parentais são dotadas de subjetividade. Em linhas gerais, a família, em especial de crianças ou adolescentes com deficiência, possuem mais particularidades, no sentido de pensar no futuro do filho dentro de seus limites e possibilidades que podem se configurar de forma mais escassa.

Contudo, proteger os filhos é papel da família, essa proteção gera segurança e desenvolve habilidades concernentes ao desenrolar da vida adulta. Superproteger é retirar do filho as distintas oportunidades de vivenciar desafios que serão necessários e congruentes com a vida adulta dentro do contexto específico de cada criança, adolescente e família.

Considerações finais

No decorrer do texto, passeamos pela problemática que gera grandes incertezas e polêmicas acerca dos cuidados dos pais para com os filhos, denotando as práticas de proteção ou superproteção.

Com base no ser família, esta deve ser protetora e acolhedora, configurando-se como pilares para um desenvolvimento promissor para os filhos. Julgamento acerca da superproteção necessita de todo um conhecimento transgeracional e sócio-histórico desses pais para, assim, compreender suas práticas. Dessa forma, pode-se realizar treinamentos parentais sobre a proteção disfuncional ou superproteção que causa prejuízos ao desenvolvimento da criança.

O que devemos ter ciência enquanto família e equipe terapêutica é que, de alguma forma, e, em algum momento, essa família será superprotetora devido aos laços familiares e ao papel da família, que é de cuidar, amar, respeitar e proteger os filhos, e sempre (re)considerando formas funcionais desse fazer familiar.

Referências

BENÍCIO, D. G.; SOUZA, D. A. O impacto da superproteção no desenvolvimento psicológico da criança. In: *Revista Psicologia*. 2020. Disponível em: <https://www.psicologia.pt/artigos/textos/A1384.pdf>. Acesso em: 15 nov. de 2021.

BOWLBY, J. *Uma base segura: aplicações clínicas da teoria do apego*. Porto Alegre: Artes Médicas, 1989.

SCHAFFER, H. R. *Desenvolvimento social da criança*. Lisboa: Instituto Piaget, 1996.

SILVA, A. *Desenvolvimento infantil: as competências e o desenvolvimento das crianças dos 0 aos 2 anos*. Lisboa: CLIMEPSI, 2011.

29

NEUROPLASTICIDADE
COMO CONSTRUIR CAMINHOS NEURAIS COM TECNOLOGIA E DESIGN DE VIDA

Neste capítulo, vamos mergulhar no universo da nossa central de controle. Falaremos sobre cérebro, inteligência e como acionamos a mola mestra de propulsão para nossas habilidades, e como a neurociência e a tecnologia podem apoiar e potencializar esse desenvolvimento. Você vai entender mais sobre como a neuroplasticidade é uma poderosa ferramenta de desenvolvimento emocional e cognitivo.

SOPHIA GOMES FIGUEIRÓ

Sophia Gomes Figueiró

Contatos
www.institutointac.com
sophia@institutointac.com
Instagram: @sophiagfigueiro / @intac.br
67 99989 2705

Graduada em Letras pela Universidade Católica Dom Bosco, pós-graduada *lato sensu* em Neuropedagogia Clínica e Psicopedagogia Clínica e Institucional pelo Instituto Rhema Educação e em Terapia Sistêmica Familiar pela Unyleya. Atualmente cursando o quinto semestre do curso de Biomedicina na Estácio de Sá. Especialista em Metodologias Ativas de Aprendizagem, Hipnose Clínica Ericksoniana, analista corporal O Corpo Explica, terapeuta de *neurofeedback* e diversas terapias integrativas complementares. Atualmente cursando Neurociência Aplicada à Saúde em Harvard. Em 2014, fundou a Apoio Soluções Inteligentes, que cresceu e se tornou o Instituto Neurocientífico de Terapias Alternativas e Complementares – INTAC, onde é CEO. O INTAC oferece atendimento clínico, terapêutico, cursos e consultorias em diversas áreas, além de ser um renomado centro de treinamento e de formações, incluindo pós-graduação nas áreas de educação, saúde e gestão. Campo-grandense, 42 anos, casada com Marcelo Borges, mãe do Antonio Paulo, 27, do Marcelo, 17, boadrasta do Felipe,12, e mãe da Maria Sophia, 5, avó do Théo e do Luke.

Afinal, o que é inteligência?

Durante muitos e muitos anos, fomos avaliados por um coeficiente numérico que media o quão inteligente éramos e, baseado nisso, poderíamos mensurar a nossa capacidade de sucesso intelectual e cognitivo. Hoje, com a evolução da neurociência, sabemos que o QI (coeficiente intelectual) é só uma pequena parte do que realmente importa sobre inteligência.

Qualidade cognitiva dissociada da qualidade emocional resulta, na maioria das vezes, em uma mente limitada com dificuldades em fazer escolhas assertivas para sua qualidade de vida e realização.

Hoje, sabemos que a coerência entre as diversas inteligências gera um ser efetivamente capaz de gerenciar as habilidades e competências e colocá-las para trabalhar a seu favor.

Como professora, por muitos anos pude acompanhar diversos alunos, cada um com suas particularidades e sempre foi importante para mim entender como meus alunos aprendiam, como eu poderia ser mais assertiva em engajá-los no processo de aprendizagem, pois me angustiava ver que uns tinham mais facilidade enquanto outros, mais dificuldade.

Então, decidi estudar e pesquisar até que entendesse exatamente como o cérebro da criança funcionava e porque nem todos tinham o mesmo processamento. A coisa que mais me intrigava era por que algumas crianças espertas e inteligentes tinham dificuldades na leitura, por exemplo, e iam bem em matemática ou não iam bem na escola, mas tinham uma grande habilidade artística ou emocional.

Vamos aos fatos:
O que é inteligência?
Segundo o dicionário Aurélio:
"inteligência / substantivo feminino

> 1. faculdade de conhecer, compreender e aprender.
> 2. capacidade de compreender e resolver novos problemas e conflitos e de adaptar-se a novas situações.
> As buscas acerca da inteligência nos levam à Grécia Antiga onde filósofos como Platão e Aristóteles divagam sobre a habilidade humana de armazenar conhecimento e fazer interpretações."

Os anos se passaram e muitas teorias foram construídas até chegarmos ao psicólogo norte-americano Howard Gardner que, no século XX, explicou os 9 tipos de inteligência, teoria que também já está caindo por terra, visto que os tipos de inteligências apenas descrevem talentos.

Peter Salovery e John Mayer publicaram, em 1990, a teoria inovadora da Inteligência Emocional, depois reestruturada por Goleman em 1995 e que também já vem sendo fortemente questionada, pois trata apenas de uma habilidade.

O que temos de mais atual sobre inteligência é a teoria do psicólogo norte-americano John B. Carroll, pois ele condensou todas as importantes teorias anteriores propondo a teoria da Inteligência em 3 camadas, no livro *Human Cognitive Abilities* (1993), que vem sendo considerada a teoria definitiva sobre inteligência.

A proposição teórica de Carroll pode ser incluída na categoria de modelos hierárquicos de inteligência, pois descreve três estratos que vão desde as amostras mais específicas de capacidade cognitiva até sua aparência geral, que é especificada no construto "fator-g". Essas habilidades teriam um caráter estável, segundo o autor.

Primeira camada

De acordo com Carroll, a camada inferior da estrutura da inteligência é formada por habilidades mentais primárias, que incluem um grande número de habilidades cognitivas: raciocínio quantitativo, ortografia, visualização, habilidade para línguas estrangeiras, discriminação de sons da fala, domínio de ideias, tempo de reação etc.

Os resultados das análises fatoriais conduzidas por Carroll e outros autores posteriores revelam que cada uma dessas habilidades, que possuem um alto grau de especificidade, pesa sobre um dos fatores complexos do segundo estrato, dependendo das características do material estimulante e da capacidade geral da qual dependem.

Segunda camada: fatores complexos

O segundo estrato, intermediário, é composto de habilidades ou capacidades inferidas da inteligência incluindo-se, além da inteligência fluída e cristalizada, os processos de aprendizagem e memória, percepção visual, percepção auditiva, produção fácil de ideias (similar à fluência verbal) e a rapidez (incluindo rapidez de resposta e rapidez de resposta acurada).

Inteligência fluida: capacidade de raciocinar e resolver problemas usando novas informações.

Inteligência cristalizada: refere-se à profundidade e quantidade de conhecimento verbal adquirido e o processamento desses dados.

Memória geral e aprendizagem: a capacidade de aprender em geral com habilidades específicas, como retenção de informações ou recuperação de curto prazo.

Capacidade de pesquisa extensa: inclui a capacidade de gerenciar ideias e associações com fluência, tanto verbalmente quanto em imagens.

Processamento visual: capacidade de perceber, analisar, lembrar e funcionar com estimulação visual.

Processamento auditivo: capacidade de discriminar e processar sons, incluindo aqueles associados à fala e à música.

Velocidade cognitiva ampla: refere-se à velocidade na qual os estímulos são processados durante o teste (por exemplo, números) e concluídos.

Velocidade de processamento: Capacidade de realizar processos cognitivos automáticos, especialmente enquanto mantém a atenção seletiva.

Cada um desses fatores inclui vários fatores de ordem inferior correspondentes ao primeiro estrato. Assim, por exemplo, inteligência cristalizada inclui compreensão de leitura, ortografia e proficiência em língua estrangeira, enquanto a habilidade de pesquisa estendida é derivada de testes de criatividade e domínio de diferentes tipos de materiais.

Terceira camada: inteligência geral ou fator G

A terceira camada da estrutura definida por Carroll é constituída pelo fator de inteligência geral, um constructo conhecido como "fator g" e que é usado por grande número de psicólogos. Essa aptidão de ordem superior influencia todas as aptidões incluídas no segundo estrato e, portanto, também aquelas do terceiro indiretamente.

Não obstante, parece que a definição de inteligência não tem tanta importância para o desempenho e o desenvolvimento do cérebro na realização das faculdades intelectuais, sociais e cognitivas. Sabemos hoje que o que realmente impacta em nossos resultados é a capacidade do cérebro em se adaptar e se reestruturar, criando novos caminhos neurais sempre que estimulado, ou seja, o que importa mesmo é a neuroplasticidade.

Neuro o quê?

Acreditava-se, até bem pouco tempo atrás, que a maturidade do cérebro se dava por volta dos 7 anos de idade, mas hoje entendemos que essa maturidade se refere basicamente às questões biológicas, ou seja, formação do sistema nervoso central, graças a um "fenômeno" chamado neuroplasticidade.

A neuroplasticidade ou plasticidade neural é a capacidade do sistema nervoso de modificar sua estrutura e se reorganizar ao longo da vida. Ela é modulada por fatores condicionados aos genes e pode ser desencadeada por estímulos naturais ou artificiais, que só agora vêm sendo desvendados, mas que não estão diretamente associados à maturação cerebral.

É responsável pela capacidade do cérebro de ser flexível, mutável e se adaptar às experiências e aprendizados. O nosso cérebro tem a habilidade de se desenvolver de acordo com o que vivemos e se adaptar a diversas situações.

Pois bem, foi na plasticidade cerebral que encontrei as respostas que eu procurava sobre meus alunos.

Essa função é essencial para a sobrevivência do ser humano a novas condições e responsável pelo desenvolvimento sob os pontos de vista tecnológico e social. Graças à capacidade de aprender, houve o surgimento da civilização e de todas as modernidades que tornam a nossa vida muito mais fácil. A neuroplasticidade também é importante para vítimas de acidentes. Os indivíduos que se beneficiam dessa característica cerebral têm mais chances de recuperação nos casos de lesão cerebral. Pessoas também conseguem se recuperar de AVC, depressão e eliminar vícios graças a essa característica. Indivíduos que perderam a visão também conseguem aguçar outros sentidos graças à neuroplasticidade.

Aprofundando-me na plasticidade cerebral, percebi que tudo influencia o nosso desempenho: fatores sociais, ambientais, genéticos, emocionais, motivacionais, entre outros. Então, me debrucei em busca do que era possível para estimular e potencializar essa capacidade incansável do cérebro de aprender.

Neurofeedback – tecnologia a serviço da vida!

Devemos ter em mente que o cérebro funciona por meio de descargas elétricas, que são a base de comunicação entre os neurônios (sinapses). Essas ondas elétricas podem ser identificadas por exame de eletroencefalograma (EEG) e tudo o que é controlado por elas acaba por aumentar ou prejudicar as funções neurobiológicas.

Mas o que é esse tal de neurofeedback?

É uma terapia de neuromodulação autorregulatória não invasiva e indolor que tem o objetivo de organizar ondas cerebrais, formando novos padrões neurais e estimulando a neuroplasticidade, ajudando, assim, a criar hábitos e otimizar funções cerebrais.

É feito por meio de EEG com sensores que captam sinais elétricos provenientes dos neurônios, que são codificados e processados por um software especializado. Com isso, o funcionamento do cérebro pode ser acompanhado em tempo real pela tela do computador. A partir de então, a pessoa vai aprendendo, por erros e tentativas, a levar o cérebro a uma transformação.

A neuromodulação acontece quando o cérebro é submetido aos 3R's. Nathalia Oliveira (2019), no livro *Neurofeedback* – Princípios básicos, define: "o condicionamento operante associa a resposta e sua consequência, aprende através de seguidos atos de recompensa e a evitar os seguidos de punição."

Esse processo faz com que o cérebro se reorganize, crie caminhos e desenvolva novas habilidades.

O treinamento com *neurofeedback* é completamente natural e não invasivo. Tal terapia permite que o paciente trabalhe diretamente no problema, treinando o cérebro para novos padrões de comportamento.

O *neurofeedback* é um treinamento que demanda dedicação e disciplina por ser um protocolo bem intensivo. O recomendável são entre 30 e 40 sessões. Não é possível fazer uma definição prévia sobre a quantidade de tempo total, pois varia muito de pessoa para pessoa e da gravidade do quadro. Entretanto, é um tratamento que garante efeitos duradouros.

Indicações: transtorno do déficit de atenção (TDA e TDAH), transtorno do estresse pós-traumático (TEPT), ansiedade, depressão, dificuldades de concentração, dificuldades de memória, distúrbios de aprendizagem, enxaqueca, estresse, fibromialgia, hiperatividade, insônia, síndrome do pânico, transtornos alimentares, otimização da performance mental, entre muitos outros.

Design de vida: como estimular a neuroplasticidade de maneira natural

Para que a neuroplasticidade aconteça, a pessoa deve estar aberta e motivada ao processo. Para que ele se efetive, é necessário atenção e disciplina, pois está diretamente ligado à poda neural, que é um tipo de limpeza que o cérebro faz para economizar energia, eliminando caminhos pouco utilizados.

Imagine que seu cérebro é uma floresta cheia de caminhos: por alguns você passa o tempo todo (faz sinapses), eles estão bem demarcados, não cresce grama, estão aparentes, fáceis de serem acessados; já outros caminhos, você passa eventual ou raramente, e por eles cresceram mato, árvores, arbustos que acabam dificultando o acesso e isso faz com que você continue indo pelo caminho mais fácil. A poda neural é o que faz com que o mato cresça para que o cérebro não precise gastar energia na manutenção de um lugar que ninguém visita.

E é por isso que a disciplina, a motivação e o estímulo são tão importantes para a neuroplasticidade, pois são eles que fazem a mágica acontecer.

Contudo, não se sabe ao certo quanto tempo é necessário efetivamente para que o cérebro faça novas conexões permanentes e aprenda um novo caminho (comportamento), portanto, livros que dão dicas e prazos para que você repita por tantos dias alguma coisa para que se torne um hábito podem ser motivadores, mas não têm base científica sólida.

As primeiras mudanças são temporárias. Ele só fará essa transição se considerar a prática interessante, excitante, curiosa ou com resultado comportamental importante (positivo ou negativo). Ao aprender uma nova habilidade, o cérebro memoriza as boas tentativas e descarta as que não foram tão eficientes. A cada aprendizagem, o cérebro reforça as conexões úteis e tende a eliminar as que não foram utilizadas no momento.

Entendendo isso, desenvolvi o Método Sophia Figueiró de Design de Vida, em que acompanho o cliente em um mergulho profundo sobre sua própria vida, e ele tem a oportunidade de escolher os hábitos, pensamentos, comportamentos, habilidades, competências e sentimentos que deseja reforçar ou substituir em qualquer área da sua vida, seja cognitiva, trabalho, família ou consigo mesmo. Depois, cria-se um protocolo de reestruturação interna para que se construa uma vida que tenha mais sentido ou novos hábitos e padrões comportamentais.

O Método já foi aplicado em mais de 5 mil horas de atendimentos de forma presencial e on-line em crianças, adolescentes e adultos e, quando seguido com disciplina, os resultados são incríveis. Graças à neuroplasticidade.

A neuroplasticidade é a mola mestra para o desenvolvimento humano, nos permite sermos a nossa melhor versão!

Não se contente com uma vida que não te representa; mude, transforme-se, use seu cérebro a seu favor!

Referências

CARROLL, J. B. *Human Cognitive Abilities: uma pesquisa de estudos fator-analíticos*. Cambridge: Cambridge University Press, 1993.

CLEARY, M. J. Developments in Neurofeedback: Should Health Educators Be Paying Attention? In: *Health Educator*, 43(2), 2011.

FRIEL, P. N. EEG biofeedback in the treatment of attention deficit/hyperactivity disorder. In: *Alternative medicine review*, 12(2), 2007.

LOIOLA, A. *Inteligência: uma breve viagem pela característica mais incrível do cosmo*. São Paulo: Fontenele Publicações, 2020.

OLIVEIRA, N. *Neurofeedback: princípios básicos*. Rio de Janeiro: Autografia, 2019.

RELVAS, M. P. *Neurociência na prática pedagógica*. Rio de Janeiro: Wak Editora, 2012.

30

O MAU COMPORTAMENTO
DE QUEM É A CULPA?

Neste capítulo, os pais compreenderão o que está por trás do mau comportamento das crianças e encontrarão estratégias de como lidar, nos momentos difíceis, com os filhos, estabelecendo uma conexão saudável e fortalecendo o vínculo familiar.

TARCIANY FARIAS PIRES

Tarciany Farias Pires

Contatos
www.tarcianypires.com
Facebook: tarciany.pires
Instagram:@psi_tarciany_pires
@movementethe

Psicóloga graduada pela Universidade Estadual do Piauí – UESPI (2010), com pós-graduação em Psicologia Escolar e Educacional (Instituto de Ciências Jurídicas e Sociais Prof. Camillo Filho – ICF). Educadora parental em Disciplina Positiva pela Positive Discipline Association. Sócia-fundadora do Programa Movemente, um programa de inteligência emocional para crianças.

Antes de iniciar a fala sobre o que é o mau comportamento e como ele ocorre, primeiro devemos entender que comportamento é o modo como o indivíduo age diante de um estímulo e em relação ao seu ambiente. Cada interação do ser humano sobre o ambiente resulta em um comportamento. E, para compreendê-lo, faz-se necessário conhecer o contexto em que ele ocorre.

É possível, então, avaliar o comportamento como bom ou mau dependendo desse contexto dentro das normas sociais estabelecidas. Por exemplo, uma criança correndo, pulando, falando alto dentro de um supermercado pode ser avaliado como mau comportamento, porém, se essa mesma ação ocorrer num parque de diversão, pode ser considerada normal, ou seja, o mesmo comportamento ocorrendo em contextos diferentes pode ser avaliado de formas distintas.

Mas, afinal, o que é o mau comportamento?

O mau comportamento do seu filho não é nada mais do que a falta de conhecimento e de habilidades específicas para lidar com a demanda da situação. Ou seja, a criança ainda não adquiriu maturidade suficiente para compreender o que é esperado dela em determinadas situações.

Jane Nelsen relata que, muitas vezes, as crianças pequenas estão apenas agindo como crianças e não se comportando mal. Quando seu filho está tendo uma crise de birra, na verdade, o que está acontecendo é que ele não está sabendo expressar de forma adequada a emoção que está sentindo naquele momento, ou porque ainda não desenvolveu as habilidades necessárias para se autorregular ou porque aprendeu que, dessa forma, consegue ter atenção ou aquilo que deseja. Por isso, a importância de conhecer sobre desenvolvimento infantil e saber o que podemos esperar de cada faixa etária para que, assim, as crianças não sejam punidas pelo simples fato de seu cérebro ainda não estar desenvolvido para lidar com determinada demanda.

O que acontece é que criamos uma expectativa elevada em relação às crianças e já queremos que elas saibam como agir em um momento de frustração. Imagina só uma criança de apenas 3 anos brincando em um parquinho e chega outra criança e puxa seu brinquedo. Qual seria a reação dela? Será que ela irá dizer para o coleguinha: "Amigo, por favor, eu não gosto quando puxam o meu brinquedo, isso me deixa chateado" ou "Estou como muita raiva porque você puxou o meu brinquedo, preciso me afastar um pouco para me acalmar, depois volto para brincar com você". É evidente que isso não iria acontecer. Até nós adultos não conseguimos ter essa maturidade emocional que exigimos das crianças. Muitas vezes, a gente explode, termina gritando ou não consegue dizer as coisas da melhor forma e terminamos magoando o outro. E a criança ainda está aprendendo a reconhecer e regular as suas emoções.

Daniel Siegel, no livro *O Cérebro da Criança*, diz que nosso cérebro possui muitas partes diferentes e com funções distintas. Temos o lado esquerdo, que nos ajuda a pensar logicamente e o lado direito, responsável pelas emoções. Temos, ainda, um cérebro reptiliano (cérebro primitivo), que nos permite agir instintivamente e tomar decisões de sobrevivência, e um cérebro mamífero (racional), responsável pelo raciocínio.

Quando o mau comportamento ocorre, é sinal que existe uma desintegração entre essas partes e o cérebro reptiliano é ativado, recorrendo a caminhos mais primitivos, como bater, gritar, chutar, empurrar. As crianças ficam imersas nas próprias emoções e não conseguem recorrer a outras soluções.

O problema aqui é que, ao invés de utilizarmos esses momentos para ensinar habilidades de vida para a criança, olhamos para o mau comportamento como algo que já deveria ter sido aprendido, ou já começamos a tirar conclusões precipitadas sobre o que este comportamento significa. "Ai! Essa criança está fazendo isso para me testar" ou "Ela quer me atacar". Começamos a rotular a criança como mau comportada, desobediente, nervosa. E as crianças acabam assumindo esses papéis. Mesmo que seja através de um comportamento desafiador, é assim que ela está se sentindo aceita, amada e importante.

O que está por trás do mau comportamento?

É importante a gente saber que, por trás desse mau comportamento, existe um sentimento, algo que a criança pode estar querendo nos comunicar, mas que ainda não sabe verbalizar, como sono, cansaço, fome, frustração, insegurança, angústia, saudade, tristeza. Tendemos a olhar apenas o comportamento que ela está manifestando e deixamos de identificar qual a necessidade por trás desse comportamento, o que ela realmente que nos dizer. É como se o comportamento fosse só a pontinha do iceberg (10%), aquilo que a gente vê em cima da água, mas a necessidade é tudo o que está embaixo, ou seja, os 90%.

As emoções não ocorrem do nada, elas são estimuladas por algum fator externo que vai desencadear uma reação no indivíduo. Como as crianças ainda não têm a maturidade emocional para interpretar e lidar com esses estímulos, elas tendem a manifestar suas necessidades de maneira equivocada e, assim, ela chora, grita, bate. Isso acontece, segundo Nanda Perim, no seu livro *Educar sem Pirar*, como uma forma de se regular, pois, no momento da birra, o corpo da criança libera energia, hormônios e neuroquímicos necessários para a criança lutar e fugir da situação.

A criança, antes de apresentar o mau comportamento, mostra alguns sinais que são mais fáceis de identificar quando os pais estão conectados com elas, por isso precisamos observar, escutar, estar presente e, também, ter curiosidade em entender o que está acontecendo. Pois só quando conseguimos compreender esses sinais e identificar as necessidades dos nossos filhos, temos a oportunidade de aproveitar esse momento para ensinar habilidades de vida valiosas para as crianças.

É preciso, também, compreender que, por trás de todo mau comportamento, existem várias crenças que são criadas desde muito cedo. Ter clareza disso ajudará você a compreender melhor o comportamento do seu filho. Ou seja, quando conseguimos identificar o motivo por trás do mau comportamento, temos a oportunidade de ajudar a criança a lidar com a situação de forma mais eficaz.

O que fazer nos momentos difíceis?

Entender o que se passa com os nossos filhos é um dos primeiros passos para o desenvolvimento emocional das crianças. Então, quando estiver diante do mau comportamento do seu filho, eu convido você a fazer as seguintes perguntas:

1. Por que meu filho está agindo dessa maneira?
2. O que meu filho quer me dizer com esse comportamento?
3. Qual lição (habilidade de vida) eu posso ensinar para meu filho nesse momento?

Porém, para conseguirmos entender o que está por trás do mau comportamento, precisamos inicialmente nos acalmar. Só quando mantemos a calma e utilizamos o nosso cérebro racional, conseguimos realizar uma mudança de paradigma e passamos a olhar para o mau comportamento como algo que a criança está nos querendo sinalizar e, também, como uma oportunidade de aprendizado.

Só após você conseguir manter seu autocontrole é que você irá conseguir escutar a criança com empatia e ajudá-la a identificar os seus sentimentos. Mas você deve estar se perguntando agora: "E como vou manter a calma nesse momento?"

Manter a calma durante um ataque de birra, muitas vezes, torna-se desafiador. Este momento pode deixar qualquer adulto sem saber o que fazer, principalmente quando acontece em público. Como já mencionei, é muito importante mudar a visão sobre o mau comportamento. Então, ver a birra como uma forma de comunicação da criança irá tirar você do papel de culpa e será mais fácil acolher esse sentimento com compaixão sem se julgar por isso. Se ainda assim for difícil manter o controle, use a pausa positiva a seu favor. Você pode se retirar de cena, mas, antes de se afastar, explique para a criança que você a ama e precisa sair um pouco para se acalmar. Dessa forma, você dará modelo para seu filho também. As crianças refletem muito dos comportamentos dos pais, então, como podemos exigir calma dos nossos filhos se não conseguimos controlar nossos próprios comportamentos?

Veja a seguir algumas dicas para ajudar você a manter a calma:

- você pode escolher um local da casa onde pode fazer algo que te faça bem (fazer uma oração, ouvir uma música, ler um livro);
- você pode pedir para outro adulto da casa assumir a situação enquanto você sai de cena para se recuperar;
- você pode pedir um abraço para a criança e ficarem ali juntinhos se reconectando;
- e não esquecer de incluir o autocuidado na sua rotina.

Após identificar e compreender o que está por trás do comportamento da criança, é importante, também, legitimar a emoção dela, uma vez que não é errado sentir medo, raiva ou ficar triste. Todas essas emoções, ditas como negativas, fazem parte da nossa vida. Sempre, em algum momento, iremos sentir. E é isso que devemos passar para as crianças. As emoções são reações normais a uma mudança no ambiente, porém a forma como vamos agir, como vimos lá no início, é que será considerado um bom ou um mau comportamento.

Uma tendência dos pais é agir no comportamento, esquecendo que ele é apenas o sintoma, que, quando tratamos a causa, o sintoma vai embora. Daí a importância de entender qual a necessidade da criança e buscar resolver o que está levando a criança a ter o mau comportamento.

Meu filho de 4 anos precisou realizar acompanhamento com fonoaudióloga e, sempre que começávamos nos organizar para sair, iniciava a birra. Ele não queria ir, chorava, dava trabalho para se arrumar e, quando conseguia colocá-lo no carro, ao chegar na clínica, ele se recusava a sair. Foi então que identifiquei que era no horário na soneca dele da tarde. Solicitei na clínica a mudança de horário. Ele passou a fazer a sessão no final da tarde e a mudança foi imensa. Ele ia supertranquilo e satisfeito.

O que eu quero mostrar para vocês é a importância de estarmos atentos às necessidades da criança. Estarmos conectados para, assim, entendermos o que está motivando o mau comportamento e agirmos na causa e não no sintoma.

Outro ponto importante que não posso deixar de enfatizar é que todos nós temos a necessidade de nos sentirmos amados, aceitos e importantes. Todos nós buscamos conexão em nossas relações, algo que nos mostre que pertencemos e somos úteis e significativos. Conectar-se com nossos filhos cria neles uma sensação de segurança, confiança, abertura e proximidade, deixando-os mais motivados a cooperar e aprender novas habilidades, como a de solucionar seus próprios conflitos.

De acordo com John Gottman, estabelecer essa conexão é necessário, pois essa intimidade entre você e seus filhos faz com que você tenha uma influência mais forte sobre a vida deles.

Costumo dizer aos pais que, para lidar com o mau comportamento, não existe fórmula mágica, mas precisamos estar presentes na vida dos nossos filhos, observar, escutar e querer compreender o que está por trás de cada comportamento. E, ao invés de querer apenas solucionar o problema, usar o momento como uma oportunidade de aprendizado tanto para si como para a criança.

Precisamos deixar de focar apenas na mudança de comportamento da criança e passarmos a realizar uma autoavaliação. Como eu estou agindo em relação ao comportamento dele? Eu estou acolhendo a emoção do meu filho? Eu estou conseguindo manter o autocontrole diante da situação? O que eu preciso mudar na relação com meu filho para que ele mude o seu comportamento?

Esses questionamentos não são para trazer culpa para ninguém, mas para que possamos olhar com responsabilidade, com consciência, pois o problema não é sobre de quem é a culpa, mas sobre o que está por trás do mau comportamento da criança.

Referências

COLL, C.; MARCHESI, Á.; PALACIOS, J. (ORG.). *Desenvolvimento psicológico e educação*. 2. ed. Porto Alegre: Artmed, 2004.

GOTTMAN, J. *Inteligência emocional e arte de educar nossos filhos: como aplicar os conceitos revolucionários da inteligência emocional para uma compreensão da relação entre pais e filhos*. Rio de Janeiro: Objetiva, 2001.

NELSEN, J. *Disciplina positiva*. 3. ed. Barueri: Manole, 2015.

PERIM, N. *Educar sem pirar: guia prático da psimama para descomplicar a vida com filhos*. Rio de Janeiro: BestSeller, 2021.

SIEGEL, D. J. *O cérebro da criança: 12 estratégias revolucionárias para nutrir a mente em desenvolvimento do seu filho e ajudar sua família a prosperar*. São Paulo: nVersos, 2015.

31

SER CRIANÇA
MÚLTIPLOS OLHARES

Neste capítulo, faço um diálogo entre o olhar para necessidade da concepção do SER criança, breves apontamentos sobre o desafio de ser criança na Antiguidade e as perpetuações repressoras perpassadas de geração em geração, abrindo um leque de perspectivas da história social das crianças no contexto brasileiro, partindo da premissa das condições de vida das crianças, como estão se desenvolvendo, observando-as, literalmente, com suas peculiaridades, compreendendo os potenciais imaginativo, criativo e inventivo.

VIRGIANE OLIVEIRA

Virgiane Oliveira

Contatos
virgianebbs@hotmail.com
Instagram: @oliveiravirgiane

Nascida em Araruna, interior da Paraíba, morando atualmente em Tangará/RN. Mãe de uma menina linda, filha de uma mãe guerreira, irmã e amiga. Uma eterna curiosa. Desde os primeiros contatos com a educação, teve curiosidade em pesquisa sobre infância e sexualidade, resultando em uma monografia. Graduada em História pela UEPB (2010), especialista em Sexualidade (UCAM-PE), especializanda em Ciências Sociais (Unyleya), licencianda em Pedagogia (Intervale). Gestora escolar da instituição CEPS-RN, coordenadora municipal da gestão da primeira infância no SUAS – Tangará-RN, desenvolvendo pesquisa na área de povos e comunidades tradicionais ciganos, infância e sexualidade.

> *Considerar a infância como uma condição da criança. O conjunto de experiências vividas por elas em diferentes lugares históricos, geográficos e sociais é muito mais do que uma representação dos adultos sobre esse [momento] da vida. É preciso conhecer as representações de infância e considerar as crianças concretas, localizá-las nas relações sociais etc., reconhecê-las como produtoras da história.*
> KUHLMANN JR.

É de extrema relevância se observar o quanto se fala em criança, infância e desenvolvimento infantil como nas últimas duas décadas, como também nunca se observou os diversos espaços de conversa sobre alguns panoramas da infância com proposições tão precárias. Ser criança é tema inesgotável de um oceano de diálogos, pesquisas e estudos.

Lamentavelmente, porém, como de costume, lemos textos, artigos que têm-se debruçado em uma ótica e produção demagógicas de perpetuação de falas repressoras de outrora, repetindo constantemente alguns estereótipos de criança padrão, de preferência em um padrão do discurso produzido pelo identitário adulto, em uma perspectiva ultrapassada, na qual não leva em consideração o sujeito como ele é.

Aquela perspectiva que impunha o trabalho como redenção para a criança e o castigo como disciplina, tão comum na educação patriarcalista brasileira, demarcando numa especificidade de um universo no qual a criança, ser mini adulto, obediente, mantida em silêncio, passiva, subalterna, comportada, sem expressividade, na perspectiva negativa do que é ser um sujeito adulto, que deixa para trás o direito de ter direitos, colocando a criança na margem da sociedade, excluindo-as da participação efetiva na sociedade. Como cita Verissimo, Santos y Lacerda (2020, p. 80):

> A modernidade inventou a infância dotando-a de qualidades que nos fizeram pensá-la sob o signo da falta: faltava-lhe a linguagem, ela era fraca do juízo, rude, imatura, dependente, obediente, temerosa. Em sua natureza, se assentavam as sementes dos vícios e das virtudes e, por isso mesmo, demandava massiva intervenção do adulto para ensinar-lhe como ela deveria ser e se comportar para transformar-se o adulto desejado pelos padrões sociais vigentes.

Em convergência, presenciamos o progressivo interesse da mídia, especialmente do comércio de produtos infantis, depois que as crianças foram "descoberta" como potenciais consumidoras, a inversão dos papéis familiares, o excesso desenfreado da informação nos meios digitais, desconsiderando a figura do principal sujeito/pessoa consumidora, a criança, que, quando apresentada a esta gama de informação visual, em diversas situações sequer revela comportamento apropriado para tal universo. Uma invasão que desrespeita o estado ser criança.

Estudos do Instituto de Medicina (IOM) e do Conselho Nacional de Pesquisa dos Estados Unidos (*Institute of Medicine and National Research Council*) revelam que a infância como uma das fases mais marcantes da vida, isso porque é um período que, além de estarem aprendendo sobre o mundo, as coisas e pessoas que os rodeiam, é nessa fase que o indivíduo começa a receber o primeiro contato com seus sentimentos e emoções, aprendendo, assim, a lidar e a socializar-se com as outras pessoas. Diante disso, abrir caminhos para discutir as diversas perspectivas em diversos setores do conhecimento em relação à criança, com foco sobre integralidade e desenvolvimento infantil, de modo a estimular o olhar de diversas categorias profissionais, o ser criança torna-se essencial.

Culturalmente, usamos de subterfúgios desde a dita fundação deste Brasil para continuar objetificando a criança. Desde os primeiros olhares no Império, por exemplo: Projeto de José Bonifácio para proteção do menor escravo, Cartas Constitucionais, Lei do Ventre Livre, Código do Menor, Códigos Penais até os dias atuais, observamos que tais matérias eram e aparentam que continuam sendo pouco sensíveis em suas efetivações. As necessidades das crianças em primazia não estão sendo respeitadas, principalmente quando dialogamos sobre construções de políticas públicas nos espaços públicos de convivências nos quais este público torna-se maioria. Lamentavelmente, o que observamos é que os interesses superiores da criança ainda são um limiar em prática, pois nesses espaços não conseguimos respeitar efetivamente os espaços públicos para crianças, levando-nos a refletir sobre a atenção e preocupação real, que direcionamos a tal temática.

Mediante as constantes, rápidas ao toque de um click, aceleradas mudanças e transformações, que nos deixam suscetíveis ao mundo globalizado, que apresenta uma necessidade de olhar diferente para as futuras gerações e suas interações sociais, acentua-se também a necessidade de uma ótica mais adequada para analisar as crianças como seres sociais, participativos e ativos, com direito a terem direitos. Compreender as particularidades dos processos utilizados pelas crianças para construírem suas referências de identidade é importantíssimo, para que possamos auxiliá-las na construção e forma de ver o mundo, desenvolvendo suas próprias características singulares, entendendo-se como parte desta construção social conjunta.

Destarte, não podemos olhar para as crianças objetificando-as, sem nenhuma visibilidade social. Como se a nova vida de uma criança fosse substituída por outra, cada caso de negligência, morte de criança deve ser de nossa responsabilidade. Como cita Sarmento (2005, p. 373):

> A alteridade da infância constitui um elemento de referenciação do real que se centra numa análise concreta das crianças como atores sociais, a partir de um ponto de vista que recusa as lentes interpretativas propostas pela ciência moderna, a qual tematizou as crianças predominantemente como estando numa situação de transitoriedade e de dependência.

Partindo da perspectiva de que, para se garantir às crianças condições de vida plenas, nós, adultos, devemos ter o entendimento de como as crianças estão se desenvolvendo, observando-as, literalmente, com suas peculiaridades, respeitando-as, compreendendo-as em potenciais imaginativo, criativo e inventivo.

Referências

SARMENTO, M. Gerações e alteridade: interrogações a partir da sociologia da infância. In: *Educ. Soc.* vol. 26 n. 91. Campinas May/Aug. 2005.

SARMENTO, M. Sociologia da infância: correntes e confluências. In: SARMENTO, M. J.; GOUVEA, M. C. S. (Org.). *Estudos da infância: educação e práticas sociais.* Petrópolis: Vozes, 2008.

VERISSIMO, A. C.; SANTOS, A. M.; LACERDA, M. P. C. (2020). Quero brincar! O brincar livre como prática pedagógica na educação infantil. In: MARTINS, M.; LEMOS, M.; ARAÚJO, F. (Orgs.). *Processos educativos na educação infantil.* Paraíba – PI: Acadêmica Editora. Disponível em: <https://doi.org/10.29327/517140>. Acesso em: 15 jun. de 2021.